U0136096

國家與宗教政策

——論述兩岸政治體制、宗教政策與宗教交流

張家麟　著

蘭臺出版社

序　政教關係緊密關連

　　宗教與政治的關係淵遠流長，在本書中討論九篇論文，焦點以台灣及中國大陸的國家體制及宗教政策間的關係，屬於「政教關係」研究的一環。

　　「政」代表國家，「教」代表宗教團體，這兩者之間的互動，常常因為國家體制的變化及宗教團體回應國家體制宗教政策的作為，而產生綿密、繁複的政治與宗教活動。本書討論兩岸宗教交流、國家與宗教的互動及中國大陸宗教政策變遷這三項主題，其中兩岸宗教交流有〈政教關係與兩岸宗教交流—以兩岸媽祖廟團體為焦點〉、〈論當前兩岸基督宗教交流困境及前景〉、〈當前兩岸宗教交流的困境與前景〉三篇論文，國家與宗教的互動有〈宗教行政列為國家考試類科的需求性分析〉、〈宗教團體與國家互動研究—以明德戒分監教化活動為焦點〉及〈國家對宗教的控制與鬆綁—論台灣的宗教自由〉三篇論文，第三個子題以中國大陸宗教政策變遷為研究焦點，收集〈當代中國大陸宗教政策變遷及其影響—菁英途徑論述〉、〈當前中國大陸宗教政策在雲南的實踐〉及〈當代中國大陸社會現代化之研究〉等三篇論文。

　　兩岸宗教交流是兩岸關係中邊陲的議題，但也是最不引

起爭議的交流項目,因為高層政治交流無法進行時,透過敏感層次較低且具共同文化信念的宗教交流,對兩岸關係的緩和具正面的效果。然而,即使不具政治敏感度的宗教交流,往往也受限於兩岸的「政治」因素,兩岸「意識型態」衝突、政治利益需求的不同,及政治對宗教團體管制、涉入程度的不同,進而造成兩岸宗教團體交流的困難及複雜程度。在兩岸媽祖廟團體交流、基督宗教團體交流兩個個案,都展現出上述的內在影響變因。

　　國家的政治因素對宗教團體的影響甚鉅,在台灣國家體制由威權轉向為民主化之際,宗教團體宣教的自由程度升高,宗教團體在國家支持下,進入監獄從事宗教教誨活動,形成宗教團體與國家雙贏的局面。但是,國家對宗教行政人才的培育,仍停留在威權體制時代的想法,宗教行政列為國家考試類科需求雖然強烈,但是,國家只願意有條件考量增設宗教行政高普考試,而不願意單獨將宗教行政設為考試「職系」,並未將宗教行政人才視為國家不可或缺的人才來思考。(編按:考試院已經在民國96年起設立宗教行政高、普考,篩選優秀人才進入國家宗教行政體系,開創新的宗教行政專業的局面,將有助於未來公部門體系具備宗教學專業職能,而有利於國家機器對宗教團體的輔導能力。)

　　國家對宗教的影響不只出現在台灣,也出現在中國大陸1980 年代改革開放以後的現象,中國大陸從極權轉向威權體制,對宗教團體由壓制改為局部開放,給予傳統五大宗教、少數民族原始宗教及民間宗教信仰與宣教的自由,但是,這些自由得在大陸的法制下發展。

　　中國大陸統治者願意重新反省宗教政策,乃是極權體制下對國家宗教的壓制,在無法完全消滅宗教後,開始反思宗教可能對國家反噬。因此,政治領袖堅持共產主義意識型態下,重新解讀宗教與國家相適應能夠帶給國家利益,促進社會穩定發展,也讓共產黨無神論的意識型態擁有生存空間,及制止外國勢力和中國大陸宗教的連接,維護中國民族主義主權獨立與完整。在政治的考量下,以國家利益為優先,讓大陸境內支持國家的部分宗教擁有生存發展的空間。另外,壓制傷害國家利益,挑戰共產黨組織及意識型態的新興宗教,因此,像法輪功包圍中共北京中南海時,就明顯觸犯中國當局的政治禁忌。

　　國家與宗教團體之間的互動在兩岸政權轉型之際,已經朝向前所未有的良性發展,在觀察這兩種團體互動的行為時,應考量國家與宗教團體的「自主性」及國家體制轉型後,宗教團體在國家法律下的回應。兩岸宗教團體在兩岸不同的

政治體制下生存發展,台灣宗教團體自主性明顯強過中國大陸;台灣宗教團體在社會的經濟力、組織力增強,而對國家的影響力加遽。未來中國大陸的宗教團體是否會走向台灣的路徑,只要大陸不斷經濟發展、教育水平提昇,應可高度期待。

任何一篇研究作品,在出現成果前,幾乎都是經由許多貴人相助才有辦法搜集到原級資料。這幾篇作品得以問世,必須感謝海峽兩岸的許多長輩、朋友,像筆者得以到中國大陸作調查,沒有舅父楊國慶的玉成,孟莉的協助,根本無法前往雲南、北京、東北及新疆調查;在台灣作的調查,就必須感謝黃慶生教授、薛宏義將軍、慧定法師、麥淑惠、楊平照及李信福。有他們的幫忙,我才可能順利在兩岸進行深度訪問,且訪問到 key persons,採擷到豐富且深刻的資料。

這一路走來,回首從事學術的歲月,發現既孤單辛苦,卻也甜蜜;希望能在有限的生命中,竭盡心智奉獻研究成果,無愧於上天給予的天賦。

張家麟寫于淡水真理大學　2008.8

目　次

序　政教關係緊密關連　　　　　　　　　　　　　　　　1

第一部分：兩岸宗教交流

第二部分：國家與宗教團體互動

第三部分：當代中國大陸宗教政策

第一章 論當前兩岸基督宗教[1] 交流困境及前景

一、引言

　　中國大陸在改革開放以後，容許台灣地區人民赴大陸探親，間接推動了台灣地區民眾到大陸進行「宗教交流」；台灣也在解除戒嚴前後，逐步放寬大陸人民到台灣從事交流活動，其中也包含宗教交流。

　　兩岸政治體制及國家性質轉變深深影響兩岸各類型交流活動，宗教交流中的基督宗教交流自不例外。然而，除了表象的「政治結構」因素外，是否有其他的影響變數，則值得探究。不過本文只想以兩岸基督宗教交流為觀察重點，其他交流活動的變因，暫時擱置不論。

---

[1]　本文的基督宗教指「基督新教」，不包含「基督舊教」—天主教。

以將近三十年的兩岸交流中，社會交流與經貿交流居大宗，而宗教交流與之相較，占總交流比例的少數。在這當中，台灣到大陸進行宗教交流，比大陸赴台交流熱絡；佛教道教與民間宗教交流，又遠比基督宗教交流頻繁。為何兩岸基督宗教交流頻率這麼低？受那些因素所影響？又如何促進兩岸基督宗教交流？這些問題都引起筆者的好奇，本文將嘗試提出解答，並用之建構本文的主軸。

二、國家體制轉變啟動兩岸基督宗教交流

（一）大陸宗教政策轉化

中國大陸建立共產政權之際，逐漸建立強有力的政治控制，以共產黨掌握政府，進一步控制市民社會（civil society）及其團體。建國初期，大陸境內基督教各教派捲入國共鬥爭，以吳耀宗牧師為首的教派，支持毛澤東的共產政權，建立具有「民族主義」特色的「三自教會」[2]。之後，中共為實現「共產主義」的理想，進行「反右派鬥爭」、「三反運動」、「五反運動」，實行「三面紅旗政策」，在 1966 年加速左傾路線的「文化大革命」。由建國初期拉攏基督宗教團體，轉而壓制他們。在此階段，大陸基督宗教團體汲汲自救，根本很難與外界交

---

[2] 三自教會是指自養、自傳、自治，1950 年初吳耀宗與四十多位教會知名人士聯合發表「中國基督教在新中國建設中努力的途徑」，此封公開信被稱為大陸教會的「三自宣言」，從此中國教會以三自愛國運動擺脫與西方教會的關係。（卓新平，2003：20）

流；加上兩岸政治強烈敵對，互不往來，兩岸基督宗教團體根本沒有交集。

　　直到鄧小平上台，修正左傾路線，實驗經濟改革，打開鐵幕逐漸與世界接軌；宗教政策也隨著經濟改革及社會逐步開放之後，在 1981 年重新承認建國初期的既有宗教[3]，第二代中共領袖擁有詮釋黨社會主義意識型態的權力，讓五大宗教恢復生存與發展的空間，並引導宗教活動和國家利益相適應[4]。（張家麟，2003）在此時期，大陸打開大門，歡迎台胞參訪、探親，也間接開啟兩岸基督宗教團體交流。

　　中共國家體制本質在經濟全球化（globalization）的壓力下，為了維持國家發展，不得不引進資本主義、自由主義到社會主義的中國大陸來；不但經濟開放，社會也跟著逐漸自由化，連帶的宗教也得到文革時所沒有的「宗教自由」。基督宗教和傳統其他四大宗教，得到中共合法承認，也可以和世界其他宗教交流。各宗教團體在「宗教自由」、「有效管理」及「維護國家利益」的三項前提下，發展「中國特色」的宗教組織，兩岸基督宗教交流在此背景下慢慢開展。

---

[3]　中共在改革開放後的宗教政策，學者評價不一致，像梁家麟教授就認為到目前為止，中共對宗教仍然採取控制的方法，透過黨的統戰部門及各級政府的宗教事務局與公安部門管理宗教團體；而對宗教組織及人事管理也不鬆手，打擊非法宗教團體，保護隸屬於政府承認的宗教組織，並對宗教團體高層人事「欽選」或「操控」，確保與共產同質的宗教人士掌控該組織。（梁家麟，2003：104.107）

[4]　江澤民主政，在宗教問題上強調；「一是全面正確地貫徹執行黨的宗教信仰自由政策；二是依法加強對宗教事務的管理；三是積極引導宗教與社會主義社會相適應。」

（二）台灣宗教政策轉型

政府遷台後，國民黨建立「黨國體制」（party state regime），透過黨機器對國家進行管理，黨機器支配國家的運作模式，有效的介入市民社會（civil society）中的民間團體，並對各團體進行動員及管理，建立「威權統治」（authoritarian rule）。（中央研究院台灣研究推動委員會，2001）其中包含對傳統五大宗教團體的管制，也打壓「新興宗教運動」（new religion movement），像一貫道、新約教會、統一教、創價學會、愛的家庭教會等宗教團體，在戒嚴時期幾乎沒有生存空間，除了走入「地下化」外，也慘遭「污名化」的罪名。（宋光宇，1983；林本炫，1990；張家麟，2004）

在戒嚴時期，台灣政權對內採取管制宗教政策，對中共採取敵視的兩岸政策；傳統五大宗教團體到大陸去，形同「資匪」、「通敵」；在強大的政治壓力下，宗教團體一如其他團體，不敢與大陸往來。

直到 1987 年解嚴前後，台灣走向政治「自由化」及「民主化」的途徑，宗教活動空間更寬廣，「自由化」促使新興宗教團體擁有生存空間，「民主化」則使之形同壓力團體。

另外，國家體質的變化也使宗教政策隨之更迭，由「宗教管制」變為「宗教鬆綁」。國家「自主性」（autonomy）及「能力」（capability）降低，市民社會中的宗教團體「自主性」及「能力」相對升高。在民主化壓力及經常性的選舉運作，使政治菁英得籠絡宗教團體及其領袖，只因為他們擁有組織、財源及選票。國家「宗教鬆綁」的自由主義政策，促進宗教團體自

主性升高，宗教團體乃得以在台灣社會的「宗教自由市場」自由競爭與發展。（張家麟，1999）台灣宗教團體到大陸進行宗教交流，也從此國家體制轉變的背景下出現契機。

（三）國家統治合法化

兩岸交流可以開展，都與兩岸政權維繫執政有關，大陸為了「合法統治」，得實行經濟改革，化解人民內部壓力；台灣為了維持「合法統治」，則只有在經濟奇蹟後，持續自由化及民主化的政治改革來滿足人民內在需求。兩岸政府面對不同的內部壓力，卻都以「開放」的政策，成功的化解內部壓力維繫合法統治。

因此，大陸「開放」的經濟政策促使大陸市場開放，滿足了國家生存利益；而且，經改也間接造成市民社會的鬆綁，包含對宗教「有秩序」及「有條件」鬆綁政策。

台灣統治者也約略在同一時期為了追求執政「合法性」的基礎，開始進行政治自由化、民主化的改革。不同於大陸文革之前的經濟衰敗，台灣社會經濟發展及人民教育水準提升，市民社會要求政府體制改革的壓力日大；尤其當台灣執政當局面臨國際外交的政治挫敗，只能用政治改革，來建立「合法統治」的基礎。

兩岸政權為了不同「合法化」因素，促成國家體制「內在」轉變，進而影響宗教政策的鬆綁；當兩岸政權由「武力衝突」轉向「冷衝突」，及容許宗教團體及人民互相往來，則直接促進兩岸基督宗教交流的可能性。簡言之，影響兩岸基督宗教交

流的真正關鍵，在於兩岸政權為了維護「合法統治」的內在基礎，進行國家體制改造工程及兩岸宗教政策的大幅度解構這兩項因素。兩岸的政治結構互動，默許市民社會交往時，開了一扇兩岸基督宗教交流之門；加上兩岸近似「自由主義」的宗教政策基礎，給基督宗教團體及學界有了對話與交流的合法空間。

三、兩岸基督宗教交流的特質

（一）兩岸基督宗教交流甚少

台灣人民赴大陸「探親」始於 1980 年代，大陸地區人民則遲至 1990 年才來到台灣。至今為止，兩岸人民及團體往來中，台灣居民到大陸以經商、觀光、探親居多；而大陸人民赴台則以社會交流占多數，其次為文教交流、經濟交流及定居交流。

大陸人民赴台交流人數，逐年增加，到目前為止，大陸人民入台總人數為 1,082,818 人，其中社會交流大宗，約占總人數 82.11%，其次文教交流為 10.85%，第三為經濟交流 6.28%，其他（包含定居、觀光交流）占 0.76%；而宗教交流隸屬在文教交流當中，只占文教交流的一小部分，占所有交流人數的 0.28%。十五年來，大陸人士到台從事宗教活動，人數只有 2,884 人。（圖 1）

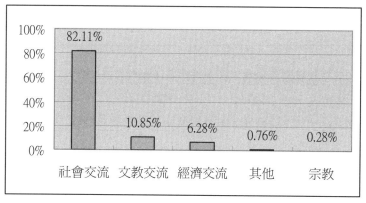

圖1　至今（2003 年 9 月）大陸人士赴台交流比例圖
資料來源：海基會網路資料

　　台灣基督宗教團體就沒有像民間宗教團體往聖地朝拜的
風俗，所以，兩岸基督宗教團體往來不像佛、道教及媽祖廟交
流轟動，記錄也非常少見。只有在 1988 年、1989 年、1991
年、1995 年、1998 年、1999 年、2000 年、2001 年、2002 年、
2003 年及 2004 年共十七次的交流活動。（表 1）在這十七次交
流活動中，大部分是透過兩岸民間團體為媒介，在兩岸的合法
結構下從事交流。如果沒有透過中介團體合法邀請，像 1989
年台灣主日學協會傳道吳炎焜牧師主動到大陸宣教，違反大陸
的基督宗教政策管理法規，可能會落得被驅逐出境的下場。

　　兩岸的宗教交流相較於其它交流，本來就比較少，而基督
宗教相較於佛、道教及民間宗教，基督宗教的交流更顯得稀
少。這些交流中，兩岸 YMCA 的交流顯得相當突出，這可能
與兩岸 YMCA 政治意識型態較為薄弱，只涉及基督教青年活
動事項有關。而且，兩岸 YMCA 彼此緊密交流，符合雙方現

有利益；在沒違反兩岸政權的法律禁忌，使他們相當容易依法
交流。

表 1　兩岸基督宗教交流方式、時間及活動內容表

交流方式	時間	活動內容	活動性質
拜訪交流	1988 年 10 月	台灣 YMCA 總幹事率各地總幹事四名到上海 YMCA 拜訪。	兩岸 YMCA 首次接觸。
宣教交流	1989 年	台灣基督教主日學協會傳道牧師吳炎焜，於 1989 年到大陸傳教，經常往來於上海、北京、南京和西安等地，散發其編寫的「大預言」、全備救恩」等書籍及「十架真理」、「啟示錄」等錄音帶，宣傳「上帝的預言」，稱「2018 年是世界末日」等。	台灣牧師自行到大陸宣教，被中共視為違法宣教行為。
國際會議交流	1991 年 2 月	普世基督教協會（W.C.C）於 1991 年 2 月 7 日至 20 日，在澳洲坎培拉召開世界總會。中國大陸的基督教協會獲得大陸政府當局的允許加入會員的申請，但附帶條件是將台灣基督教長老教會的名稱改由 T 部列為「中國」C 部，引起台灣基督教長老教會的強烈反對。	兩岸基督教團體在國際社會交流與政治衝突。
宣教及參訪交流	1991 年	周聯華牧師於 1991 年應中國大陸基督教兩會的邀請，訪問了上海、杭州、慈溪、南京等地教會和神學院，每到一處就進行佈道、交換神學教育的心得。	台灣基督教牧師接受大陸基督教團體合法交流。

交流方式	時間	活動內容	活動性質
參訪交流	1995 年 1 月	中國大陸福建省基督教協會牧師訪問團一行九人，於 1995 年 1 月 11 日來台訪問。成員有：福建神學院院長鄭玉桂、副院長林志華、牧師陳美滿、福建省基督教會副主席嚴子祺、福州基督教花巷禮拜堂主任牧師黃鐘藩、廈門鼓浪嶼教會牧師陳以平、漳州禮拜堂牧師莊靜城、莆田基督教會主牧鄭金燦、泉州基督教會牧師蘇偉垣等。	大陸省級基督教團體第一次接受台灣邀請，從事台灣官方認可的合法交流。
參訪及觀光交流	1998 年 4 月	大陸上海、天津、西安、北京、成都、杭州與武漢等 YMCA 總幹事及代表十名拜訪台灣 YMCA。	大陸 YMCA 首次到台灣訪問。
參訪交流	1999 年 5 月	台灣台南 YMCA 慈光合唱團四十名到北京及西安演唱。	台灣 YMCA 合唱團首次到大陸演唱。
參訪交流	1999 年 7 月	台灣台南 YMCA 幹事及團員十五名赴大陸天津參加 YMCA 國際環保營營會。	由台灣 YMCA 邀請。
參訪交流	2000 年 5 月	台灣台南 YMCA 理監事及總幹事五名參加上海一百周年慶。	台灣 YMCA 接受大陸 YMCA 邀請。
觀光及參訪交流	2001 年 11 月	大陸上海 YMCA 會長、總幹事及主任幹事四名到台灣台北、台南 YMCA 參訪。	由台灣 YMCA 邀請。
參訪交流	2002 年 4 月	台灣台南 YMCA 慈光合唱團三十五名到上海演唱。	台灣 YMCA 合唱團第二次到大陸演唱。

交流方式	時間	活動內容	活動性質
學術及參訪交流	2002 年 7 月	真理大學校長葉能哲於 2002 年 7 月上旬率領宗教學系教授張家麟一行五人，接受中華全國台灣同胞聯誼會邀請，赴大陸北京考察基督宗教團體的變遷與發展。	台灣基督教創辦的大學首次接受大陸半官方團體接待，考察大陸基督宗教團體。
參訪及觀光交流	2002 年 12 月	大陸北京、上海、天津、西安、南京 YMCA 總幹事及代表十名赴台灣 YMCA 參訪。	由台灣 YMCA 邀請。
學術及參訪交流	2003 年 3 月	中國社會科學研究院世界宗教研究所基督教研究學者卓新平所長，於 2003 年 3 月 28 日率領社科院五名教授赴台，接受台灣真理大學邀請，參加「亞洲政教關係」學術研討會。	由台灣真理大學居中協調讓大陸半官方團體率領基督教學者及領袖合法進入台灣參訪，台灣宗教學界及宗教團體。
學術及參訪交流	2003 年 8 月	真理大學宗教學系張家麟主任及師範大學歷史學系朱鴻教授接受中國全國台灣同胞聯誼會邀請，於 2003 年 8 月下旬參訪雲南西雙版納州首府基督教長老會教會及領袖。	由中華全國台灣同胞聯誼會居中協調讓台灣教授得以合法訪問雲南少數民族宗教基督教會。
學術及參訪交流	2004 年 8 月	真理大學宗教學系張家麟主任及其研究生一行三人接受中國全國台灣同胞聯誼會邀請，於 2004 年 8 月中旬參訪朝鮮族延吉市、圖門市基督教會。	由中華全國台灣同胞聯誼會居中協調讓台灣教授得以合法訪問東北吉林省延吉州基督教會及領袖。

交流方式	時間	活動內容	活動性質
學術及參訪交流	2004 年 10 月	中國全國台灣同胞聯誼會副部長楊驊率領基督宗教學者及基督宗教領袖十名，於 2004 年 10 月 29 日赴台，接受台灣真理大學邀請，參加「基督宗教研究與當前大學教育」學術研討會。	由台灣真理大學居中協調讓大陸半官方團體率領基督教學者及領袖合法進入台灣參訪，台灣宗教學界及宗教團體。

（二）法制結構下進行交流

　　兩岸為了「國家安全」、「國家利益」，皆設計一套法制結構來規範宗教交流。原則上，大陸在「宣教方式」限制台灣基督宗教赴大陸交流；台灣則在「量」方面限制大陸基督宗教赴台交流。

　　大陸當局接受台灣以探親的名義，進行「宗教觀光」交流，反對台灣的宗教家任意進行宣教。統治者對宗教團體採取保護合法宗教，打擊非法宗教的政策，不僅如此，大陸境內宗教家宣教也得受「定點」、「定時」的法規限制，這些規範對台灣的牧師、傳道士一樣有效。（附件一）

　　在中國大陸管理「宣教」的法律結構下，台灣地區合法登入大陸宣教的宗教家相當有限，像 1989 年 3 月星雲法師曾經在廣濟寺舉行法會，並在北京大學、清華大學、人民大學、武漢大學、杭州大學及中國社會科學院舉行演講弘法。（熊自健，1992：53）　基督宗教領袖像星雲法師得以在大陸宣教的例子不多，只有周聯華牧師於 1991 年應中國大陸基督教兩會的邀

請，訪問了上海、杭州、慈磎、南京等地教會和神學院，每到一處就進行佈道、交換神學教育的心得。（亞敏，1991：24-26；熊自健，1997：51）

　　中共政權為了對宗教團體做有秩序的管理，人民依據憲法可以自由信教，但也保護沒有信仰的自由。中共主管宗教事務的官員曾指出：

> 中國大陸境內人民約十三億人口，有宗教信仰的人民只有二億左右，其餘十一億人口都是無神論者，中央政府除了保障人民信仰自由外，也要保障人民不信神的自由。為了維護無神論者，不接受信仰的權利，中央政府訂定各種管理宗教的法規，讓宗教團體依法做合理的傳教活動。（訪談編碼 001）

　　基督宗教團體領袖如果到大陸宣教，依中國法規申請層層節制，不可能如「宗教自由」國家地區一般，傳教士在街頭自由宣教，或像摩門教會傳道士兩人一組，騎腳踏車四處在台北街頭攔路人宣教。

　　不是只有大陸限制台灣宗教家赴大陸宣教，台灣當局也在1994 年通過「大陸地區宗教人士來台從事宗教活動許可辦法」，限制大陸宗教家來台從事宗教活動。（附件二）依這些規定申請，大陸宗教家來台宣教，難度也不低。

　　由於兩岸敵對的狀況尚未完全化解，國家機器為了「國家安全」的最高利益下，對基督宗教團體到對方領域從事宗教活動仍抱持高度的警覺，雙方政府運用各種法律規範，限制「宗教活動」乃可理解。

（三）堅持「正名」

　　兩岸基督宗教交流的場所，除了在大陸和台灣外，也可能在第三國交流，例如：普世基督教協會（World Council Church）於 1991 年 2 月 7 日至 20 日，在澳洲坎培拉召開世界總會。兩岸基督宗教團體的「政治意識型態」（political ideology）就影響兩岸交流的和諧氣氛；像中國大陸的基督教協會獲得大陸政府當局的允許加入會員的申請，但附帶條件是將台灣基督教長老教會的名稱改由 T 部列為「中國」C 部，就曾經引起台灣基督教長老教會的強烈反對。[5]台灣長老教會總幹事楊啟壽和其他四位代表向普世教協總會提出抗議，備妥英文說明資料傳送給普世教協會議長、總幹事及與長老教會建立姊妹關係的合作教會團體，並將其他書面資料由長老教會高俊明牧師攜往澳洲會場，分發給所有參加普世教協大會的議員。

　　兩岸在國際場合的「正名」鬥爭，延燒到基督宗教團體的國際會議上，結果台灣長老教會為首的基督教團體抗議成功，普世教協通過了中國教協加入為會員，而大陸的中國基協也放棄原本堅持的附加條件，大陸三自愛國教會領袖丁光訓主教在大會中宣稱，中國教會決不干涉其他會員教會的獨立與尊嚴。

　　台灣長老教會堅持本土化的立場，在國際基督教會議上展現無遺，而當大陸教會如果也堅持「中國統一」的立場時，堅

---

[5] 筆者於 2002 年 7 月曾訪問中國大陸基督教協會高層行政人員，受訪者就曾經指出：「台灣和大陸在基督教會議場合，為了正名問題，彼此種下心結，大陸三自愛國教會的牧師不能理解台灣為何不接受『中國』，寧可堅持『台灣』，大陸也不能了解台灣教會牧師不愛中國的心態。」（訪談編碼 002）

持台灣教會隸屬中國教會或要求台灣教會名稱冠上「中國」，未來兩岸基督宗教國際會議上的交流，勢必發生為了此「正名」立場而衝突。

由於台灣長老教會總會堅持「台灣優先」的主張，是教會自發性的意識型態展現，而非台灣當局的壓力；這與大陸教會堅持「愛國統一」的主張頗不相同。

（四）學術及參訪交流為主

基督宗教團體在兩岸得以順利展開交流，大部分都是以「學術」及「參訪」交流為主。在過去十五年基督宗教團體的往來中，就以基督宗教學者的學術會議和會議後的參訪活動占大宗。

學者及宗教團體領袖的交流較為容易推動，最主要的理由是兩岸基督宗教交流得要有「合法」根據，像大陸人士入台，依台灣法規要求由台灣地區邀請單位為大陸人擔保，為學者、官員或宗教團體領袖作保，較不容易出問題。邀請他們來台開學術會議，順便參訪台灣地區宗教團體，既符合邀請單位的利益，也容易得到國家認可。

相對地，大陸邀請台灣宗教學者赴大陸做基督宗教考察，因為有大陸學術團體或涉台交流團體的擔保，也促使台灣學者容易在大陸從事基督學術交流及參訪交流。

過去兩岸基督宗教交流仍然以在大陸及台灣兩地進行為主，國際基督教團體會議占少數；交流模式包含學術交流、參訪交流、探親交流、宣教交流與國際會議交流幾類，其中前四

類交流都受兩岸政治體制的變化及法律結構所影響，第五項的交流，則被基督宗教團體本身的意識型態和該團體與國家的自主性所決定。未來兩岸基督教的交流，仍將以學術及參訪交流進行，宣教交流受限較多就不容易推動，除非基督宗教領袖聲望頗高，而且被大陸官方所接受，才可能進行宣教。至於，探親交流不容易彰顯，因為這類交流大部分以私人名義進行。

四、兩岸基督宗教交流頻率低的因素

兩岸宗教交流本來頻率就不高，基督宗教在所有宗教交流中，數量又明顯偏少。筆者認為，兩岸政權各自維護其國家利益的前提下，設計「法律制度結構」，限制兩岸宗教團體的交流，乃是造成宗教交流不如其他社會交流、文教交流、經濟交流及及他交流的主因。

然而在同樣的法律制度結構下，佛、道教及民間信仰交流卻又比基督宗教和伊斯蘭教交流熱絡，可見得法律結構的限制並不能解讀基督宗教交流比例偏低的現象。在此先擱置伊斯蘭教交流的問題，只對兩岸基督宗教交流比例偏低的現象，嘗試提出解謎。

（一）宗教聖地與聖物缺乏

兩岸佛、道教及民間信仰交流比較熱絡的主要原因，在於台灣地區人民赴大陸觀光順便從事宗教交流人數頗多，而大陸人民目前為此到台灣觀光難度很高，只能先宗教交流後觀光，剛好與台灣顛倒。

　　不少台灣地區佛、道教領袖赴大陸交流採用觀光與宗教交流結合的方式[6]，這個方式也出現在兩岸民間宗教信仰中的媽祖廟交流。

　　媽祖廟領袖率領信徒集體前往大陸媽祖祖廟進香，除了類似前往「聖地」朝聖的宗教心理滿足外，尚有其他政治、社會與經濟的因素。例如可以競逐在台灣媽祖廟香火正統的地位；（張珣，1995：100）有了媽祖祖廟的認可，台灣地區的媽祖廟就提升了自己廟宇的地位，凌駕在台灣地區的其他媽祖廟；在朝聖之後，從大陸媽祖祖廟迎回神像，不但能證明其香火直接來自於大陸祖廟，也可以增加媽祖神明的靈力；有了靈力之後，信徒願意回到媽祖廟膜拜，媽祖廟香火鼎盛，香油錢增加，信徒人數增多，媽祖廟領袖乃擁有民主參政的政經基礎。（瞿海源，1997：151-152）

　　媽祖廟有福建湄洲媽祖聖地供台灣信徒到大陸朝聖；佛、道教也有不少宗教聖山等待信徒瞻仰，像佛教的敦煌石窟、龍門石窟、山西五台山、河南嵩山少林寺、浙江普陀山等地，道教的山東嶗山、湖北武當山、江西龍虎山、安徽齊雲山等地，信徒可在朝聖過程中，兼做觀光旅遊活動，非常符合台灣人民的「宗教生活」習慣，可以說「宗教觀光」是兩岸宗教交流中台灣人民赴大陸的主要活動項目。

---

[6] 學者稱這類模式為「會空模式」，因為台灣圓光佛學院教務長會空法師則是默默地拓展兩岸的宗教交流。會空法師五次前往大陸訪問，進行佛教交流活動，先後到過福建、江西、江蘇、上海、北京、東北等地。這是當前兩岸宗教交流最普遍的模式，以訪問高僧、參拜古剎、捐款給佛學院等方式為主。一邊從事「觀光」，一邊從事「宗教交流」。

　　相較之下，大陸基督教就沒有基督宗教的名山與聖地，供台灣人民赴大陸從事這類宗教觀光活動，基督徒的聖地在麥加，他們也沒有如台灣媽祖廟每年回到福建主廟進香的宗教文化，因此，兩岸基督宗教交流缺少了「朝聖之旅」，與佛、道教及民間信仰交流比較，就顯得比較冷清。

（二）歷史不愉快的經驗

　　兩岸基督宗教的交流無法順利開展的另外一個主要因素，在於中共基督教領袖的歷史認知，他們認為過去中國歷史中，西方基督宗教有帝國主義撐腰，以不平等的立場來華傳教，對中國人而言，傷害了中國「民族情感」，這不愉快的經驗，至今仍非常強烈。（北京基督教三自愛國教會，2000：11-14）

　　不只基督教領袖有此認知，主管宗教的官員也認為：

> 中國政府對外國（境外）宗教團體到中國傳教限制的主要理由是維護國家安全，從歷史發展來看，外國勢力經常結合宗教對中國社會進行滲透，導致中國社會民間與外國宗教的文化與利益衝突，故在此階段，中國對外國宗教團體到中國宣教仍持保留態度。（訪談編碼 003）

　　官員們對境外基督教團體的「刻板印象」（stereotype）是「帝國主義」運用他們，滲透中國，進而顛覆中國政權。

　　中共在建立政權之後，即要求大陸境內基督教團體割斷境外關係，包含拒絕梵蒂岡天主教勢力對中國宗教團體的干預。寧可選擇「自治、自傳、自養」之獨立自主辦理教會的政策，

也不願意外國宗教與政治勢力插手中國基督教事務。（熊自健，1997：50）

就宗教宣教自由與國家主權完整這兩項價值觀的選擇，中共統治當局選擇後者，在國家安全與社會穩定的基礎下，基督教與天主教只得與境外做交流，境外的基督教天主教教士到大陸傳教得受中共政府當局審核通過，不得任意在大陸境內各地傳教。這項原則也限制台灣基督宗教教會及牧師到大陸宣教，兩岸基督宗教宣教交流困難度很高[7]。

由於歷史不愉快的經驗因素，中國共產黨為了維護其統治利益，不容許中國境內基督教團體與境外任何勢力連結，他只能採取「防範」的政策，在兩岸宗教交流中，基督宗教交流和其它宗教交流比較，「防範」基督教的心理強過其它宗教，因此，過去十九世紀帝國主義的陰影彷彿仍然籠罩在二十一世紀的兩岸基督宗教交流。

（三）為正名而衝突

兩岸基督宗教在國際會議的交流未來機會會愈來愈多，但

---

[7]　筆者於 2002 年 8 月訪問中國北京主管宗教事務官員，官員對基督宗教與境外勢力連結的刻板印象仍然相當強烈，寧可恢復中國境內安全，也不願意隨意將法制鬆綁，他指出：「宗教以傳教為天職，中國對外國（境外）宗教團體到中國傳教不寬容，與歷史發展有關。因為外國基督教來華傳教與殖民主義有關，再加上中華人民共和國成立之初，大陸境內基督教團體反對人民共和國，影響到今天境內、外團體交流、對話。傳教不鬆口：宗教應自立，意識型態沒解決與西方大國的衝突新教對中國的影響，與共產黨對立 1840 年與 1949 年的歷史陰影海外對宗教團體的友善態度－可以影響中國宗教政策。」（訪談編碼 003）

是彼此為了「正名」的堅持，衝突也會日漸突顯。

　　像大陸三自愛國教會堅持「愛國主義」，教會領袖的政治意識型態與中共政治領袖相近，在國際基督宗教會議場合容易展現出維護中共既有一貫的外交立場。而會議場合有台灣基督宗教領袖出席時，台灣教會領袖也會為維護自己過去的立場，這些衝突點在於「正名」，當大陸基督教團體要求台灣基督教團體「更改名稱」，才願意加入國際基督教協會的組織，衝突乃現，而影響彼此日後交流的意願。

　　為「正名」的衝突，至少已出現兩次，一次為台灣長老教會與中國大陸的基督教協會普世基督教協會會議的爭執；另一次兩岸 YMCA 的衝突。

　　前已敘述：普世基督教協會（W.C.C）於 1991 年 2 月 7日至 20 日，在澳洲坎培拉召開世界總會。中國大陸的基督教協會獲得大陸政府當局的允許加入會員的申請，但附帶條件是將台灣基督教長老教會的名稱改由 T 部列為「中國」C 部，引起台灣基督教長老教會的強烈反對。

　　同樣的情形出現在 YMCA 亞洲協會會議上，據台灣YMCA 領袖指出：

> 雙方 YMCA 在互動上都禮尚往來，尚稱友善；然大陸YMCA 仍在三自教會的名義下，歷年的全國協會總幹事大多是政協，因此在國際場合中，目前亞洲有幾個國家如日本、韓國及第三世界均有意希望大陸回到亞洲協會的組織中，並恢復其會籍，但是中國大陸 YMCA 均以台灣 YMCA 需改名為條件，才願意考慮加入，這對

　　台灣形成很大的壓力。（訪談編碼 004）

　　大陸基督教團體在冷戰時期，形同國際基督教組織的孤兒；大陸改革開放後，恢復「宗教自由」，容許基督宗教團體參加國際會議，但是，中共仍透過「人事權」有效的掌握基督宗教領袖。在國際會議上大陸基督宗教領袖非常願意執行宗教當局一致的外交政策，對台灣基督宗教團體領袖形成負面的感受[8]，深覺中共政治力量仍然滲透到基督宗教團體當中，使原本無關政治的國際基督宗教會議，也變成政治的競技場。

（四）為意識型態而衝突

　　兩岸基督宗教交流中，另外一個阻撓的變數是：大陸三自愛國教會堅持「中國民族主義」，而台灣本土最大的基督教派長老會卻堅持「台灣民族主義」，雙方政治立場迴異，彼此交流時顯得尷尬。

　　由於中共統治當局掌握對大陸境內基督教會領袖篩選的人事權，因此，選拔政治立場與其相近的牧師擔任三自愛國教會的幹部，中共對外的政治主張自然容易透過教會領袖貫徹。台灣基督教會領袖的自主性較高，台灣政治領袖很難支配各基督教派的政治立場，隨國民黨政府來台的基督教派容易傾向支持「中國民族主義」，而台灣本土發展的長老教派領袖則傾向「台灣民族主義」。

---

[8] 台灣基督宗教長老會領袖對大陸宗教領袖來訪，分正反兩方意見：反對者認為中國大陸宗教領袖在國際會議上「打壓」台灣，根本不值得交流；支持者認為雙方儘管有歧見，則應透過交流溝通化解，盡宗教家的社會責任。

要讓兩岸基督教團體及其領袖交流，在政治立場未擱置以前，大陸三自愛國教會比較容易和隨國府來台的基督教會交流，相反地，不容易和本土基督長老教會交流。當雙方堅持政治立場時，阻礙了雙方基督教會及其領袖的交流機會。[9]

儘管諸多歷史及政治意識型態因素，阻撓雙方基督教會及其領袖的交流機會，但是雙方在現有的基礎下，擴大交流的機會仍然存在，以下是筆者認為發展兩岸基督宗教交流前景的主要具體作為。

五、兩岸基督宗教交流前景的具體作為

（一）尊重兩岸基督教會的特色

大陸基督教會五十餘年來獨立發展的結果，建立「中國社會主義」式的基督教會，不同於台灣「西方自由主義」式的教會。大陸教會在中國政權影響下，堅持「愛國主義」，實踐「自治、自傳、自養」原則，早期切斷西方教會任何關係，但是在改革開放後，在中共政權同意及支持的政策，開始和西方教會連繫，也和台灣教會往來。

中國有條件的開放大陸境內基督教會和台灣教會交流，有秩序的管理台灣教會到大陸宣教活動，拒絕台灣教會和大陸

---

[9] 筆者曾私下訪問台灣基督長老教會牧師，詢問其對中國基督教會的看法，大部分的牧師都持台灣本土優先的主張，反對中國大一統的思想，尤其厭惡教會被政治領袖所支配，認為教會應該只服從神，而非服從領袖。（訪談編碼005）

「家庭教會」往來，只同意在官方的合法程序下，從事基督宣教活動。中國政權對大陸教會的要求，已形成一套「緊密」的法制結構及執行體系；台灣基督教會與大陸教會交流，應在這套法制下進行，不要隨意觸犯中共管理教會的禁忌。

相對的，大陸教會也應尊重台灣「西方自由主義」式教會發展事實；台灣為了「國家安全」，給大陸基督教團體赴台的管理措施限制，造成兩岸基督教交流些許不便。但是，大陸應理解大陸「大」，台灣「小」的事實，如沒有一套管理措施，會出現不利台灣的局面。

具體而言，台灣教會應依大陸法制和大陸教會往來，未經大陸官方許可，不能隨意用在台灣宣教的經驗在大陸自由宣教；也不應該和未被大陸承認合法的「家庭教會」往來。到大陸從事基督教交流，最便利的方式是透過官方與半官方中介團體推薦，或兩岸基督教會對等團體互訪。而大陸教會也應尊重台灣管理宗教人士入台的相關法規。

（二）以基督學術交流為基礎

兩岸在基督學術發展逐漸形成氣候，大陸與台灣研究機構及著名大學不乏研究基督教的學者，如能透過這些學者個人或研究機構進行交流，應是目前最容易被雙方接受的交流模式。

學者的理性思維和溫和態度，有利於兩岸基督教團體的理解，進而促進基督學術的發展。因此，持續與擴大兩岸基督宗教學術交流活動，應該是現階段兩岸政治對立下，最有力且可行的交流模式之一。可惜，目前兩岸基督宗教學術界並沒有積

極推動。不然，以目前中國大陸基督教學術界在基督神學、基督教藝術、基督教西洋典籍翻譯與基督教哲學等領域，都有相當豐碩的成果。相對地，台灣基督教學術界則在比較基督教派、基督教歷史學、基督教心理學、基督教社會學及基督教現象學等領域，也有一定的學術成績。兩岸基督宗教學術界應該進一步交流，讓彼此學術互補，既能提高華人基督教研究的水準，又可以促進兩岸基督宗教的理解，增添兩岸理性互動的管道，化解兩岸既存的誤解。

如果能夠由兩岸宗教學術界定期舉辦基督學術活動，從基督宗教哲學、基督宗教歷史、基督宗教藝術、基督宗教文學、比較基督宗教、基督宗教社會學、基督宗教心理學等領域召開學術會議，應該是推動兩岸基督宗教交流最佳可行方案。

（三）對國家政治管制鬆綁的期待

影響兩岸基督宗教交流的主要變項之一，是來自兩岸政治體制的對峙，儘管兩岸民間交往密切，但是礙於維護「國家安全」的國家利益前提，兩岸政權對於宗教交流皆仍持「管制」的政策。

兩岸在全球經濟發展的體系中，經濟往來不可避免，連帶開啟政治對話，過去已經有過對話的經驗；然而，兩岸目前對「一中」原則解讀不同，造成兩岸對話暫停。政治僵局打開對兩岸各個層面的交流將有助益，在未打開之前，依目前既有的法治結構及歷史經驗，基督宗教的交流會比其它宗教交流難度較高，但也並非不能從事這類型的交流。

　　當自由世界與共產世界著手對話時，兩岸當局當然也可以在此潮流下進行對話。如能減少政治干擾因素，民間對話的可能性升高，兩岸政府應認同「後冷戰時期」談判代替對抗的世界潮流，較少宗教管制，讓基督宗教交流自然開展。

（四）全球化（globalization）宗教對話的反思

　　宗教文化的衝突造成「後冷戰時期」國際秩序的重整（S.P.Hungtinton，1997）；而不同宗教的對話卻也是這時期的重要特色。天主教宗若望保祿二世開啟和伊斯蘭教領袖、佛教領袖和印度教領袖的對話；國際宗教組織也包容不同宗教及其代表在組織內的對話，都象徵現代宗教「多元主義」（pluralism）的宗教寬容與和平共存的進步現象。

　　不同宗教都可以進行對話，更何況兩岸基督教團體信奉相同的上帝，實踐共同的聖經，當然擁有更堅強的「神學」對話基礎。兩岸基督宗教團體進行交流時，應體認宗教對話的全球化趨勢，如果能進一步接受洛克（John Locke）「宗教寬容」的論述，未來交流空間將會更為寬廣。

六、結語

　　十五年來兩岸基督宗教團體在官方的政治結構與政策規範下，逐漸展開，日趨緊密。雖然不像佛、道、教及民間信仰熱絡；但交流的頻率也日漸升高。

　　回顧過去，也對未來期許；兩岸基督宗教交流存有困難，只有在既存的基礎下，持續互動與發展，更期待兩岸政治結構

逐漸放寬宗教管制，讓基督宗教團體領袖，運用聖經中的智慧，啟開兩岸政治精英謙卑的心靈，消除因政治意識型態築起的高牆，傾聽兩岸黎民的苦痛，帶領人民走向新錫安聖地。

參考書目

中央研究院台灣研究推動委員會，2001，《威權體制的變遷：解嚴後的台灣》，台北市：中央研究院台灣史研究所籌備處。

北京基督教三自愛國教會，2000，《主劍輝煌—北京基督教三自愛國運動五十周年紀念影集 1950-2000》。

亨廷頓（Huntington, Samuel P.），1997，《文明衝突與世界秩序的重建》，台北市：聯經。

宋光宇，1983，《天道勾沈》，台北：元祐。

亞敏，1991.4，〈訪周聯華牧師〉，《天風》，1991 年，第四期。

卓新平，2003，〈基督宗教在當代中國社會的作用及影響〉，《新世紀宗教研究》，台北縣：宗博出版社。

林本炫，1990，《台灣的政教衝突》，台北：稻鄉出版社。

張家麟，1999，〈國家對宗教的控制與鬆綁—論台灣的宗教自由〉，《人文、社會、跨世紀學術研討會論文集》，真理大學人文學院編印。

張家麟，2003，〈當代中國大陸宗教政策變遷及其影響—菁英途徑論述〉，《新世紀宗教研究》，台北縣：宗博出版社。

張家麟，2004，〈當代台灣新興宗教研究趨勢之分析〉，《二零零四年海峽兩岸宗教與社會學術研討會論文集》，華梵大學哲學系編。

張珣，1995.12，〈台灣的媽祖信仰—研究回顧〉，台北：《新史學》，6 卷 4 期，頁 89~126。

梁家麟，2003，〈宗教工具論：中共對宗教的理解與作用〉，《真理大學第四屆『宗教與行政』國際學術研討會》，台北：真理大學宗教學系。

熊自健，1992，〈海峽兩岸的宗教政策與宗教交流的前景〉，摘引自靈鷲山般若文教基金會國際佛學研究中心主編，《兩岸宗教交流之現況與展望》，台北：學生書局。

熊自健，1997.9，〈海峽大岸宗教交流活動的經驗與前景〉，《中國大陸研究》，第四十卷九期。

瞿海源，1997，《台灣宗教變遷的社會政治分析》，台北：桂冠書局。

深度訪談對象

訪談編碼 001

訪談編碼 002

訪談編碼 003

訪談編碼 004

訪談編碼 005

附件一：大陸中央政府管理宗教活動法規

壹、中華人民共和國境內外國人宗教活動管理規定

（1994年2月國務院頒佈）

（一）外國人可以在縣以上人民政府宗教事務部門認可的場所舉行外國人參加的宗教活動。

（二）外國人進入中國大陸，可以攜帶本人自用的宗教印刷品、宗教音像製品和其他宗教用品；攜帶超出本人自用的宗教印刷品、宗教音像製品和其他宗教用品入境，按照中共海關的有關規定辦理。禁止攜帶有危害中國大陸社會公共利益內容的宗教印刷品和宗教音像製品入境。

（三）外國人在中國大陸進行宗教活動，應當遵守中共的法律、法規，不得在中國大陸成立宗教組織，設立宗教辦事機構，設立宗教活動場所或者開辦宗教學校，不得在中國大陸公民中發展教徒、委任宗教教職人員和進行其他傳教活動。

（四）外國人違反規定進行宗教活動的，縣級以上人民政府宗教事務部門何其他有關部門應當予以勸阻、制止，構成違反外國人入境出境管理行為的，由公安機關依法進行處罰；構成犯罪的，由司法機關依法追究刑事責任。台灣居民在大陸，香港、澳門居民在內地進行宗教活動，也是參照此管理規定執行。

貳、中共「國務院」公布的「宗教活動場所管理條例」也具體地防範與管制宗教活動；其重要規定有：

（一）設立宗教活動場所，必須進行登記。宗教活動場所應當建立管理制度。

（二）在宗教活動場所進行宗教活動，應當遵守法律、法規。任何人不得利用宗教活動場所進行破壞國家統一、民族團結、社會安定、損害公民身體健康和妨礙國家教育制度的活動。

（三）在宗教活動場所內，宗教活動場所管理組織可以按照有關規定經營銷售宗教用品、宗教藝術品和宗教書刊。有關單位和個人在宗教活動場所管理的範圍內改建成新建築物，設立商業、服務業網點或者舉辦陳列、展覽、拍攝電影電視片等活動，必須徵得該宗教活動場所管理組織和縣級以上人民政府宗教事務部門的同意後，再到有關部門辦理手續。

（四）縣級以上人民政府宗教事務部門對本條例的執行情況進行指導和監督。

（五）宗教活動場所違反規定的，縣級以上人民政府宗教事務部門可以根據情節輕重，給予警告、停止活動和撤銷登記的處罰；情節特別嚴重的，提請同級人民政府依法予以取締。

（六）違反本條例規定，構成違反治安管理行為的，由公安機關依有關規定處罰；構成犯罪的，由司法機關依法追究刑事責任。

　　中共在「宗教活動場所管理條例」授權給縣級以上政府機構、公安機關和司法機關權力來管制宗教活動，這與一九八二年「文件」中所規定經由宗教組織來安排和管理一切宗教活動相比較，則明顯地有強化控制宗教活動的用意。

　　中共採取嚴格防範外國宗教勢力進入大陸的「反和平演變」的宗教政策後，導致中共與羅馬教廷的關係陷入兩難之境。一方面中共想切斷梵蒂岡與中華民國的正式外交關係，而達成與梵蒂岡的建交，從而盡量改善與梵蒂岡的對立；另一方面中共又害怕宗教領導的天主教回到中國大陸後，勢必指導與影響中國大陸的天主教徒，推進和平演變的聲勢，必須加以防範。

附件二：台灣中央政府管理大陸人士來台從事宗教活動法規要點

（一）大陸人士來台從事「宗教活動」的範圍，包括與宗教有關的學術研討會、佈道、弘法、演講、參觀訪問、會議、展覽、演出或其他公益活動。

（二）大陸地區宗教人士申請來台的資格為：

　　1.寺廟、教會（堂）或宗教團體的負責人，或其實際從事宗教事務之主管人員。2.傳佈教義之神職人員。3.宗教學術研究人員。

（三）為免大陸地區宗教人士來台人數過於龐大，造成無謂困擾，內政部得視實際情形限制大陸宗教人士來台人數。

（四）內政部得成立資格審查小組。並視實際需要邀請相關宗教團體或宗教學術人士提供諮詢意見。

（五）大陸地區人士來台停留時間不得逾二個月，惟必要時得申請延期，但其總停留時間每年不得逾六個月。

（六）大陸宗教人士在台期間不得違反相關法令，且不得從事營利行為或與其許可目的不符之活動。違反規定者，內政部將視情節輕重，予以口頭警告、取消參觀訪問許可，必要時予以遣返。經有關機關強制出境者，其再來台之申請得不予受理，內政部並得於一年內不受理其在台邀請單位之其他申請案。

第二章　當前兩岸宗教交流的困境與前景

一、緣起與問題

（一）緣起

兩岸政治體制與意識形態轉變之後，在 1980 年代，中共同意與台灣「三通」，台灣也同意有條件的開放人民赴大陸探親，從此開啟兩岸的各項交流活動，其中，宗教交流也在藉探親名義逐漸開展。

兩岸宗教交流至今約二十六年，台灣學術界曾在 1991 年辦過兩次「兩岸宗教與文化交流學術研討會」[1]，從此之後，

---

[1] 這兩次研討會均由靈鷲山般若文教基金會主辦，真正策劃的機構是台灣行政院大陸委員會，主辦時間分別為 1991 年 6 月 23 日及同年 12 月 21 日，22 日，

宗教交流活動雖然逐年增多，然而迄今並沒有大型的研討會對此一熱絡現象，提出反省與展望。台灣學術界只有幾篇學界論文關注此一現象，依時間先後順序分別為，江燦騰的「充滿期待與變數的兩岸宗教交流—九一年台灣宗教交流模式的回顧」（江燦騰，1992：94-103）、釋果燈的「讀『九一年台灣宗教交流模式的回顧』的感想」（釋果燈，1992：111-115）、王章陵的「海峽兩岸的文化交流——關於兩岸體育青少年與宗教交流」（王章陵，1994：81-89）、蕭真美的「兩岸宗教界交流之回顧與展望」（蕭真美，1996：90-102）與張家麟的「政教關係與兩岸宗教交流——以兩岸媽祖廟團體為焦點」（張家麟，2002：34-76）等幾篇論文。

　　從 1987 年至今，兩岸政治體制對宗教交流的影響也有一些新的變化，像台灣當局在 2002 年元旦起，同意以金門、馬祖為直通大陸的口岸，開啟兩岸間的「小三通」。（聯合報，2002.1.1）這是台灣宗教團體「宗教直航」的要求，得到政府具體的回應。此後，台灣地區宗教團體及其信徒逐漸適應「小三通」的宗教直航模式，從台灣出發，靠金門之後，再航向福建，到媽祖廟或其他寺廟謁祖及觀光。

　　雖然，表面上兩岸宗教團體交流日趨熱絡，但是與兩岸其他類型的交流活動相比，則少了許多。本文嘗試從運用「歷史制度主義[2]」的「政治結構」與「歷史傳統」兩個概念來觀察

　　在會後由靈鷲山般若文教基金會、國際佛學研究中心共同主編「兩岸宗教現況與展望」一書出版。（靈鷲山般若文教基金會國際佛學研究中心：1992）

[2]　「歷史制度主義」（historical institutionalism）是新制度主義（neo-institutionalism）的一支，它是新的政治研究途徑（approach）重新對傳

此現象，企圖解答兩岸的宗教交流開展與困境的問題。

（二）問題

　　為何兩岸宗教團體交流看似熱絡，實際上卻有障礙，這是本文主要探究的主軸線。因此本研究將探求以下幾個問題的具體原因：

　　1. 為何兩岸宗教團體交流得以開展？

　　2. 為何兩岸宗教團體交流的頻率，不如其他文教團體、社會團體及經貿團體的交流？

　　3. 為何兩岸宗教團體交流以「民間宗教」團體最為熱絡？其他宗教團體較為冷清？

　　4. 影響兩岸宗教團體交流的因素有那些？

　　本研究為理清上述問題，乃設計「半結構開放式」的訪談問題（附錄），訪問「關鍵消息來源者」（key persons），嘗試解讀上述疑問。筆者乃在 2002 年 7 月前往中國大陸北京，對宗教領域較具影響力的宗教行政管理政治菁英、宗教學術界菁英及宗教團體菁英這三類人，從事「深度訪問」及「團體訪問」。

統制度主義（institutionalism）的批判而建立，它不滿意制度主義的靜態描述研究，認為政治研究應該是一門動態的「因果關聯」研究。以在制度制約下，解讀政治精英的可能行為，并從歷史中尋找資料，視制度為「獨立變數」（independent variable），解釋制度對政治精英的影響，嘗試理解制度與政治精英行為的關連。（陳坤森，1993，3-4；Thelen, K. and Steinmo, S, 1992：1-32；Weaver, E., And Rockman, B. A. Ed. 1993；Koelble, T. A., 1995）本研究採此研究途徑，主要利基在于觀察兩岸的宗教交流，如果能在「歷史」、「意識型態」、「精英」及「制度」這幾個概念中解讀，或許可以得到比較多的啟發。

成功訪談五場「深度訪問」，三場「團體訪問」；包含訪談宗教行政管理政治菁英兩場，宗教學術界菁英兩場，宗教團體菁英四場。（表1）其中「深度訪問」由筆者一對一訪問菁英，「團體訪問」由筆者一對多訪問菁英，大部分由一位「關鍵消息來源者」受訪，其餘成員補充說明，在八場次的訪問中，計有17位菁英接受訪問。

表1　本研究訪談對象、場次、方式統計表

訪談方式＼受訪對象　場次（人）	宗教行政管理政治菁英	宗教學術界菁英	宗教團體菁英
深度訪問	1（1人）	2（2人）	2（2人）
團體訪問	1（4人）	0	2（8人）
共　計	2（5人）	2（2人）	4（10人）

資料來源：本研究訪談後整理

二、政治體制解構開啓兩岸宗教交流及發展

（一）大陸改革開放與「宗教鬆綁」[3]

---

[3]　宗教鬆綁意指中國大陸統治當局在鄧小平上台以後，調整文革時期企圖消滅宗教的無神論理想（吳寧遠，1995：91），在1982年中共中央頒佈「關於我國宗教時期基本觀點與基本政策」文件中，恢復傳統五大宗教的「宗教自由」。展現出中共這時期的宗教政策以：(1)尊重和保護宗教信仰自由，但不排斥將來宗教自然消亡；(2)鞏固擴大宗教界愛國政治聯盟，為建設現代化的社會主義強國而努力；(3)同意宗教團體與國際友好往來，但是反對外國勢力介入中國各宗教團體；(4)任何宗教活動都在國家宗教事務部門領導下

　　兩岸得以從事各項交流，是在文化大革命結束，四人幫垮台，鄧小平上台之後。鄧小平及其領導團隊決定打開大陸「竹幕」，逐漸與自由世界接軌，也願意和台灣進行「通郵、通航、通商」。

　　由於國家管理人民的方式趨向鬆綁，在各方面逐步解禁時，宗教管理也有了新的方向。中共於 1982 年提出「關於我國社會時期宗教問題的基本觀點和基本政策」，大陸境內傳統五大宗教團體如天主教、基督教、道教、佛教及伊斯蘭教，擁有合法生存空間，一反過去文化大革命時代，全盤否定宗教的作法。

　　因此，兩岸宗教交流即是在此背景下展開，台灣宗教團體得以合法訪問大陸的宗教團體；相對地，大陸宗教團體也能逐漸發展，恢復信徒擁有合法的信仰，並對台灣進行交流活動。

　　儘管大陸目前對宗教採取「依法管理」的措施，引起學界不同的詮釋[4]，但是黨國給予宗教發展的空間，卻也是不爭的

辦理。（熊自健，1998：36-37）在此階段的中國宗教政策明顯與文革時期有所不同，文革時期嘗試消滅宗教，而此時期則承認並保護五大宗教但也為未排斥未來消滅宗教；文革時期禁止宗教和共黨結盟，現在為了建設國家可以結盟；文革時期禁止宗教團體和外界往來交流，現在則可以交流，但是拒絕外國勢力的介入中國各宗教團體；文革時期壓迫宗教，現在則將宗教納入國家宗教事務部門管理；這些轉變使中國統治當局的宗教政策明顯和文革時期不同，可謂為「宗教鬆綁」。

[4]　部份學者對大陸宗教政策持不太一致的觀點，一為將宗教視為「工具論」的觀點，認為宗教團體是政權的「工具」，自主空間並不大。（梁家麟，2003：99-122）另一將宗教視為「適應論」的觀點，認為中共仍支配教會，但已經有很大的轉變，如強調共黨應和宗教相「適應」，而非視宗教為「鴉片」；除此之外，「與時俱進」原則，也給宗教團體新的空間。（邢福增，2003：69-108）

事實,「與時俱進」為頗具彈性的宗教管理原則[5]。在保護既有宗教及維護無神論的信仰中取得平衡,既得承認宗教的合法性,又得堅持中國共產黨員的信念,乃對宗教活動作合理的管制,兩岸的宗教交流,當然也得在此基本架構進行。

　　簡言之,沒有大陸政治領袖回應人民改革開放的基本需求,兩岸不可能交流,宗教不可能解禁;中共政治精英的統治模式變化,開放了兩岸宗教交流的大門。

(二)台灣解除戒嚴與「宗教多元主義」[6] (religion pluralism)

　　事實上,開放兩岸宗教交流的大門的另一把鑰匙,也在台灣統治模式變遷過程中逐漸鑄造成型。當大陸產生政治統治的變化之時,台灣統治當局也在蔣經國總統的影響下,逐漸將戒嚴體制鬆綁,朝「自由化」(liberalization) 及「民主化」(democratization) 方向發展。

　　政治情勢的變化,影響台灣既有宗教發展,新興宗教逐一

---

[5]　大陸受訪官員指出:「中國政府對宗教團體除了政治經濟的寬鬆與援助外,並未放棄國家對宗教團體的各種管理,因為在中國境內有宗教信仰者居少數,故因限制宗教團體對多數沒有宗教信仰者的不當宣教,此也是宗教自由的表現。」(訪談編碼 001)筆者認為無神論主張的共產統治,承認有神論的存在價值,在共黨發展史中,是一重大且「良性」的轉變。

[6]　「宗教多元主義」是指台灣在民主化與自由化之後,國家當局對宗教採取「自由主義」式的管理方式。不同於威權時代,只承認五大宗教,民主轉型之後,對五大宗教之外的新興宗派(sect)與教派(denomination)採取寬容的政策,只要不違背「民法」和「刑法」及相關法律,各個宗教、教派與宗派幾乎都可以在台灣宣教。(瞿海源,1989:230)

出現，這種「宗教多元主義」的蓬勃現象，使台灣地區的「宗教」得以「自由」競爭。

　　而當兩岸政治統治都在鬆綁之際，台灣大甲「媽祖廟團體」在 1988 年就前往大陸福建媽祖廟交流，台灣地區人民大都以運用「探親」名義，進行到大陸「宗教交流」的事實。在此階段，台灣不同類別的宗教團體，如民間宗教團體、佛教團體、基督教團體、一貫道團體及天主教團體等紛紛前往從事各種不同型態的交流。（鄭志明，1992：62-67）

　　如果兩岸官方沒有政治形勢的變化，兩岸宗教團體不可能從事交流活動；大陸當局改革開放、願意與台灣進行三通，及台灣當局解除戒嚴、容許人民擁有較高度的宗教自由與赴大陸探親；這些政治統治模式的變遷，是開啟兩岸宗教交流的主要原因。

（三）兩岸宗教交流的發展

　　從 1987 年開放交流以來，兩岸的宗教團體往來逐漸增多；以大陸地區宗教人士來台的統計數字來看，1993 年到 2001 年為止，約有 2,438 人次進入台灣，平均每年約 270 人進入台灣。早年台灣對大陸宗教人士來台持比較保守的態度，因此，在 1993 年只有 78 人進入台灣，1998 年全年進入台灣人士高達 475 人為最高峰，1999 年人數稍為降低，但也有 313 人，2000 年則再降為 298 人，到 2001 年提升為 427 人。

表 2　1993-2001 年大陸地區宗教人士來台核准逐年統計人數表

年	1993	1994	1995	1996	1997	1998	1999	2000	2001	總計
人數	78	109	180	334	224	475	313	298	427	2,438

資料來源：張家麟著「政教關係與兩岸宗教交流──以兩岸媽祖廟團體為焦點」(2002： 71)。

　　就上述統計數字來看，從 78 人提升到最高 475 人，兩者差距高達六倍，就大陸宗教人士來台這十年的經驗，成長幅度頗高。

　　但是如果相較於其他大陸人士來台從事各類型交流活動，宗教活動的交流明顯偏低，在 1988 年到 2001 年間，大陸宗教團體人士來台占入境總人數 0.23%，居各類團體之末，明顯低於大陸社會團體來台交流的 80.74%，文教團體交流的 9.35%，和經濟團體來台交流的 3.80%。

表 3　1988-2001 年大陸地區人民進入台灣地區交流分類統計表

交流類別	核准人數	核准百分比	入境人數	入境百分比
社會交流	584,804	77.99%	537,827	80.74%
文教交流	79,213	10.56%	62,399	9.35%
宗教交流	2,273	0.30%	1,561	0.23%
經濟交流	34,410	4.58%	25,356	3.80%
其他交流	3,030	0.40%	1,581	0.23%
定居	48,317	6.44%	38,915	5.84%
總計	749,774	100%	666,078	100%

資料來源：1. 台灣海峽交流基金會網路資料。 http://www.sef.org.tw/
　　　　　2. 本研究整理。

　　整體而言，大陸宗教團體來台交流與其他交流比較起來較少的主要原因在於：

1. 兩岸官方對宗教交流活動審批較其他交流活動嚴格。[7]
2. 台灣新興宗教團體無法邀請同性質的大陸宗教團體來台。
3. 過去兩岸宗教學術並不發達，兩岸政治鬆綁後宗教學術活動逐漸開展，宗教學術交流也才開始起步。
4. 台灣民間社會邀請大陸宗教團體來台，事後還得對官方作「報告」，宗教團體在「多一事不如少一事」的心態下，台灣宗教團體寧可多去大陸交流，較不願邀請大陸宗教團體來台。

由於大陸來台人士皆得事先申請，故可以清楚理解各類交流活動來台的比例與總人數。相反地，台灣地區人民到大陸從事宗教交流活動，雖然得申請台胞證，但不見得以宗教交流名義進入大陸，故台灣地區人民進入大陸從事宗教交流，幾乎都用「探親」及「旅遊」名義下操作；因此，宗教交流的真正數字，頗難統計。以較便利的方式理解，台灣官方大陸委員會曾有調查顯示，台灣地區有 36.6%的宗教團體舉辦過兩岸宗教交流活動，其中以道教（含民間宗教）與佛教團體最為熱絡，而交流地點以大陸福建省最多。交流的理由，以「進香謁祖」最多，占所有活動型態的 36.2%，另外從事「捐款資助」約占11.2%。（蕭真美，1996：90-91）

---

[7] 據筆者訪談台灣陸委會官員私下指出：「大陸宗教人士來台得經過統戰部門，而台灣官方則擔心來台的大陸宗教人士，承擔其他非宗教的『任務』，傷害台灣國家安全」。筆者以為台灣官方則擔心正常的心理反應，基於過去的國共鬥爭經驗，兩岸尚未排除「兵戎相見」，和台灣以「小」對「大」的情勢，如不戰戰兢兢嚴格把關，極可能受傷害。

由此可知，台灣到大陸的宗教交流活動，雖然涵蓋五大宗教及宗教學術交流，但幾乎仍以本土化的宗教為主，尤其媽祖廟交流占大宗。再以兩岸媽祖廟交流為觀察，為何台灣媽祖廟團體喜歡至大陸媽祖祖廟交流，則有下列幾項文化及社會意義理由：

1. 競逐香火正統：台灣從 1988 年大甲鎮瀾宮首次赴大陸湄州媽祖祖廟進香以來，台灣地區媽祖廟進香前往大陸祖廟從事「謁祖」，與大陸祖廟簽訂至親盟約，或從大陸祖廟迎回媽祖神像及其香火，主要在於獲取在台灣地區媽祖廟系統中的正統地位。

2. 增加神明靈力：從大陸媽祖祖廟迎回神像，形同增加本地媽祖的靈力，因為在台灣人對神明崇拜的理解當中，這些神明淵源於大陸。從神明靈力的顯現，大陸媽祖廟的靈力高於台灣媽祖廟，而台灣最早立媽祖廟處，神明靈力又遠高於台灣各地的媽祖廟。

3. 提升廟宇地位：台灣媽祖廟大陸媽祖廟結為姊妹盟，使台灣媽祖廟自己認為地位與大陸媽祖祖廟相當，就可凌駕在台灣地區的其他媽祖廟之上。如果台灣各個媽祖廟皆能證明其香火直接來自于大陸祖廟，那麼其媽祖神明靈力一下子就提升為全台「首屈」。因此，台灣地區各個媽祖廟的負責人，為了經營其媽祖廟，透過到大陸媽祖祖廟迎回神像等交流方式，乃是最快速增加神明靈力的方法。

4. 預期香火鼎盛：由上面三項因素說明，台灣媽祖廟乃競相前往大陸，迎回媽祖神像即與媽祖祖廟締結盟約，目

的乃在增加本廟的香火，以獲得廣大信徒的膜拜，拓展
台灣地區媽祖廟由區域型轉化為全國型的媽祖廟。（瞿
海源，1997：151-152）

既然到大陸祖廟「謁祖」，可帶給台灣媽祖廟的神格地位，
及加深信徒對媽祖「信仰」靈力的認同，而此又可帶來豐沛的
「香油錢」，因此擁有「政治」影響力的媽祖廟團體的宗教領
袖，乃頗熱衷率團到大陸，也邀請大陸祖廟的「媽祖金身」到
台灣，作兩岸的「媽祖廟」交流活動。（張家麟，2002：34-76）

不只媽祖廟交流熱絡，另外如 1991 年慈濟功德會的賑災
活動，也符合大陸人民的生活需求。2002 年大陸佛牙舍利來
台，台灣人民萬人空巷的朝拜，顯現出兩岸佛教交流活動，符
合台灣人民內心安定的信仰需求。2003 年「兩岸宗教學術研
討會」在台灣舉辦[8]，中、港、台學者齊聚一堂交換意見，滿
足了學術界追求真理的需求。上述這些宗教交流活動，迄今已
累積兩岸許多善意，而這些果實是在政治解構的大環境下，宗
教界與宗教學術界經營出來的成績。

---

[8]　2003 年 3 月 29.30 日兩天，由真理大學邀請中國社科院、中華全國台灣同胞
　　聯誼會、香港建道神學院及台灣各大學宗教學術界約 150 人參與「亞洲宗教
　　與社會」研討會。

三、「意識型態詮釋」[9]加深兩岸宗教交流

兩岸宗教交流得以繼續加深,除了兩岸的統治方式轉變之外,來自「意識型態」的詮釋與轉變,應也是主要因素之一。

大陸當局雖然堅守馬克思主義,但也重新解讀馬克思主義在中國的合適性,根據受訪政治菁英對此轉變的解讀,他們認為1980年代以後,中共宗教政策的調整,最主要的因素在於第三代政治領袖對於中共的立國精神已產生「再詮釋」的效果。

> 中國共產統治五十年皆把宗教信仰視為政治的問題,宗教信仰並非個人事務,宗教不能妨害國家建設,共黨對宗教的態度以和宗教團體做政治團結與合作,對不同信仰包含有神論與無神論者皆應互相尊重。……中國共產黨領袖以.江澤民第三代論述較多,第三代領袖江澤民則在中國站穩腳跟之後,除了論述中國的社會與經濟議題外,也對宗教內涵重新詮釋。(訪談編碼001)

在堅持馬、列、毛思想之際,第三代領袖江澤民對宗教的重新詮釋,是非常重要的關鍵因素,透過黨國機制,訂定「第

---

[9]　「意識型態詮釋」意指中國大陸主管宗教官員在受訪時指出,馬克思主義無神論及消滅宗教的主張,應該在此階段暫時擱置。而從中共內部「第十九號文件」來看,已經具體落實宗教解禁的修正路線,促使中國政權改變共產主義無神論的意識型態,真正關鍵在於政治領袖意識到改革開放是維繫共產政權的重要方法,在此架構下,宗教政策也要調整。在2000年江澤民於全國統戰工作會議上,多次肯定宗教是社會主義社會「長期存在」的現象,他指稱宗教的消亡是「一個漫長的歷史過程」,「可能比階級和國家的消亡還要久遠」。因此,政府不應把宗教信仰等同「政治上的對立」,企圖用行政手段去限制正常宗教活動或消滅宗教。(江澤民,2002;邢福增,2003:117)

十九號文件」，奠定宗教解禁的修正路綫。政治領袖擔任政策
改革的主要發動者，當鄧小平發動經濟改革之後，中國過去的
封閉社會，有了鬆動的缺口，宗教也在此背景下，有了存在發
展的基礎。

　　重新承認宗教與社會並存的歷史事實，遠超過民族國家政
權的建立，不僅如此，宗教對社會仍存在許多「正功能」，只
要在黨國領導之下，傳統宗教應得扮演服務中國政府及人民的
角色。

> 中國共產黨在憲法上目前堅守人民擁有信仰自由，但卻
> 只承認五大宗教。不同意其他宗教包含巴哈伊教在中國
> 大陸出現。在共產黨內部仍然堅持宗教為鴉片，共產黨
> 黨員不得有宗教信仰，但是國家領袖確有所調整，像江
> 澤民就不同于毛澤東，他就承認宗教具有積極與消極的
> 社會功能。……江澤民認為發揚宗教積極的作用，讓宗
> 教在社會裏頭幫助國家穩定社會，此為過去所沒有的現
> 象，因此國家領袖在宗教政策的改變，扮演重新解讀馬
> 克思主義的重要角色。（訪談編碼 003）

　　當中國共產黨對馬克思主義重新理解以後，五大宗教已經
擁有合法生存空間，第三代領袖江澤民主張「與時俱進」的統
治哲學，已經將現實世界中的宗教文化和政治結合並存，而非
消滅宗教。因此在中國大陸五大宗教順利發展，結合中共目前
「三通」的政策，開展了兩岸的宗教交流。

　　相較於中共對馬、列意識型態的重新解讀，台灣則在戒嚴
體制鬆綁之前，也對三民主義的意識型態重新詮釋，因為不斷

的選舉機制的運作，統治當局為了獲取宗教團體的選票，逐漸放寬對宗教的管制，貫徹了三民主義及憲法中的「宗教人權」。最具代表性的例子是，國民黨政府對一貫道的解禁和承認錫安教會的合法宣教權利。（張家麟，1999：244-247）

　　憲法的「宗教自由」條文沒有變化，但是宗教自由的內涵卻產生重大轉變。台灣國民黨政治領袖為了獲得「合法統治」基礎，就得擴大民意政治參與，即是不斷擴張人民選舉。當反對勢力逐漸增強，國民黨為了勝選考量，思考得到宗教團體及其信徒的選票支援；再加上部分政治領袖為被壓抑的宗教團體的信徒，或兼這類團體領袖，在國民黨內為其團體代言。這兩項因素使得國民黨對宗教團體的寬容度增加，不少被視為「邪教」的傳統教派或新興教派，紛紛得到合法地位。

　　兩岸政治統治對意識型態的再詮釋，結合政治體制的轉型，是加深兩岸宗教交流的主要因素；目前大陸只同意五大宗教合法存在，而台灣境內各宗教只要不牽涉到違反刑法，幾乎都有存在空間。現階段，兩岸宗教交流就只能在五大宗教的範疇內從事交流，超越此範圍，則沒有合法交流空間。即使台灣的宗教多元發展，不可能與大陸的類似團體交流。

四、宗教自由程度不同造成兩岸新興宗教交流受限

　　由上面分析，得以理解兩岸的宗教團體生存空間不一致，代表兩岸宗教自由程度並不相同，而此也影響兩岸宗教交流。台灣由過去在「黨國」（party-state）一體的威權體制，轉

向「多黨競爭」的民主體制，對宗教的控制由嚴格轉向鬆綁，宗教自由程度提高許多。過去台灣的國家機器經常將宗教團體以違反「國家安全」與「社會秩序」理由加以查禁，因為這些宗教團體經常秘密集會，犯了破壞國家安全的政治禁忌。（董芳苑，1980；瞿海源，1997：378）而在解除戒嚴之後，黨國威權體制瓦解，民主體制建構，再也沒有此禁忌，一般團體既可以「集會」、「結社」，宗教團體何嘗不行呢？宗教團體因此自由蓬勃發展。[10]

　　台灣統治由威權國家轉為官僚國家，比較接近西方「自由主義民主國家類型」，相對於國家機關的支配性，民間社會的宗教團體自主性活動空間加大，宗教團體為了自身利益，在民主選舉機制之下，易對國家施加壓力。因為常態性經常的選舉，形成民主化的壓力，而新興宗教團體宛如「壓力團體」，政治領袖為了獲得新興宗教團體支援，乃得討好宗教團體「選民」；在此背景下，國家乃對威權體制時代被打壓的新興宗教鬆綁，台灣逐漸形成「多元主義」的多宗教國家。此時國家機關對宗教團體的干預，明顯的降低各種法律上的限制，宗教團體獲得前所未有的自由；如巴哈依教、觀音法門、新興宗教、創價學會、山塔基、統一教等皆獲得合法地位。

　　這些新興教派在台灣發展迅速，但在大陸則仍沒有空間。主要原因在於大陸仍沿用類似台灣威權時代國家對宗教限制

---

[10]　另有學者從市民社會的角度指出，新興宗教出現的主要原因在于：1.社會快速變遷，2.社會快速流動，3.民眾認知水平低落，4.現代傳播工具便利，5.大環境尊重宗教自由，6.新興宗教受壓制後反而知名度提升等，從而促使新興宗教大量興起。（瞿海源，1997：375-376）

的說法，將五大宗教以外的新興宗教，以違反「國家安全」與「社會秩序」等理由加以限制。以「新興宗教」為例，在台灣擁有合法空間，在大陸則認為她傷害社會秩序，而不應給予合法生存。

中共在法治上承認五大宗教，實質上也尊重漢族的「民間信仰」及少數民族的「原始宗教」，但是對「新興宗教」則持禁止的政策[11]。最主要原因在於新興宗教教派分歧不易管理，而中共卻希望宗教在國家機關安排下，與國家機關配合。以法輪功為例，剛開始中共並未查禁，將之視為民間「練功」的活動，而是在法輪功成員挑戰中共當局的「禁忌」，包圍中南海後，才加以禁止。

> 新興宗教與社會對抗或分離而造成社會的傷害也可能對其團體與成員造成傷害，像中國大陸的新興宗教現在就是如此，剛開始新興宗教在中國出現的時候中國大陸政權並沒有立即限制新興宗教。換句話說，中共政權對新興宗教有一段容忍期，直到新興宗教團體及其成員包圍北京中南海之後，中共統治當局才加以限制。

---

[11] 有關中共宗教行政法規對傳統宗教合法保障，限制新興宗教出現的相關法律，在全國性宗教行政法規中，以〈宗教活動場所管理條例〉與〈中華人民共和國境內外國人宗教活動管理規定〉為主，國務院部門規章以〈宗教社會團體登記管理實施辦法〉、〈宗教活動場所登記辦法〉、〈宗教活動場所年度檢查辦法〉、〈宗教院校聘用外籍專業人員辦法〉及〈中華人民共和國境內外國人宗教活動管理規定實施細則〉為主。在這些法規當中，中共政府宗教主管官員及黨統戰部門兩個系統，從中央到省、縣、市、自治州，形成嚴密的管理宗教系統，足以對新興教派或宗派加以箝制。

　　　　最主要的原因是新興宗教並未與中國社會相融合，海外
　　　　對中國政權限制新興宗教往往因為未深入中國的環
　　　　境，而不清楚新興宗教所作所為，限制新興宗教的另外
　　　　一個原因，是可以維持並保護傳統宗教。（訪談編碼
　　　　002）

　　在政治領袖看來，新興宗教包圍北京中南海，形同挑戰中
共當局。當一個很有紀律的宗教團體用靜坐、練功的方式抗議
之後，又井然有序的離開，卻不被中共當局所掌控，將是共產
黨統治的一大警訊。因此，政治領袖宣稱新興宗教為邪教乃可
理解。

　　兩岸的宗教交流，因為對新興宗教的認知不同，勢必無法
進行這一類的交流。台灣承認新興宗教，而大陸否定新興宗
教；台灣容許一貫道、觀音法門、錫安教會、創價學會等新興
宗教，但大陸不承認其合法地位。因此，新興宗教未得到兩岸
統治當局同樣待遇時，台灣地區這些新興宗教團體想要到大陸
去做交流，必會觸犯大陸法令。當新興宗教在大陸被將打為「邪
教」[12]時，大陸新興宗教成員就沒有合法空間，兩岸更談不

---

[12] 「目前中國境內禁止新興宗教、一貫道及觀音法門等教派，最主要的原因是
他們都是『邪教』」。「新興教派容易蠱惑群眾，他違反傳統道教及佛教的信
念，經常迎合世俗，做出不符合宗教教義的行為舉止。道教包容度很廣，堅
持自己傳統，教導信徒養生之道，是正信宗教。」
「中國政府只承認傳統五大宗教，從歷史來看，這五大宗教對人民有利，而
新興宗教經常騙人、騙錢，當百姓盲目信仰，社會容易混亂。」（訪談編碼
004）「宗教應有穩定社會的效果，而政府得為宗教服務。現代許多宗教與教
派的冒出，搞異端邪說，藉宗教斂財騙色，此為「邪教」，如新興宗教即是，

上進行新興宗教的交流。

五、歷史創傷經驗[13]侷限兩岸外來宗教交流

　　影響兩岸交流頻率的另外一個因素是歷史經驗，中國共產黨建國以來，由於基督教與天主教團體在歷史上經常與帝國主義「反華」勢力結合，進而干涉中共內政，造成大陸政治領袖內心不愉快的經驗，因此中共對這兩個宗教與台灣的交流多所顧忌。不像佛教及道教團體在兩岸的宗教交流則沒有這種問題，比較起來，中共中央也較樂於放行其團體來台，而對基督教與天主教團體來台則忌諱較多。

　　中共對於海外勢力與中國境內宗教團體的連結則持謹慎的態度，例如天主教在 30 年代與海外勢力結合，帶給中國社會不穩定，衝擊中國當局統治政權，故不能重

政府的『反邪教』專門機構，有責任制止。……新興宗教教主李洪志，盜用其他宗教經典，宣稱讀新興宗教就可開天目，教主又企圖對教徒『精神控制』，此皆是令人與社會無法接受之事。像七月初（2002 年），新興宗教信徒竟然對大眾傳媒衛星干擾，破壞社會秩序，此形同與社會決裂。」（訪談編碼 009）由上可知，中國社會的「宗教團體領袖」、「政治領袖」及「學者」普遍存在不支援新興宗教的說法，最令人訝異的是比較開明的學術界也持「負面」看法時，沒有同情的聲音，新興宗教在大陸極難發展。

[13] 從滿清時代到中共政權建立，外國傳教士和「帝國主義」經常結合，對中國傷害，以八國聯軍為例，1900 年公理會玉嘉利牧師、炮台主任衛理公會賈非力牧師、長老會紀力寶牧師、經公會鄂方智牧師、倫敦會石敦豪牧師和江戴德牧師在攻打義和團將士的炮台上充當炮手。（北京基督教教務委員會，2000:14）

蹈覆轍。（訪談編碼 001）[14]

　　歷史上的創傷經驗是基督教與天主教傳教士在中國宣教，經常造成「教案」衝突，中國共產黨以反帝國主義起家，不容許外國傳教士結合外力侵犯中國大陸領土主權完整，而外國基督教來華傳教經常與殖民主義有關。不僅如此，國共鬥爭之時，天主教與基督教許多領袖選擇國民黨，不願支援無神論的共產黨，這歷史陰影影響了中國共產黨對這兩個教派從事海外交流的保守態度。

　　　　中國政府從歷史事實角度理解基督教傳入中國，教案衝突頻繁，而且在國共鬥爭時代，西方基督教團體支援蔣介石政權，梵蒂岡羅馬教皇過去也支援國民黨政府，這些皆屬於不愉快的經驗。目前梵蒂岡雖然與中國聯繫同意中國政府不搞基督教地下教會，但是在中國境內的三自教會與地下教會事實上皆與梵蒂岡有關連。這也是中

----

[14]　類似的說法不斷出現在中共社會中的「菁英」階級，例如：「宗教以傳教為天職，中國對外國（境外）宗教團體到中國傳教不寬容，與歷史發展有關。因為外國基督教來華傳教與殖民主義有關，在加上中華人民共和國成立之初，大陸境內基督教團體反對人民共和國，影響到今天境內、外團體交流、對話。傳教不鬆口：宗教應自立，意識型態沒解決與西方大國的衝突新教對中國的影響，與共產黨對立 1840 年與 1949 年的歷史陰影海外對宗教團體的友善態度－可以影響中國宗教政策。」（訪談編碼 002）
　　又如：「中國過去近代，傳教士與人民的糾紛所構成的不愉快歷史經驗，乃是中國基督宗教採取『三自』政策的原因，從政治與文化來看，中國人雖嚮往西方，但是在接觸西方之後，無法忍受西方傳教士趾高氣昂的態度，而陷入中國民族排外與美慕外國的矛盾情緒。」（訪談編碼 011）可見中國大陸的「菁英」階級對於外來宗教對中國傷害的負面評價，口徑一致且異常深刻。

　　國政府限制外國基督教團體到中國傳教的主要理由，就
客觀事實而言，中國政府應該關心基督教教會辦教的質
量，而不要關注於教徒的多與寡。（訪談編碼 003）[15]

　　由於中共統治以維護「社會穩定」、「國家安全」為國家最
高目標之一，因此乃想法防止境外勢力與中國大陸境內新興宗
教、天主教及基督教的連結，兩岸在這些教派的宗教交流就容
易受到較多的限制。儘管台灣已形成相當高程度的「宗教自
由」，中國大陸也從否定宗教到肯定傳統五大宗教的「宗教自
由」，但是兩岸在宗教交流的過程中，將仍以傳統的道教、佛
教和民間宗教為主流，基督教和天主教的交流則有待發展，至
於新興宗教的交流，尚待中國大陸統治當局對新興宗教的理解
與寬容。不然從既有的中國大陸宗教管理法規來看，新興宗教
沒有合法登記的可能，更沒有交流的空間。

六、兩岸宗教交流的未來前景

　　兩岸宗教交流的未來前景仍將受政治體制及政治精英解
讀宗教自由等因素所決定。目前及可預見的未來，中共的黨與
國家機器仍會把宗教團體領袖納入各級「人大」及「政協」組
織，在既有體制中發展傳統五大宗教團體，雖然比文革期間自

---

[15]　「中國政府對外國（境外）宗教團體到中國傳教限制的主要理由是維護國家
　　安全，從歷史發展來看，外國勢力經常給合宗教對中國社會進行滲透，導致
　　中國社會民間與外國宗教的文化與利益衝突，故在此階段，中國對外國宗教
　　團體到中國宣教仍持保留態度。」（訪談編碼 001）

主性高，但經濟仍依賴國家，又靠國家力量維持宗教信仰市場寡占，因此容易支援中共的主張。加上黨與國家未完全退出宗教團體之際，其團體來台交流則易有國家當局的意志。相反的，台灣在民主轉型之後，黨、政退出各宗教團體，宗教團體自主性升高，其與大陸宗教團體交流，咸少有國家當局的「意志」。

在此不同的宗教團體本質，台灣較接近市民社會團體自發性的活動，而大陸這種自發性的活動較低。故兩岸宗教交流時，台灣當局因為擔心中共國家當局的「意志」對台滲透，進而妨害台灣國家安全；因此當中共黨政體系未完全退出宗教團體之前，台灣當局將會持續動用國家安全機制，「疑神疑鬼」的探求大陸來台進行宗教交流的各種活動。

未來兩岸的宗教交流肯定會在既有彼此不信任的心理，和不同政治結構下開展的宗教自由發展，目前所累積的宗教交流成果，仍將以傳統民間宗教的媽祖廟團體為主流，佛教團體的交流也會持續，基督教與天主教的交流在兩岸政治情勢為明朗化之前，則難有大幅度的突破。

兩岸宗教交流既逃不出兩岸國家機器統治的目標，也難脫離兩岸宗教政策和歷史經驗的限度。因此中共主管國家宗教事務官員定出兩岸交流的基本模式為：相互尊重、互不隸屬和互不干涉的原則，希望透過擴大宗教交流，促進國家統一的遠大目標。[16]

---

[16]　另一位官員也有類似的看法，他指出未來兩岸宗教交流的方向及原則應該如下：「擴大宗教交流、促進國家統一，以及文化與宗教應聯合起來當兩岸發

　　對於未來兩岸宗教交流模式的期待為：互相尊重，互不
隸屬，互不干涉等原則。（訪談編碼009）

　　大陸當局視宗教交流為國家統一的主要方法之一，而台灣
當局卻認為宗教交流是屬於民間交流活動，應放任民間團體自
行發展。但是台灣當局一方面將台灣多元主義的宗教發展模
式，企圖影響大陸，使大陸逐漸認同宗教自由的生活方式；另
一方面卻也擔心大陸透過宗教交流對台灣進行的滲透。兩邊的
國家機器似乎都企圖運用國家力量，干涉或影響宗教交流的內
容與方向。

　　儘管兩岸不像兩蔣與毛鄧時代，彼此視對方為「敵國」，
但是兩邊政權仍充滿「疑慮」及「敵意」。當大陸政權對宗教
團體操控的統治模式仍未改變之際，台灣當局對大陸境內來台
的宗教團體將會進行嚴格把關的工作，然而台灣當局在不可能
主觀期待中共政權統治模式改變。所以，可以預期台灣在未來
兩岸宗教交流，將不像其他國家及其它人民團體來台進行交流
訪問，給予大陸來台的宗教團體寬廣的宗教交流空間。而大陸
當局對台灣宗教團體的交流模式，勢必也在目前既有的基礎上
逐漸開展，新興宗教的交流活動在未來也不容易出現，新興宗
教的交流更屬不易，唯有傳統的民間宗教如媽祖廟團體[17]及

展的主要立基。」（訪談編碼001）

[17] 「兩岸媽祖廟團體交流，乃是福建省與台灣省地方層級事務，由福建處理即
　　可，中央樂觀其成。佛指舍利到台灣是得民心之舉，在江澤民同志的思想指
　　導之下，又得到台灣當局的安全保衛，乃使得兩岸佛教界交流，推向了另一
　　高峰。未來諸如宗教文物交流，應可比照佛指舍利模式，因為佛指舍利屬國
　　寶級寶物，都可到台灣，其他寶物也應可到台灣，這有助於台灣人民對祖國

佛教道教團體交流活動，將持續進行。

七、結語與建議

（一）結語

本研究得到幾項結論：

1. 兩岸宗教交流及其發展，肇因於兩岸政治體制的解構，如果大陸沒有進行改革開放，願意與台灣三通交流；而台灣沒有解除戒嚴、政治民主化與自由化，兩岸可能還維持不相往來的敵對狀況。

2. 當兩岸政治體制解構之前後，政治領袖得對其立國的政治意識型態重新解讀，才有辦法給兩岸的宗教交流活動給予具體的行為準則。

3. 兩岸的政治發展與統治模式仍不盡相同，大陸為了維繫國家安全和社會穩定，開放五大宗教與台灣進行交流，不同意新興宗教在大陸的生存空間，主要的理由一如過去台灣對新興宗教控制的說法。

4. 未來中共權衡輕重，當國家安全與社會秩序重於新興宗教合法存在的權利時，新興宗教暫時不被合法承認。因此，新興宗教的交流在目前的局勢，頗難開展。除非中共統治當局再次鬆綁統治模式，朝承認市民社會擁有高

文化認同，而有助于和平統一。兩岸宗教交流以佛教團體往來最多，民間宗教如媽祖廟團體也很頻繁，其他如基督教團體因台灣有台獨背景則少接觸，一貫道在大陸尚屬違法，故台灣一貫道仍不能到大陸交流。」（訪談編碼009）

度宗教自由的方向發展,但是這也可能帶來大陸社會不穩定的後遺症。

5. 當兩岸五大宗教進行交流時,民間宗教、佛教與道教比基督教、天主教熱絡的主要因素,在於後兩個宗教過去經常與帝國主義反華勢力結合,造成大陸政治領袖內心不愉快的經驗。這種歷史創傷經驗結合維護中國大陸領土主權完整的民族主義心理,導致中國政治領袖在觀察與監督兩岸這類型的宗教交流時,趨向保守心態。

就台灣而言,由於兩岸長期敵對,兩邊政權仍充滿疑慮和敵意,所以在進行宗教交流時,台灣當局擔心中國大陸對台灣進行滲透。但是,另一方面,台灣當局卻也希望擴展宗教交流,將台灣多元主義的宗教發展經驗,影響大陸。就大陸而言,大陸當局則只願意在五大宗教團體上面交流,維持互相尊重、互不干涉、互不隸屬的原則,視宗教交流為彌合五十年來文化差距的良好因素,企圖達成深化宗教交流之後,兩岸達成統一的政治目的。

(二)建議

筆者對兩岸宗教交流有以下幾點建議:

1. 深化兩岸五大宗教「參訪交流」,增進文化理解

透過宗教團體及宗教學術交流活動,化解兩岸敵意的平台,具體作法為增加彼此的參訪頻率及時間,讓參訪活動能深入兩岸的民間社會,進行深刻的理解。

2. 進行「宗教對話」,探究兩岸衝突議題

　　由兩岸宗教界及宗教學術界菁英對「戰爭」、「人道主義」、「社會弱勢關懷」、「宗教發展」等議題進行對話，從宗教神學、宗教哲學、宗教社會學、宗教人類學的角度，重新理解兩岸長期敵對的心態。

　　3. 在不傷害國家安全前提下，嘗試讓「新興宗教」有交流空間

　　為促進兩岸宗教人權發展，尊重人民信仰需求，及使宗教為利社會，應考慮讓「正信」的新興宗教在考核之後，逐步合法化，也將可擴大兩岸宗教交流。

　　簡言之，兩岸宗教交流應在既有基礎上開展，暫時擱置兩岸官方運用宗教的政治目的；說不定，宗教交流在不談政治之後，可能碰撞出促進兩岸政治諒解，進一步化解兩岸政治衝突的良善效應。

參考書目

Koelble, T. A., 1995, "The New Institutionalism in Political Science and Sociology." Comparative Politics. （27）: 231-243.

Thelen, K. and Steinmo, S. 1992, "Historical Institutionalism in Comparative Politics." In Steinmo, S. Thelen, K. and Longstreth, F. Ed. Structuring Politics. Cambridge: Cambridge University Press.

Weaver, E., and Rockman, B. A. Ed. 1993, Do Institutions Matter? Washington, D. C.: The Brookings Institution.

吳寧遠，1995，〈兩岸宗教政策之比較〉，《國立台灣大學中山學術論叢》。

熊自健，1998，《中共政權下的宗教》，台北：文津出版社。

王章陵，1994，〈海峽兩岸的文化交流—關於兩岸體育、青少年與宗教交流〉，台北：《共黨問題研究》，20 卷 8 期，頁 81-89。

江燦騰，1992.3，〈充滿期待與變數的兩岸宗教交流——九一年台灣宗教交流模式的回顧〉，台北：《中國論壇》，32 卷 6 期，頁 94-103。

江澤民，2002，〈在全國統戰工作會議上的講話〉，中共中央文獻研究室編，《江澤民論有中國特色的社會主義（專題摘要）》，北京：中央文獻出版社。

邢福增，2003，〈當代中國政教關係與基督教的發展〉，《真理大學第四屆宗教與行政學術研討會論文集》下冊，台北：真理大學。

張家麟，1999，〈國家對宗教的控制及鬆綁—論台灣的宗教自由〉，《人文、社會、跨世紀學術研討會論文集》，台北：真理大學。

張家麟，2002，〈政教關係與兩岸宗教交流——以兩岸媽祖廟團體為焦點〉，《新世紀宗教研究》第一卷第一期，台北：靈鷲山般若文教基金會。

張家麟，2003，〈當代中國大陸宗教政策變遷及影響〉，《真理大學第四屆宗教與行政學術研討會論文集》上冊，台北：真理大學。

梁家麟，2003，〈宗教工具論：中共對宗教的理解與作用〉，《真理大學第四屆宗教與行政學術研討會論文集》上冊，台北：真理大學。

陳坤森譯，1993，《當代民主政治類型與政治》，台北：桂冠圖書公司。

董芳苑，1980，《一貫道──一個最受非議的秘密宗教》二期：85-131，台北：台灣神學論刊。

鄭志明，1992，〈兩岸宗教交流之問題與展望〉，摘引自靈鷲山般若文教基金會國際佛學研究中心主編，《兩岸宗教交流之現況與展望》，台北：學生書局。

蕭美真，1996，〈兩岸宗教界交流之回顧與展望〉，台北：《東亞季刊》，27 卷 5 期，90-102 頁。

瞿海源，1997，《台灣宗教變遷的社會政治分析》，台北：桂冠書局。

瞿海源，1989，〈解析新興宗教現象〉，《台灣新興社會運動》，巨流圖書公司。

釋果燈，1992.5，〈讀「九一年台灣宗教交流模式的回顧」的感想〉，台北：《中國論壇》，32 卷 8 期，頁 111-115。

靈鷲山般若文教基金會國際佛學研究中心主編，1992，《兩岸宗教交流之現況與展望》，台北：學生書局。

訪談資料

訪談編碼 001，訪談編碼 002，訪談編碼 003，訪談編碼 004，訪談編碼 009，訪談編碼 011。

附錄
「當代中共宗教政策變遷及影響之研究」深度訪談問題

一、意識型態與宗教政策

　　（一）如何看待社會主義對宗教政策的鬆綁？

　　（二）未來中共宗教政策走向會持續寬鬆嗎？原因為何？

二、宗教政策與宗教團體的發展

　　（一）現行宗教政策有那些具體措施有助於宗教團體發展？

　　（二）對外國（境外）宗教團體到中國傳教限制的主要理由是什麼？

　　（三）限制新興宗教出現的原因是什麼？

　　（四）未來對新興宗教應如何管理？

三、宗教團體與國家機關的互動

　　（一）大陸境內宗教團體如何納如國家決策機制？其如何表達自己團
　　　　　體利益？

　　（二）宗教團體在中共統治之下自主空間有多大？

　　（三）對違法地下教會（或法輪功）的看法？其自主空間有多大？

第三章 政教關係與兩岸宗教交流
──以兩岸媽祖廟團體為焦點

一、前言

（一）研究緣起

　　海峽兩岸媽祖廟團體從 1895 年停止交流活動以來，（黃美英，1994：85）至 1987 年台灣大甲媽祖廟鎮瀾宮首次打破將近百年停止交流的禁忌後，兩岸宗教交流活動漸趨頻繁。雖然兩岸政權仍未達成政治和解，但是兩岸民間各項[1]交流活動「熱」，與官方交流「冷」，形成強烈對比。而民間交流中的兩岸宗教交流，則包含「宗教學術會議」、「宗教團體領袖互訪」、

---

[1]　根據台灣官方的統計資料，民間交流分類包含：社會、文教、經濟及其它交流四類，其中宗教交流附屬於社會交流當中。

「宗教文物展覽」、「宗教活動交流」等不同宗教及教派的宗教
交流活動。

　　兩岸宗教交流雖然頻繁，但是兩岸間政治因素阻擾宗教交
流的現象，時有所聞。基於「政教」間糾　歷史脈絡傳統，筆
者為深刻理解此問題，擬從「政教關係」角度切入，思考兩岸
宗教交流的政治限制因素；篩選宗教交流活動相當頻繁的「媽
祖廟團體」為觀察物件，嘗試解讀兩岸政府組織對宗教團體交
流的影響及限制。

（二）文獻回顧

　　在過去對政教關係與海峽兩岸宗教團體交流活動相關的
研究，可以分成下列幾項研究成果說明：

　　1. **問題取向**：著重在兩岸宗教交流活動可能產生的問題，
（江燦騰，1992.3： 94-103；釋果燈，1992.5：111-115；鄭
志明，1992：61-78；1993，283-300；1997：281-300；王章陵，
1994：81-89；蕭美真，1996：90-102）對兩岸佛教互動可能
產生的問題，提出呼籲；（游祥洲，1992：143-162）另外也有
單獨對中國社會主義時期產生的宗教問題提出思考。（羅竹
鳳，1987）

　　2. **政策取向**：著重在兩岸宗教政策对宗教交流活動可能產
生的影響。（熊自健，1992：45-60；1998：102-136；行政院
大陸委員會，1995：81-96）此外，尚有專門討論中共的宗教
政策對宗教發展的主題；（刑國強，1986：53-72；王世芳，1995）
或是從代表官方立場的人民日報，分析大陸宗教政策對基督教

的影響。（朱美淑，1997）

3. **意識型態取向**：研究中共政權的「政教關係」，深受「馬、恩、列、史及毛」的宗教觀所影響；（汪學文，1986：31-46）另也有持強烈批判的角度，認為中共政權的宗教自由相當有限；（李廣毅，1983）James T. Myers 也從意識型態的觀點，分析中共統治下的天主教會。（James T. Myers，1986：315-332）

4. **主觀期待取向**：認為兩岸宗教交流活動甚具時代意義，台灣應給予大陸同胞內心關懷。（李振英，1992：17-44；張樫，1992：247-262）

5. **政教關係取向**：瞿海源在台灣島內長久以來關注「台灣政教關係」的議題（瞿海源，1997：335-359）；之後，林本炫研究台灣政教衝突關係中的兩個個案，一貫道及台灣基督長老教會與政府的衝突關係（林本炫，1990）；蕭子菁則以台北市七號公園的觀音像遷移，論述台灣的宗教與政治關係（蕭子菁，1995：70-99）；葉永文則以謀略、權力及道德性的角度分析台灣政教關係（葉永文，2000）；李建忠討論中古歐洲，近代英、美、法、德、日本及台灣的政教關係；（李建忠，1991）Murray A. Rubin stein 研究台灣宗教團體與政府對抗的四個模式（Murray A. Rubin stein，1986：359-374）；張家麟則從「新國家主義」[2]的理論脈絡，分析台灣官方對宗教團體的控制及

---

[2]　史卡區波認為「國家的能力與自主性」（the Autonomy and Capacity of States）是最重要的概念與研究內容。（高永光，1995:51）國家能力是指國家機關完成政策目標的可能性，特別是在面對有力的社會團體潛在或實際的反抗，以及面對惡劣的社會經濟環境時。國家自主性是指國家控制特定領土及其上之子民的組織，可以形成並尋求目標，而非單純地去反應其所掌控領土範圍內

鬆綁；（張家麟，1999：231-258）刑福增對當代中國政教關係的論述，則從中國官方與教會的互動為主軸，分析 1949 年至 1998 年間，基督教會在中國政治情勢下的變遷與發展；（刑福增，1999：1-131）鮑家麟分析 1949 年以來中共政權與宗教發展之關係。（鮑家麟，1986：299-314）

　　從上述文獻回顧，对兩岸的宗教交流甚少從兩岸的「政教關係」來理解，比較有關連的是熊自健從兩岸宗教政策來解讀兩岸宗教交流活動可能產生的影響，但其研究則較屬於靜態法律面的討論，未能進一步分析實際兩岸的宗教交流動態現象，殊為可惜。其餘有關「政教關係」的討論，則皆以台灣或大陸為個案作討論，也沒能勾連政教關係與兩岸的宗教交流兩個概念，事實上，兩岸的宗教交流，深受兩岸間的政治互動所影響，而兩岸間的政治情勢又有不同的「政教關係」互動相牽連，這也是本文的研究主軸。

（三）研究問題與架構

　　為政教關係與兩岸宗教交流這個主題，本研究擬以兩岸媽祖廟團體交流為焦點。篩選兩岸媽祖廟團體交流當成為個案研究有下列幾點意義：

　　1. **活動頻繁**：兩岸宗教交流中，媽祖廟團體交流相當頻繁，台灣人以個人觀光名義赴湄洲進香不列入統計，報紙報導的統計資料，從 1986 年至今，台灣媽祖廟團體赴大陸媽祖廟交流有 10 次；大陸媽祖廟團體至台灣媽祖廟交流也有 7 次。

的社會、階級或社會團體的利益或要求。（Skocpol，1985:9）

　　2. **媽祖信仰**：台灣民眾為媽祖信徒頗多，媽祖廟遍佈全台各地，與大陸各省相較，台灣排名第一；（附錄 1）而廟宇當中，供奉媽祖神像為主神，占民間信仰 10.68%，（附錄 2）在各種神祇中，排名第二，僅次於王爺。

　　3. **政教衝突**：台灣在民主化之後，宗教團體自主性頗高，而與官方產生衝突最多者，以媽祖廟團體占多數，其中「大甲鎮瀾宮」最具代表性。其他宗教團體自主性雖然也高，但是甚少與官方產生衝突，故此個案是頗特殊的「偏離個案」（deviance case）；就方法學而言，「偏離個案」是挑戰「理論」的最佳「異例」。

　　基於上述四點，本研究擬分下列四個面向討論：1. 何謂政教關係及其類型。2. 台灣政治情勢與媽祖廟團體互動。3. 大陸政治情勢與媽祖廟團體互動。4. 兩岸政治情勢與媽祖廟團體互動。

　　企圖從中理解兩岸政權對媽祖廟團體在宗教交流活動中所產生的現象與問題，例如為何台灣已是民主化政體卻仍對宗教團體交流活動作管制？台灣政權在對宗教團體管制時，宗教團體是否有對政府施壓的能力？大陸在 1976 年對宗教政策鬆綁之後，是否不再對宗教團體管制？大陸政權對台灣宗教團體赴大陸交流時，是否不具任何政治意涵？兩岸官方互動對宗教團體交流的影響？

　　從上述問題說明，本研究暫訂研究架構圖如下：

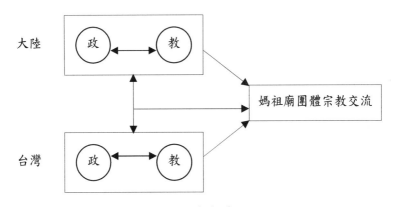

圖 1　研究架構圖
資料來源：本研究自訂

二、政教關係及其類型

（一）政教關係

　　「政」、「教」二字的理解不一，因而在觀念上產生了不少混淆。其實，「政」可指政府組織，也可以指政治活動。而「教」可以指教會組織，也可以指宗教信仰。所以，政教關係可以具體地區分成四種組合：政府與宗教的關係、政府與教會（宗教團體）的關係、宗教與政治的關係、教會與政治（權利）的關係。我們討論政教關係時，應該首先就所指涉的內容做出明確的界定。（刑福增，1999：2）[3]

---

[3]　第一類是指國家政權型態與廣義的宗教的關係，如統治型態與宗教事務、信仰間的關連，不同統治型態的政治與宗教團體間，便肯定有不同的關係。在

　　Sabrina P. Ramet 便從七方面，全面地檢視了政治與宗教間的互動關係。第一、認受性（legitimating）。國家可以全面支援某一宗教，將之擢升至至國教（state religion）的地位，或藉助宗教的觀念來強化其統治的合法基礎。第二、意識型態（ideology）。一方面，宗教教義可以受到政治意識型態的影響，與之調適，並產生變化。第三、宗教與政治領域的互動，也體現在宗教擁護與集體效忠（group adherence ＆collective loyalty）。設若國家給予某宗教較優遇，並敵視其他宗教，則會自然推動大量恐懼國家的公民（state-fearing citizens）集體傾向於信仰那特定的宗教。第四、組織（organization）政府往往為了某些統治上的需要，而介入宗教組織的組成。第五、立法（legislation）。我們可以看到在某些國家，宗教團體的法規、章程，往往受到政府的干預，甚至宗教團體本身的合法地位，也受到法律的規範（例如先要向國家登記）。第六、運作（functionality）。宗教組織或政府均可借著操縱某些資源，或

民主政體裏，「宗教自由」的原則較明顯，兩者的交往主要仍在宗教事務外的公共事務範圍內，而不涉及權利因素。相反，在威權統治裏，黨國主導宗教團體，扮演支配及管理的角色，並且在不同程度上干預宗教團體內部的運作。第二類是指政府與教會（宗教團體）的關係，政府機構與有形的社會組織或制度的宗教團體關係。無論是宗教團體或是政府本身，均不願意受對方的權力干預。國家或政府不得干預宗教團體的內部運作，而宗教團體亦不能像中世紀般，憑藉其宗教力量，介入甚至操縱政府。第三類是指宗教價值系統對政治的影響，即不同宗教的信仰，對政治活動的介入產生不一樣的方法與程度。第四類是指政府對宗教的唯一職責就是保障良心與崇拜的自由、宗教團體對其教義、管理方式與教會資源的自主權，以及個人宗教信仰在私下或公開的表達權。同時，宗教團體亦不能利用國家機關壓迫或打擊其他宗教或民眾之信仰，也防止某一宗教擁有特殊的政治權利。

設定特定而不可逃避的議程，以干預或介入對方的運作。第七、價值系統（values system）。宗教與政治均屬於價值系統的主要元素。

Ramet 的定義比邢福增的分類更為清楚，所以，在本研究對「政教關係」的定義，接受其界定，而焦點放在「組織」（organization）的概念，理解政府往往為了某些統治上的需要，而介入宗教組織的組成；政府的政權型態與宗教團體的關係；此外，觀察政府與宗教團體的互動運作，政府如何介入宗教團體，而宗教團體又如何憑藉其宗教力量，介入甚至操縱政府。

中外歷史發展過程中，皆出現「政教關係」的現象，以歐洲中古至近代的歷史來觀察，曾經出現長時期的「教權」支配「政權」的史實，直到宗教改革之後，宗教改革家與「新興民族國家」聯手抵制「羅馬教皇」，「教權」與「政權」才變得比較「平衡」，代表此時期的思想，以聖奧古斯都「神都論」中的「兩劍理論」（two swards theory）最具代表。（逯扶東，1965）

中國歷史中，鮮少出現像中古歐洲「教權」支配「政權」的史實，但是「政教」間糾 歷史，卻時有所聞。綜觀中國歷代皇朝政治領袖視宗教思想、人士及團體有下列幾項涵義，1.政治活動的依據：商朝統治者以龜甲占卜，決定天子打獵、出征的意向及時間。2.追求神仙夢想：如秦始皇帝、漢武帝與道士間的互動，道士教導皇帝追求神仙之術、養生之道，而皇帝給與道士榮祿。（鄭素春，2002）3.宗教思想束縛天子政治行動，東漢董仲舒則以「陰陽五行」學說，創造「以天示警」，皇帝「下詔罪己」的宗教束縛政治的政治哲學。（董仲舒，1966；

薩孟武，1969）4.視宗教團體為破壞秩序的淵源：以清朝的政教關係為例，朝廷從容教到查禁天主教，除了天主教傳教士介入政爭，侵奪皇權之外，清政府政策的轉變，主要是視天主教團體為破壞秩序的不良組織。（陳莉婷，2000）5.拉攏宗教團體以穩定國家統治：清朝扶助藏傳佛教，作為撫綏蒙古的精神武器。（林秋燕，2000）

　　在中國朝代當中，從未有宗教團體支配或淩駕政治之上，宗教團體經常附屬在政府之下；（陳莉婷，2000）因此，在論述中國政教關係的歷史影響，海峽兩岸的政權是否皆屬於「政權」支配「教權」的類型，頗值得關注。

（二）政教關係類型

　　在拙著「國家對宗教的控制及鬆綁—論台灣的宗教自由」一文中，（張家麟，1999：233）曾用「光譜」（spectrum）的概念，說明極權主義國家，政府完全剝削、控制宗教自由；威權主義國家，政府高度剝削、控制宗教自由；自由主義國家，政府低度剝削、控制宗教自由；無政府主義國家，政府完全不介入宗教，人民宗教完全自由。這是運用「政治意識型態」（political ideology）的統治方式與「宗教自由」作結合的分類。（L.P.Baradat，1997：15-16）

　　在此，本研究並不想尋此軌跡發展，而想另闢蹊徑，主要原因在於本研究將「政教關係」的「政」操作化為政府組織，「教」操作化為宗教團體，「政教關係」意指兩組織的互動。因此用座標圖示，可以分成四種政教關係類型，分別為 1.溫

和型：宗教團體與政府組織分離；2.支配 A 型：宗教團體支配政府組織；3.支配 B 型：政府組織支配宗教團體；4.衝撞型：宗教團體與政府組織衝撞。說明如下：（圖2）

　　1.溫和型：宗教團體與政府組織分離，這是屬於「政教分離」的類型，以西方民主國家來看，如美國、英國、法國等皆屬之。

　　2.支配 A 型：宗教團體支配政府組織，這是屬於宗教團體領導政治組織的類型，以人類歷史來看，像中古歐洲教皇領導的天主教會勢力強過歐洲各個民族國家；另外像過去西藏宗教領袖經常就是政治領袖，宗教團體也可以領導政治組織。

　　3.支配 B 型：政府組織支配宗教團體，就中國過去歷史發展來看，歷代王朝與宗教團體的關係就是屬於這個類型，宗教團體依附在政府組織之下，被政府組織的政策及法律局限其發展。

　　4.衝撞型：宗教團體與政府組織衝撞，在部分民主國家其宗教團體擁有合法自主性（autonomy），得運用其影響力對政府組織施加壓力；然而政府組織也有其高程度的自主性，當政府組織展現與宗教團體不一樣的意志時，兩者乃彼此衝撞。

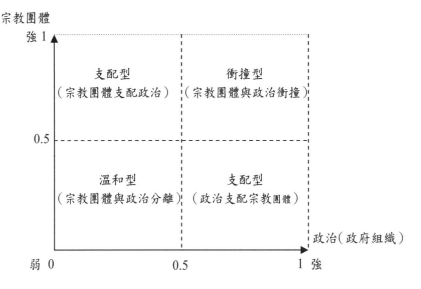

圖2　政教關係類型圖
資料來源：本研究自訂

　　兩岸政府組織與宗教團體的互動是屬於哪一種類型，就傳統中國歷史發展來看，政治組織對宗教的支配乃屬常態，以台灣過去在威權政體（authoritarian regime）時代，只有官方認可的宗教才擁有宗教團體的自主性，與宗教團體發展空間。但是台灣在「民主化」（democratization）之後，宗教團體擁有相當程度的自主空間，除非觸犯官方民、刑事法律，憲法給予宗教團體保障，宗教團體擁有傳教及組織發展的自由。

　　至於大陸政治組織在過去極權政體（totalitarian regime）時代，官方對宗教團體的控制與壓迫非常強烈，宗教團體幾乎沒有任何生存空間，只好走入地下化；直到四人幫垮台，官方

才又重新認可傳統五大宗教團體的合法性。但是當大陸官方對
宗教團體鬆綁之際，宗教團體有多大的自主空間，則值得觀察
分析。

三、兩岸政治情勢與媽祖廟團體

（一）兩岸政治互動對宗教團體的鬆綁

　　兩岸政權過去相互敵視，甚至發生武裝衝突，以海峽為界
各自發展，也限制兩邊地區人民相互往來。台灣地區宗教團體
也因為兩邊政治情勢的對立，而無法交流。以台灣媽祖廟團體
為例，其香火皆來自大陸湄州或泉州天后宮的祖廟，在清朝統
治時期，台灣大甲鎮瀾宮每隔 20 年往湄州進香，（黃美英，
1994：85）1895 年台灣割讓給日本，與大陸往來受阻，才停
止往湄州進香。台灣雖然從日本政府手中收回，但又因兩岸政
治情勢的對立衝突，也持續影響兩岸宗教團體的文化交流。

　　這種停滯交流的現象，隨著兩岸政治敵視程度降低，而重
新開啟宗教團體交流的契機，蔣經國過世前，台灣政府基於人
道考量，容許人民前往大陸探親；而大陸政府也張開雙手歡迎
台灣地區人民返鄉。在此情勢之下，台灣媽祖廟團體大甲鎮瀾
宮首先在 1987 年組團經由日本，前往大陸湄州媽祖廟進香，
打開兩岸宗教交流首頁。（聯合報，1987.10.18）

　　如果沒有兩岸政治情勢緊張趨緩，宗教團體彼此交流可能
性不高，雖然目前兩岸政治情勢仍然未能走上談判，但是雙方
政府組織同意在既有的法令及政策的規範下作某種程度的宗

教團體自由交流。兩岸宗教團體如果追求完全的自由交流，只有期待兩岸政治情勢再一次的鬆綁，當兩岸政治共識越強時，宗教團體交流的自主性將越高，宗教交流限制也將愈少。

（二）台灣政治情勢與媽祖廟團體

1. 台灣政治解嚴與台灣媽祖廟團體赴大陸交流

　　台灣地區媽祖廟團體在政治解嚴之際即前往大陸湄州祖廟，其中以南方澳南天宮運用漁船直航大陸，直接挑戰台灣政府組織的法律與政策最令人矚目。

　　根據瞿海源的研究，南天宮直航大陸進香事件顯現出民間宗教團體力量與政府組織力量的微妙互動關係，如果南天宮直航大陸沒受任何政府懲罰，將引起台灣其他媽祖廟團體競相學習。（瞿海源，1997：148-149）至於南天宮為何想打破政治禁忌前往大陸進香，主要原因如下：

　　(1)宗教團體領袖的政治實力

　　南天宮主任委員林源吉為蘇澳漁會會長，本身即擁有基層民意基礎，他運用政治號召力說服媽祖廟信徒跟隨前往大陸祖廟，隨行的有兩位宜蘭縣縣議員及幾位鎮民代表。1989 年 5月 5 日有 19 艘漁船組成媽祖回娘家團隊，有百餘艘漁船護航送行。（自立早報，1989.5.6）除此之外尚有幾位立法委員、國大代表及省議員公開發表談話支援漁船直航大陸進香，甚至向行政部門提出質詢，來伸援進香活動；相反的並沒有民意代表公開反對或批評此事。（瞿海源，1997：149）當 5 月 10 日進香回來時，成千信眾擁在港邊，其中包含宜蘭縣議會議長羅國

雄和省議員游錫堃，擔任神轎的擡轎人，而當地的民意代表也都全部到場。由此可見，宗教團體負責人在地方的政治人脈豐沛。

(2)運用神意

南天宮主任委員林源吉兩次宣稱夢見媽祖，在 1988 年七月有一艘宜蘭縣頭城的漁船進豐 3 號企圖走私五尊福建湄州媽祖，結果被蘇澳警察分局扣押，林源吉宣稱媽祖托夢給他，要他到蘇澳警察分局救回媽祖，查證確有此事，因此他取得這五尊湄州媽祖神像權利，乃將其迎回南天宮供奉。

第二次林源吉又宣稱這五尊媽祖托夢給他，說祂們想回湄州娘家省親，於是林源吉在南天宮管理委員會上發起往湄州進香的活動，在 1989 年 4 月 30 日召開信徒大會，決定在 5 月 5 日出航，而在 5 月 3 日先派協大號漁船到福建湄州安排食宿及為進香信徒辦理台胞證等事宜。（瞿海源，1997：150）

南天宮事件對台灣政府而言相當頭痛，因為在過去從未出現公然運用漁船 直航大陸湄州祖廟進香的活動，所以官方在得知南天宮醞釀前往大陸之際，即宣稱此活動並不成熟，應該不會成行。但是當南天宮執意前往時，蘇澳警分局及南安檢查哨根本無力禁止，內政部宣稱漁船是以出海捕魚名義申請出港，港檢人員沒有理由不放行，但是政府當局堅持不通航的政策，卻被漁民直航大陸進香挑戰。

政府乃運用國安法、偽造文書、動員時期船舶管理辦法等法令，指出南天宮進香團違法，當政府開始查辦時，南天宮進香團就編一個眾人皆知的謊言來應付，宣稱因為漁船主機故障，所以只好駛入福建省莆田市文甲碼頭進行整修，而湄州祖

廟董事會也以媽祖托夢來相互搭配，讓南天宮進香團迎回兩尊六尺六吋的媽祖返台。（瞿海源，1997：156-157）

當南天宮進香團返台五後，台灣政府以違反國安法等罪判處林源吉和 19 艘漁船船長各四個月有期徒刑，緩刑三年落幕。（聯合報，2000.1.18.3 版）換句話說，政府仍高舉相關法規命令禁止台灣地區人民用宗教團體交流名義，直接直航大陸，政府組織對宗教團體的影響力能強過宗教團體的自主性。

2. 台灣政治民主化與台灣媽祖廟團體自主性

台灣在威權體制瓦解之後，搭上第三波民主化（the third wave）列車，（韓廷頓，1994）過去被視為邪教的宗教團體如一貫道、統一教、基督教的「愛的家庭」、基督教的錫安教派等，在威權瓦解之際得到政府組織承認其合法性。不僅如此，新興宗教及教派如雨後春筍般出現，台灣舊有教派及團體自主空間也隨之增加，其中包含民間宗教團體的媽祖廟系統。

台灣媽祖廟團體散佈全台各地，較有名氣的團體為北港朝天宮、大甲鎮瀾宮、新港奉天宮、彰化南瑤宮、台南大天后宮、台南土城鹿耳門聖母廟、鹿港天后宮、安平天后宮、淡水福佑宮、關渡關渡宮、澎湖天后宮、蘇澳南天宮等。（黃美英，1994：60）

上述這些媽祖廟團體依其政治領袖可以分為兩類團體，一類為政治領袖兼任媽祖廟團體負責人，例如大甲鎮瀾宮由立法委員顏清標擔任，北港朝天宮由立委曾蔡美佐擔任，彰化南瑤宮由彰化市長溫國銘擔任，安平天后宮由高雄市議員張省吾擔任，蘇澳南天宮由蘇澳漁會會長林源吉擔任。另一類為非政治

領袖擔任負責人，像新港奉天宮負責人為鄭新民，鹿港天后宮為趙輝煌、台南大天后宮為呂鬆根，台南土城鹿耳門聖母廟為方文科，淡水福佑宮為謝安棋，關渡關渡宮為陳林富，澎湖天后宮為楊國夫，他們皆為專職的媽祖廟負責人，沒有任何政治職務。（表1）

表1　台灣媽祖廟團體負責人經歷

廟名	董事長、管理人或主任委員	經歷
蘇澳南天宮	林源吉	蘇澳漁會會長
新港奉天宮	鄭新民	未明
北港朝天宮	蔡永常	前國大代表
大甲鎮瀾宮	顏清標	現任立委
彰化南瑤宮	溫國銘	現任彰化市長
台南大天后宮	呂鬆根	私人企業
鹿港天后宮	趙煌輝	私人企業董事長（建築、養鰻、餐廳）
台南土城鹿耳門聖母廟	方文科	專職
安平天后宮	張省吾	高雄市議員
淡水福佑宮	謝安棋	專職
關渡關渡宮	陳林富	私人企業董事長（紡織、化工）
澎湖天后宮	楊國夫	專職

資料來源：本研究電話訪問整理。

其中，對宗教直航議題，政治領袖領導的媽祖廟團體表現出高度的自主性，與政府機關衝撞。如大甲鎮瀾宮及北港朝天宮都曾經籌畫到大陸湄州媽祖廟進香，其中北港朝天宮接受政府勸說，放棄這項想法；而大甲鎮瀾宮對宗教直航最為熱衷，

其領袖提出的主張與政府組織對宗教直航的看法相當分歧，從報紙媒體可以看出宗教團體與政府組織產生重大衝突表現出其高程度的自主性。

大甲鎮瀾宮主張宗教直航，政府領袖反對宗教直航，歸結大甲鎮瀾宮領袖顏清標對宗教直航的論點如下：（參閱附錄 3）

(1)推動宗教直航。

(2)宣稱大陸同意宗教直航採落地簽證。

(3)向陸委會提出「世紀 2000 兩岸媽祖首航計劃書」，希望政府同意。

(4)宣稱媽祖同意在 2000 年 7 月 16 日到湄州進香。

(5)遊說台中縣籍國民黨、民進黨及新黨 13 位立委連署支援宗教直航。

(6)質疑陸委會主委蔡英文，宣稱「媽祖大還是蔡英文主委大？」

大甲鎮瀾宮董事長顏清標主導整個大甲媽祖廟系統，有計劃的透過其政界關係，並結合媽祖神意，對政府施予強大壓力。他不但透過其個人影響力，並組織台中地方選出的各黨派立委，共同對政府施加壓力，在媒體上對政府進行喊話，宣稱宗教直航是媽祖的主意，甚至於透過宗教「擲筊」儀式，宣示媽祖神意強過政府組織中的主管兩岸事務主委蔡英文。

顏清標本身具有台中縣議會議長公職身份，又是台中縣地方派系領袖，其政治人脈關係豐沛，在台灣民主化之後的政治體制當中，各政黨領袖為維護其中央政府的執政利益，在總統選舉時莫不爭相拉攏。此外，他又具有媽祖廟大甲鎮瀾宮董事長的身份，運用媽祖的祭典及各項宗教儀式，在媽祖信徒簇擁

之際，顏清標讓各政黨領袖在不同時段露臉，與選民作政治演說和宣傳。因此，各政黨領袖在選票的考量下，也都接受其安排。

顏清標的宗教直航也獲得在野立委及地方縣政府和縣議會的支援，其中以國民黨黨團書記長林建榮、朱立倫及澎湖縣縣長賴峰偉、議長蘇昆雄和金門縣議長陳水木支援。（附錄4）顏清標所領導的大甲鎮瀾宮媽祖廟團體在其政治運作之下，形同一新興壓力團體，對政府產生強大影響力。然而台灣政府在其「國家安全」[4]的最高利益考量之下，不認為宗教直航是宗教問題，而是政治問題，故對大甲鎮瀾宮的要求加以拒絕。總結台灣政府行政系統及執政黨立委領袖拒絕宗教直航的理由如下：

(1)違反國安法及大陸政策。

(2)希望顏清標仔細思考宗教直航的可行性，因為中共最喜歡看到的是政府與民間對立。

---

[4] 根據台灣政府陸委會調查資料顯現，兩岸交流對台灣安全的影響：五次調查顯示，民眾認為兩岸交流對台灣安全有利和不利的比率旗鼓相當，各占三成七與三成六，顯示民眾對此問題看法相當分歧。有七成一（71.3%）的民眾認為大陸政府對我政府是不友善的（含很不友善、不太友善），認為友善（含很友善、還算友善）者不到5%。此外，有四成七（47%）的民眾認為大陸政府對我人民是不友善的（含很不友善、不太友善），認為友善（含很友善、還算友善）者占15%。對於開放兩岸三通一事，有三成七至至六成七的民眾表示贊成，但在中共不放棄武力犯台的威脅下，仍有五成左右民眾擔心開放兩岸直接通航影響國家安全。另根據本會調查，有八至八成三以上民眾主張應該在有條件的情況下開放兩岸直航，贊成無條件開放通航者不到一成。（http://www.mac.gov.tw/mlpolicy/pos/9101/9101.htm）由上面資料顯現出，台灣政府以國家安全為考量來限制兩岸宗教直航，頗具民意基礎。

(3)如果鎮瀾宮及其信眾強行闖關，政府一定貫徹公權力。

(4)宗教直航沒有時間表，不可能一個月內提宗教直航方案。

(5)政府未決定前，各宗教團體勿過早籌劃宗教直航。

(6)大甲鎮瀾宮以神明旨意脅迫政府促成宗教直航。

(7)政府尊重信仰自由，但是信徒朝拜的通航問題，不在宗教而在航線。[5]

(8)兩岸宗教直航只有在兩岸關係改善前提下才可行。

(9)希望媽祖廟團體體諒並支援政府，只有大家團結，不能讓中共有藉口分化統戰。

(10)不要使媽祖成為中共對我統戰工具。（附錄5）

　　換言之，在觀察宗教團體與政府組織為宗教直航議題所出現的衝突及妥協現象，可以發現以下幾點含意：

A. 政府承認媽祖廟團體領袖的政治影響力

　　政府透過黨政系統回應及圍剿大甲鎮瀾宮的要求，顯示顏清標具有政治影響力。因為他擁有公職與媽祖廟董事長的雙重身份，並運用媽祖廟廣大信徒的選票力量和聯合政治人物，對政府提出的宗教直航的壓力，使得政府不敢小覷。

---

[5]　關於兩岸通航的問題，五次調查均有六成以上的民眾主張「有條件開放通航」，而主張「無條件開放通航」與「絕對不可以通航」的均為少數，不到一成。至於有條件開放通航的適當條件中，四次調查均以「安全的考慮」為最多（占五至六成），「經濟利益的考慮」及「政治對等的考慮」均不到二成。顯示主張有條件開放的民眾，基本上仍以「安全的考慮」為其主要的考量。（http://www.mac.gov.tw/mlpolicy/pos/9101/9101.htm）

B. 台灣政府組織對媽祖廟團體的兩手策略

　　台灣政府只好在不得罪媽祖信徒及強大政治壓力的前提下，必須謹慎提出回應。政府對顏清標的宗教直航要求採取「先硬後軟」的兩手策略，先拒絕顏清標的要求，再安撫媽祖廟廣大信徒。

　　原則上由陸委會發表反對的談話，再由陳水扁總統及呂秀蓮副總統出面，以國家安全理由拒絕這兩個媽祖廟團體宗教直航的要求。在得到大甲鎮瀾宮的諒解與支援後，馬上派陸委會副主委陳明通到媽祖廟上香致意，並在媽祖進香團配合政府政策經由第三地轉赴湄州進香時，再派行政院副院長游錫堃親自到中正機場送機。（附錄 5）

3. 宗教直航與大陸政府的反應

　　當台灣媽祖廟團體提出宗教直航要求時，除了向台灣政府提出請求，也向大陸福建政府提出要求，最早顏清標曾經透露，大陸同意宗教直航採落地簽證方式，（聯合報，200.2.18）而在台灣官方反對宗教直航之際，大陸政府國台辦提出兩岸宗教交流原則：（聯合報，2000.6.21.13 版）

　　(1)宗教直航不得停靠第三地。

　　(2)宗教直航只得雙向交流。

　　(3)宗教直航只能使用台灣、香港、澳門及大陸船隻。

　　這些原則提出後，使宗教直航情勢逆轉而下。大陸國台辦幫台灣政府舒解島內馬祖廟團體對政府宗教直航的壓力。因為大陸地方政府福建省有關負責人表示，歡迎台灣媽祖信眾直航湄州媽祖廟進香，並盡一切可能提供他們便利，大陸始終主張

兩岸儘早實現三通，台灣當局應允許香客直航，不設任何障礙減少媽祖信眾輾轉勞頓之苦。但是大陸中央與地方政府步調並不一致的情形下，台灣北港朝天宮與大甲鎮瀾宮，因為國台辦強有力的要求之下，使得台灣媽祖廟團體對宗教直航望之卻步。所以，在 2000 年 6 月 20 日中共國台辦發表談話之後，大甲鎮瀾宮對宗教直航由熱轉冷，表示願意接受台灣政府的政策，也不違反大陸方面的政策，到大陸湄州進香，搭機經香港或澳門到大陸，恢復台灣過去到大陸進香的原始方式，一切回到原點。

4. 台灣政府組織以「國家安全」為主軸與大陸媽祖廟團體來台

台灣政府組織對兩岸宗教交流基於「國家安全」的考量，採取「事前審核制度」，[6]雖然台灣在民主化之後，人民相對獲得較高自由，但是對於大陸宗教團體來台進行宗教交流，卻給予諸多限制。大陸宗教團體申請來台占各類團體來台比例最低，只有總比例的 0.35%；（附錄 6）而其中得以進到台灣進行宗教交流的宗教團體總人數占來台總人數的 0.32%。（附錄7、8）

從 1996 年 4 月 29 日大陸媽祖廟團體來台訪問以來，至今6 年多大陸媽祖廟團體總共只有七個團體來台訪問。（表 2）

---

[6] 「事前審核制度」意指根據行政院內政部「大陸宗教人士來台參觀訪問申請作業要點」，大陸宗教人士來台得事先由台灣地區依法設立之宗教團体邀請，事先備妥相關文件，並經內政部之「資格審查小組」審查。（陳啟章，1993：169-173）

表2　大陸媽祖廟來台訪問

廟名	來台時間	活動	接待單位
湄州媽祖廟	1996.4.29	首德媽祖訪問北港朝天宮	北港朝天宮
湄州媽祖廟	1997.1.24	湄州媽祖出遊台灣 100 天	台南大天后宮
湄州媽祖廟及賢良港天后宮	2000.9.6	湄州媽祖廟董事長林文豪一行十人到大甲鎮瀾宮拜訪	大甲鎮瀾宮
泉州天后宮	2001.2.3	董事長陳健鷹訪問大甲鎮瀾宮	大甲鎮瀾宮
天津天后宮	2001.7.30	主任委員蔡長奎訪問北港朝天宮	北港朝天宮
湄州媽祖廟	2001.8.18	副董事長唐炳椿來訪賑慰災民	彰化竹搪鄉后天宮
湄州媽祖廟	2002.5.7	湄洲媽祖首次金身到金門。	金門媽祖廟

資料來源：聯合報，1996.4.29；1997.1.24；2000.9.6；2001.2.3；2001.7.30；
　　　　　2001.8.18；2002.5.7。

　　來台訪問的大陸媽祖廟以湄州媽祖廟次數最多，六年內總共來台訪問五次，賢良港天后宮、泉州天后宮及天津天后宮，各來台灣訪問一次，而接待大陸媽祖廟來台訪問的單位以北港朝天宮及大甲鎮瀾宮較為積極，各有二次提出對大陸媽祖廟邀請，台南大天后宮、彰化竹搪鄉及金門媽祖廟各接待大陸媽祖廟團體一次。

　　總結兩岸宗教團體大陸媽祖廟來台訪問，在台灣政府政治限制之下，得由台灣宗教團體向台灣政府組織提出申請，經過審核通過以後，大陸媽祖廟團體才得以進入台灣，因此如果沒有任何台灣地區的媽祖廟團體提出申請，大陸媽祖廟團體勢必不可能主動申請來台。

　　簡言之，台灣雖名為民主自由國家，但因為兩岸政治情勢

仍未明朗，台灣政府當局雖然不像兩蔣時代視大陸政府為「敵國」，但是仍對大陸來台的各類團體進行嚴格把關，不像一般國家及其人民團體來台進行交流訪問那麼自由。這種政治限制因素是未來阻礙大陸來台宗教交流的主要障礙，只有兩岸政府組織進一步和解，化干戈為玉帛，台灣政府組織才可能解除脆弱的國家安全心防，讓大陸宗教團體來台交流關係正常化。

（三）大陸政治情勢與媽祖廟團體

1. 大陸政府宗教政策鬆綁與大陸媽祖廟團體來台交流

　　研究中國大陸宗教團體發展的學者，幾乎都從「意識型態」及「宗教政策」兩個角度切入，認為大陸宗教團體在社會主義意識型態之下，只是附屬於政治組織的一項工具。（刑國強，1986；汪學文，1986）然而仔細觀察，大陸政治組織對宗教團體的規範即可發現，在 1976 年以前政治組織大力打壓宗教團體，而在 1976 年之後，大陸政權逐漸放寬對宗教團體的管制。

　　這種大幅度的轉變，雖然不如民主國家政府組織，對宗教團體的放任原則，但就社會主義的共黨中國政權而言，已經是很大的進步。大陸政府組織以政治穩定為目標，故其在宗教政策採取「管理原則」，而非民主自由國家的「放任原則」乃可諒解。當新興教派與宗教團體挑戰官方政府組織時，乃可能受到強有力打壓，以法輪功為例，即可說明。（王達昌，2000.2：84-93）

　　大陸政府組織所承認的五項傳統宗教，像佛教、道教、天主教、基督教及回教其宗教組織皆得到官方認可，在此基礎

下，媽祖廟團體被劃歸為傳統道教團體，故也擁有大陸政府組織承認的合法性。因此，媽祖廟團體到台灣從事宗教交流，乃屬可能。

2. 大陸政府政策與台灣媽祖廟團體赴大陸交流

　　這 14 年來，共有 9 個台灣媽祖廟團體至大陸媽祖廟訪問，被媒體披露報導共計 14 次之多。（表 3）其中以大甲鎮瀾宮 4 次、北港朝天宮 3 次，最為積極。澎湖天后宮、蘇澳南天宮、彰化南瑤宮、鹿港天后宮、馬祖天后宮、朴子配天宮、金門媽祖廟各 1 次前往大陸進行宗教交流。

　　在 14 次當中到湄州媽祖祖廟進香有 9 次，顯現出台灣媽祖廟團體，最熱衷前往媽祖祖廟。其他如前往大陸泉州天后宮也為台灣媽祖廟團體的次佳選擇，而在最近大甲鎮瀾宮與北港朝天宮前往大陸天津天后宮進行宗教交流，擴展台灣媽祖廟與大陸媽祖廟交流的廣度，由傳統到南方福建湄州或泉州媽祖祖廟，發展到大陸北方天津天后宮。

表 3　台灣媽祖廟赴大陸媽祖廟之時間及活動

廟名	去大陸時間	活動
蘇澳南天宮	1989.5.6	台南蘇澳南天宮組織 224 人乘 19 條漁船直航湄洲進香，開創解放後兩岸大型船隊直航的先例。
北港朝天宮	1988.10.18	到湄州媽祖廟締結至親盟。 參加天津市天后宮所舉辦的文化節活動，並到
	2001.4.18	各地媽祖廟拜訪，藉以促進兩岸宗教文化的交流。

	2001.4.25	與天津市天后宮諦結為姊妹廟，至泉州開元宮、湄州媽祖廟訪問。
大甲鎮瀾宮	1987	鎮瀾宮董事及信徒集體取道日本再赴大陸湄州媽祖廟進香。
	2000.7.21	鎮瀾宮655名信徒搭機赴大陸湄州媽祖廟進香。也至泉州天后宮聯誼。
	2000.12.14	鎮瀾宮董事長訪天津天后宮。
	2001.7	台灣大甲鎮瀾宮廟再次組織2000多名媽祖信徒來此時香，成為歷年來規模最大的一次台胞赴大陸進行民間交流活動。
彰化南瑤宮	2001.1.4	彰化市長陳傑拜訪馬祖天后宮，並評估宗教直航湄洲天后宮的可行性。
鹿港天后宮	2000.10.01	預計2001年春至大陸湄州媽祖廟進香，也至泉州天后宮聯誼。
澎湖天后宮	2001.8.4	8月23日訪泉州天后宮，邀請泉州天后宮媽祖來澎湖遶境。
馬祖天后宮	2001.1.4	至湄洲島進香。
朴子配天宮	2001.10.17	從布袋抵東山島媽祖廟。
金門媽祖廟	2002.5.7	至湄洲島迎媽祖至金門。

資料來源：聯合報，1989.5.6；1988.10.18；2000.7.21；2000.12.14；2000.10.1；2000.12.1；2001.7；2001.4.18；2001.4.25；2001.1.4；2001.1.21；2001.8.4；2001.10.17；2002.5.7。

　　台灣媽祖廟團體為何競相至大陸媽祖祖廟，有下列幾項理由：

　　(1)競逐香火正統

　　台灣從1988年大甲鎮瀾宮首次赴大陸湄州媽祖祖廟進香以來，根據人類學者張珣指出，台灣地區媽祖廟進香前往大陸

祖廟從事「謁祖」，與大陸祖廟簽訂至親盟約，或從大陸祖廟迎回媽祖神像及其香火，主要在於獲取在台灣地區媽祖廟系統中的正統地位。（張珣，1995：100）

(2)提升廟宇地位

台灣媽祖廟大陸媽祖廟結為姊妹盟，使台灣媽祖廟自己認為地位與大陸媽祖祖廟相當，就可淩駕在台灣地區的其他媽祖廟。

(3)增加神明靈力

從大陸媽祖祖廟迎回神像，形同增加本地媽祖的靈力，因為在台灣人對神明崇拜的理解當中，這些神明淵源於大陸。從神明靈力的顯現，大陸媽祖廟的靈力高於台灣媽祖廟，而台灣最早立媽祖廟處，神明靈力又遠高於台灣各地的媽祖廟。

如果台灣各個媽祖廟皆能證明其香火直接來自於大陸祖廟，那麼其媽祖神明靈力一下子就提昇為全台「首屈」。因此，台灣地區各個媽祖廟的負責人，為了經營其媽祖廟，透過到大陸媽祖祖廟迎回神像等交流方式，乃是最快速增加神明靈力的方法。

(4)預期香火鼎盛

由上面三項因素說明，台灣媽祖廟乃競相前往大陸，迎回媽祖神像即與媽祖祖廟締結盟約，目的乃在增加本廟的香火，以獲得廣大信徒的膜拜，拓展台灣地區媽祖廟由區域型轉化為全國型的媽祖廟。（瞿海源，1997：151-152）

事實上，台灣媽祖廟團體前往大陸媽祖祖廟謁祖或進香，除了在大陸官方政策開放的條件下進行以外，台灣媽祖廟團體領袖扮演積極角色。從上述前往大陸媽祖廟交流的台灣媽祖廟

團體來看，以大甲鎮瀾宮及北港朝天宮最為投入，主要原因在於其領袖的政治活動力。這兩個團體不只在島內相互競爭，也透過前往大陸從事宗教交流以換取獲得在台灣媽祖廟團體的領導地位。台灣地區媽祖廟團體的主動性，與其領袖具政治人物身份有密切關聯，像大甲鎮瀾宮董事長顏清標雖然在 2001年立委選舉時身陷囹圄，但因為其地方派系領袖的支援與大甲鎮瀾宮長期媒體曝光之下，所塑造出來的高知名度，最後仍能高票當選台中地區立法委員。顏清標的例子說明了政治人物如何巧妙運用媽祖廟團體提升自己的知名度，他才是最大獲利者。

3. 台灣媽祖廟團體進香與大陸政府組織之政治、經濟目的

大陸對台官方政策除了「以商促統」以外，在對台灣宗教團體也極力拉攏，所以台灣媽祖廟團體前往大陸進行宗教交流活動，幾乎比大陸團體來台便利許多。大陸官方組織，拉攏台灣宗教團體的目的，不外乎有下列幾項：

首先，提供前往大陸宗教交流的媽祖廟團體各種便利措施，以獲得台灣宗教團體領袖及信徒的民心。像大甲鎮瀾宮董事長顏清標就公開指出，大陸對台灣媽祖廟團體所作的各項便利措施，將有助於兩岸的和解，消彌彼此誤會。（聯合報，2000.6.22）

其次台灣媽祖廟團體前往大陸進香，對大陸祖廟所作的捐贈，有助於大陸觀光活動及經濟發展。台灣信徒到了湄州祖廟，祖廟執事及當地人民都熱情接待，希望獲得台灣香客更多的經濟回報。（瞿海源，1997：152-153）

　　如果大陸政府組織持續對台灣宗教團體前往大陸從事宗教交流秉持現在的開放政策，台灣宗教團體將以「觀光」名義，而非以台灣政府組織要求的「宗教交流」名義進入大陸。因為根據台灣法律，台灣宗教團體從事與大陸宗教團體交流時，事先得向官方提出申請，返回台灣後尚得向內政部主管機關撰寫書面報告。在此繁瑣的法律限制下，台灣宗教團體依理性選擇（rational choice），勢必棄繁就簡，用觀光名義進入大陸。

　　因此兩岸的宗教團體交流，大陸政府組織的政策將仍吸引台灣媽祖廟團體繼續前往湄州、泉州及天津，甚至於大陸各地區媽祖廟進行宗教交流。相反的，台灣政府組織如果持續採取管制政策，大陸媽祖廟團體來台進行交流仍屬有限。就促進兩岸的和解來看，台灣政府組織應放寬宗教交流的管制政策，但是台灣過去國家安全心防薄弱的前提下，這種呼籲聲音顯得微弱。所以，除非兩岸政治和解，台灣政府組織才可能放寬管制大陸宗教團體來台。

四、結論

　　綜合上面分析，本研究在兩岸政治組織與宗教團體從事宗教交流得到以下幾點結論：

（一）兩岸政治組織與宗教團體的關係

1. 台灣政治組織與宗教團體接近衝撞型

　　台灣在步入民主化之後，宗教團體自主性升高，其中以大

甲鎮瀾宮與政府組織在宗教直航的議題最具代表性，大甲鎮瀾宮儼然成為具有對政府施加壓力的新興壓力團體。

2. 大陸政治組織與宗教團體接近支配 B 型

大陸政治組織雖然在 1976 年之後，對宗教政策大幅度鬆綁，但是除了合法傳統五大宗教團體之外，並不認可其他新興宗教團體，在政治穩定的前提之下，選擇宗教「管理」政策，而非「放任」政策；當然，大陸的政教關係類型，值得進一步專文分析討論。

（二）兩岸政治情勢和解有助媽祖廟團體互動

兩岸宗教團體交流的可行性主要前提在於兩岸政府組織由緊張情勢走向和解，在兩蔣與毛對峙的嚴峻局面，兩岸宗教團體老死不相往來，只有在鄧小平上台之後，要求與台灣三通四流，蔣經國在晚年則開放探親同意民間接觸，台灣大甲鎮瀾宮才打破從 1895 年以來，將近 93 年的禁忌，開啟兩岸媽祖廟團體交流的新局面。這其中也展現出台灣媽祖廟團體領袖為獲得在台媽祖廟系統的領導地位，不畏台灣政府組織法令限制的積極性格。

（三）台灣媽祖廟團體自主性提高

以宗教直航為例，台灣媽祖廟團體以大甲鎮瀾宮自主性最高，其次為北港朝天宮。這兩個宮廟彼此競逐在台媽祖廟系統的領導地位，企圖突破台灣政府組織的法令限制，運用其領袖

在民主過程中的影響力，結合地方政治領袖與在野立委，聯手抵制政府宗教直航限制，展現出台灣媽祖廟團體高度自主性。

（四）台灣以國家安全爲理由，
限制大陸媽祖廟團體到台交流

台灣政府組織採取事前審核制度，大幅度的限制大陸媽祖廟團體到台灣進行宗教交流，兩岸交流 14 年中，大陸媽祖廟團體只有 7 次前往台灣，台灣官方的主要理由即是國家安全考量。

（五）大陸宗教政策持續鬆綁
有助於兩岸宗教團體良性互動

只要大陸政府組織秉持宗教鬆綁政策，不止大陸媽祖廟團體得以前往台灣從事交流，台灣媽祖廟團體也可以用「觀光」名義，非常便利的與大陸媽祖廟交流。台灣媽祖廟團體前往大陸交流除了獲得香火正統的文化意義之外，也有助於其在台灣島內媽祖廟團體的發展。當兩岸宗教團體密切交流之際，當然有助於兩岸政治、文化及社會消彌誤解，增加彼此互信。

總之，兩岸的政教關係影響兩岸媽祖廟團體的交流，其中兩岸政治情勢的和解尤具關鍵性的角色。台灣媽祖廟團體因為政治人物的操弄，在未來為維護其利益的前提下，也將持續發生對台灣政府施壓力的角色，儼然形成一新興「宗教壓力團體」。而大陸宗教政策鬆綁之際，除了達成台灣媽祖廟團體來大陸進香的政經目的外，但也可能產生大陸市民社會團體的比

較與反省，此發展可能不利於大陸政府組織政治穩定的執政效
果，將是其未來隱憂。

參考書目

中文書籍

James T. Myers,〈中共統治下的天主教會〉,摘引自李齊芳主編,《中國近代政教關係國際學術研討會論文集》,台北:淡江大學,1986。

Murray A. Rubinstein,〈現代台灣政教關係之模式〉,摘引自李齊芳主編,《中國近代政教關係國際學術研討會論文集》,台北:淡江大學,1986。

邢福增,《當代中國政教關係》,香港:建道神學院基督教與中國文化研究中心,1999。

邢國強,〈中共宗教政策〉,摘引自汪學文編,《中共與宗教》,台北:政治大學國際關係研究中心,1986。

行政院大陸委員會,《中共對台文教交流策略文件 編》,台北:行政院大陸委員會,1995。

李振英,〈兩岸宗教文化交流的意義、重要與態度〉,摘引自靈鷲山般若文教基金會國際佛學研究中心主編,《兩岸宗教交流之現況與展望》,台北:學生書局,1992。

汪學文,〈共產主義者的宗教觀〉,摘引自汪學文編,《中共與宗教》,台北:政治大學國際關係研究中心,1986。

韓廷頓 (Huntington, Samuel P.),第三波:二十世紀末的民主化浪潮,台北:五南出版社,1994。

林本炫,《台灣的政教衝突》,台北:稻香書局,1990。

高永光,《論政治學中國家研究之新趨勢》,台北:永然文化出版公司,1995。

張檉,〈兩岸道教文化交流的回顧與前瞻〉,摘引自靈鷲山般若文教基金會國際佛學研究中心主編,《兩岸宗教交流之現況與展望》,台北:

學生書局，1992。

陳啓章，《大陸宗教政策與法規之探討》，台北：行政院大陸工作委員会，1993。

游祥洲，〈論兩岸佛教互動及其定位與定向〉，摘引自靈鷲山般若文教基金會國際佛學研究中心主編，《兩岸宗教交流之現況與展望》，台北：學生書局，1992。

黃美英，《台灣媽祖的香火與儀式》，台北：自立晚報，1994。

逯扶東，《西洋政治思想史》，台北：三民書局，1965。

葉永文，《台灣政教關係》，台北：風雲論壇，2000。

董仲舒，《春秋繁露》，台北：中華書局，1966。

熊自健，《中共政權下的宗教》，台北：文津出版社，1998。

熊自健，〈海峽兩岸的宗教政策與宗教交流的前景〉，摘引自靈鷲山般若文教基金會國際佛學研究中心主編，《兩岸宗教交流之現況與展望》，台北：學生書局，1992。

鄭素春，《道教信仰.神仙與儀式》，台北市：台灣商務印書館，2002。

瞿海源，《台灣宗教變遷的社會政治分析》，台北：桂冠書局，1997。

薩孟武，《中國政治思想史》，台北：三民書局，1969。

羅竹鳳，《單獨對中國社會主義時期產生的宗教問題》，上海：新華書店，1987。

鄭志明，〈兩岸宗教交流之問題與展望〉，摘引自靈鷲山般若文教基金會國際佛學研究中心主編，《兩岸宗教交流之現況與展望》，台北：學生書局，1992。

鄭志明，《兩岸宗教交流之問題與展望》，摘引自中國意識與宗教，台北：學生書局，1993。

鄭志明，《兩岸宗教交流之現況與展望》，台灣：南華管理學院宗教文化中心，1997。

鮑家麟，〈1949 年以來中共政權與宗教〉，摘引自李齊芳主編，《中國近

　　代政教關係國際學術研討會論文集》，台北：淡江大學，1986。

L. P. Baradat，《政治意識型態與近代思潮》，台北：韋伯文化出版社，1997。

博碩士論文

王世芳，《中共宗教政策》，台灣：輔仁大學宗教研究所碩士論文，1995。

朱美淑，《中共基督教政策之研究：人民日報（1976-1995）的分析》，
　　台北：台灣大學三民主義研究所碩士論文，1997。

李建忠，《政教關係之研究》，台灣：輔仁大學法律研究所碩士論文，1991。

李廣毅，《共產主義宗教觀─中共宗教自由的真相》，台北：政治作戰學
　　校政治研究所碩士論文，1983。

林秋燕，《盛清諸帝治蒙宗教政策之研究》，台北：台灣師範大學歷史研
　　究所碩士論文，2000。

張家麟，〈國家對宗教的控制及鬆綁─論台灣的宗教自由〉，摘引自真理
　　大學人文學院主編，《人文、社會、跨世紀學術研討會論文集》，台
　　北：真理大學，1999。

陳莉婷，《從容教到禁教：清朝政府對天主教政策的轉變（一六四四～
　　一八二〇）》，台北：台灣師範大學歷史研究所碩士論文，2000。

蕭子茗，《台灣的宗教與政治關係之研究─七號公園觀音像遷移事件個
　　案分析》，台北：台灣大學政治學研究所碩士論文，1995。

期刊論文

王章陵，〈海峽兩岸的文化交流─關於兩岸體育、青少年與宗教交流〉，
　　台北：《共黨問題研究》，20卷8期，1994，頁81~89。

王達昌，〈對大陸「法輪功事件」之探討〉，台北：《中共研究》，34卷2
　　期，2000.2，頁84~93。

江燦騰，〈充滿期待與變數的兩岸宗教交流─九一年台灣宗教交流模式
　　的回顧〉，台北：《中國論壇》，32卷6期，1992.3，頁94~103。

張珣，〈台灣的媽祖信仰──研究回顧〉，台北：《新史學》，6 卷 4 期，1995.12，頁 89~126。

蕭美真，〈兩岸宗教界交流之回顧與展望〉，台北：《東亞季刊》，27 卷 5 期，1996，頁 90~102。

釋果燈，〈讀「九一年台灣宗教交流模式的回顧」的感想〉，台北：《中國論壇》，32 卷 8 期，1992.5，頁 111~115。

報紙

聯合報

1988.10.18；1989.5.6；1996.4.29；1997.1.24；1999.3.24；2000.1.18；2000.2.18；2000.5.4；2000.5.24；2000.6.5；2000.6.6；2000.6.6；2000.6.8；2000.6.9；2000.6.10；2000.6.11；2000.6.12；2000.6.21；2000.6.22；2000.6.23；2000.7.8；2000.7.16；2000.7.21；2000.9.6；2000.10.1；2000.12.1；2000.12.14；2001.1.4；2001.1.21；2001.2.3；2001.2.22；2001.3.3；2001.4.18；2001.4.25；2001.7.30；2001.8.4；2001.8.18；2001.10.17；2002.3.27；2002.5.7。

英文書籍

Sabrina P. Ramet, "Concerning the Subject of Religion and Politics" in Render Unto Caesar : The Religious Sphere in World Politics, 1995, pp 428-429.

Skocpol, Theda. "Bring the State Back in: Strategies of Analysis in Current Research," pp.3-37, in Bringing the State Back in. （eds.） by Peter B. Evans, Dietrich Rueschemeyer and Theda Skocpol. New York: Cambridge University Press, 1985.

參考網站

http://www.mac.gov.tw/mlpolicy/pos/9101/9101.htm

附錄

附錄1：清代本部十八省、東三省、回疆與台灣媽祖廟數目比較表

行省	媽祖廟數	行省	媽祖廟數	行省	媽祖廟數	行省	媽祖廟數
福建	71個	江蘇	10個	四川	0個	陝西	0個
廣東	64個	安徽	0個	山東	3個	甘肅	0個
廣西	11個	江西	4個	河北	4個	吉林	0個
雲南	3個	湖南	3個	河南	0個	黑龍江	0個
貴州	0個	湖北	8個	山西	0個	奉天	4個
浙江	9個	回疆	0個	台灣	515個		

資料來源：夏琦（1962）；台灣媽祖廟數目資料為劉枝萬（1987）；餘光
　　　　　弘（1983）在1983年統計。

附錄2：台灣地區寺廟正殿供奉主神排行圖

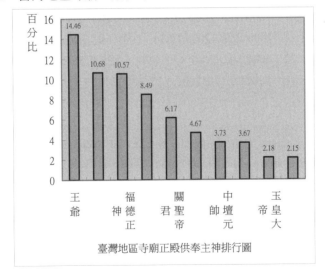

臺灣地區寺廟正殿供奉主神排行圖

附錄 3：台灣媽祖廟領袖對宗教直航的論點

民間團體	時間	論點	背景說明
大甲鎮瀾宮	1999.3.24	鎮瀾宮董事長推動宗教直航	
蘇澳南天宮	2000.1.18	林源吉主任委員支援宗教直航。	
大甲鎮瀾宮	2000.2.18	顏清標董事長指出，大陸同意宗教直航採落地簽證。	
大甲鎮瀾宮	2000.5.24	顏清標董事長向陸委會提出「世紀 2000 兩岸媽祖首航計劃書」，希望政府支援同意。	
大甲鎮瀾宮	2000.6.5	1. 顏清標董事長宣稱媽祖同意赴大陸湄州進香，時間為 2000 年 7 月 16 日。 2. 顏清標遊說台中縣籍國民黨、民進黨及新黨 13 位立委連署，要求宗教直航。	2000 年 3 月台灣允許兩岸小三通。
大甲鎮瀾宮	2000.6.6	顏清標董事長擲筊請示媽祖，7 月 16 日直航湄洲。	
大甲鎮瀾宮	2000.6.9	顏清標董事長宣稱「媽祖大，還是蔡英文主委大？」	
北港朝天宮	2000.6.11	董事長曾蔡美佐表示，預計在七月中旬前往大陸湄州進行宗教交流，反對宗教直航，同意政府規定以灣靠第三地的方式前往。	
大甲鎮瀾宮	2000.6.21	董事長顏清標表示，為遵守台灣政府規定也不違背大陸政策到大陸湄州只能搭飛機經香港或澳門到大陸。	1. 台灣政府小三通在 6 個月內規劃實施，時間上不允許。 2. 大陸方面要求宗教交流得雙向直航，不搞國外船隻。

民間團體	時間	論點	背景說明
大甲鎮瀾宮	2000.6.22	大陸方面很有善意，兩岸可以藉宗教交流消彌彼此誤會。	陳總統接見中部地區縣市議長時，顏清標對總統的談話。
北港朝天宮	2000.6.23	曾蔡美佐指出大陸方面堅持宗教直航是原則，該廟無法接受，宣佈暫緩赴大陸湄州宗教交流。	
大甲鎮瀾宮	2000.7.8	董事長顏清標表示，1.尊重陳總統發言，2.沒有「以神逼宮」，3.依傳統擲筊。	
彰化南瑤宮	2001.1.4	彰化市長陳傑拜訪馬祖天后宮，並評估宗教直航湄洲天后宮的可行性。	

資料來源：聯合報，1999.3.24；2000.1.18；2000.2.18；2000.5.24；2000.6.5；
　　　　　2000.6.6 ； 2000.6.9 ； 2000.6.11 ； 2000.6.21 ； 2000.6.22 ；
　　　　　2000.6.23；2000.7.8；2001.1.4。

附錄 4：台灣在野黨立委及地方政治領袖支援宗教直航的論點

官方	時間	論點
澎湖縣縣長賴峰偉	2000.5.4	竭誠歡迎進香船經澎湖再轉往大陸。
親民黨團	2000.6.6	政府應對宗教直航在一周之內做出交待。
金門縣議長陳水木	2000.6.8	爭取台中大甲媽祖前往大陸湄州進香時，由金門過境促成宗教直航。
在野黨立委	2000.6.10	行政院應於一個月內專案特許媽祖直航；三個月內完成小三通。
澎湖縣縣長賴峰偉、議長蘇昆雄	2000.6.11	訪大甲鎮瀾宮，竭誠歡迎進香船經澎湖再轉往大陸。
在野黨立委（國民黨黨團書記長林建榮、朱立倫）	2000.6.12	拜訪唐飛，商談大甲媽祖前往大陸湄州進香事宜，推動宗教直航。

金門縣議長陳水木	2000.6.21	晉見陳總統時表示,將台中大甲媽祖前往大陸湄州進香時,由金門過境促成宗教直航。
金門縣立委李炷峰	2001.2.22	金門多個進香團在媽祖誕　之前進行「宗教直航」
金門縣議會	2001.3.3	要求 3 月 6 日起金廈定期航線,打開小三通的困境
金門縣長李炷峰	2002.3.27	小三通定期航班 5 月 1 日前開航。

資料來源:聯合報,2000.5.4;2000.6.6;2000.6.8;2000.6.10;2000.6.11;
 2000.6.12;2000.6.21;2001.2.22;2001.3.3;2002.3.27。

附錄 5:台灣行政領袖及執政黨立委反對宗教直航的論點

官方	時間	論點
陸委會	1999.3.24	主委蘇起認為顏清標的建議違反國安法及大陸政策。 研究員周慶生指出中共最喜歡看到政府與民間對立,希望顏清標三思。 副主委吳安家強調宗教直航違反政策,如果鎮瀾宮及其信眾強行闖關,政府一定貫徹公權力。
陸委會	2000.6.5	宗教直航沒有時間表。 1.否認一個月內提宗教直航方案,2.本項評估非針對特定宗教組織。3.政府未決定前,勿過早籌劃。
副總統呂秀蓮	2000.6.6	大甲鎮瀾宮以神明旨意,脅迫政府促成宗教直航。
陸委會主委蔡英文	2000.6.8	宗教直航沒有急迫性。
交通部長葉菊蘭	2000.6.8	大甲鎮瀾宮前往大陸進香,必須以外籍船舶彎靠第三地。
民進黨立委李文忠、賴勁麟、賴清德、	2000.6.9	痛批台中縣議長顏清標「假借宗教力量,累積個人實力」

官方	時間	論點
陸委會副主委林中斌	2000.6.10	審慎研究一個月內專案特許媽祖直航；三個月內完成小三通。政府尊重信仰自由，信徒朝拜的通航問題，不在宗教，而在航線。
民進黨立委鄭寶清	2000.6.12	大甲鎮瀾宮應以台灣人民利益為主，學習北港朝天宮，彎靠第三地進香。
陳水扁總統	2000.6.22	解決兩岸三通問題不管大三通或小三通，先決條件是兩岸要坐下來談。針對宗教直航問題他表示兩岸關係若如何無法趕善，如何說通就通，他希望大家要體諒支援政府，因為國家安全只有一個大家必須團結不能讓中共有藉口分化統戰。
陳水扁總統	2000.6.23	會見道教界代表時指出，應從國家安全考量，不能被中共分化，媽祖成為統戰工具。
陳水扁總統	2000.7.8	訪問北港朝天宮指出兩岸宗教交流，未來應有機會回到媽祖原鄉參拜。不應假借媽祖本意，曲解宗教交流。
陸委會	2000.7.8	副主委陳明通為感謝大甲鎮瀾宮配合政府政策，改為搭機方式前往大陸進香，至鎮瀾宮上香。
行政院副院長遊錫堃	2000.7.16	行政院副院長遊錫堃親自為媽祖送機，信徒 655 人隨行。

資料來源：聯合報，1999.3.24；2000.6.5；2000.6.6；2000.6.8；2000.6.9；2000.6.10；2000.6.12；2000.6.22；2000.6.23；2000.7.8；2000.7.16。

附錄 6：大陸宗教團體及其它團體申請來台比例圖

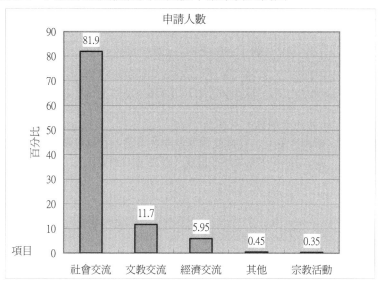

附錄 7：大陸宗教團體及其它團體核准來台比例圖

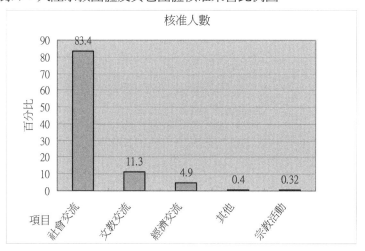

附錄8：歷年來大陸人士及宗教人士來台核准數（1991-2001）

年	1991	1992	1993	1994	1995	1996	1997	1998	1999	2000	2001
人數	—	—	78	109	180	334	224	475	313	298	427
總數	801	2,666	3,812	4,063	6,663	7,113	7,728	10,660	11,622	12,154	17,434

注：「—」表示尚未開放。

資料來源：根據教育部、行政院國家科學委員會、行政院新聞局、內政部民政司、內政部入出境管理局資料統計。

第四章 「宗教行政」列為國家考試類科的需求性分析

壹、緒論

一、研究緣起

國家對於文官的篩選，目前中外大都以考試選拔的方式進行；社會體系中各級教育機制既為市民社會（civil society）提供不同類型的人才，也為國家機關（state apparatus）提供優秀的公務人員儲備人才。

為了使「在野無抑鬱之士、在朝無倖進之徒」，國家應設計一套公平的考試選拔制度，讓現有的人才，透過國家考試，有機會成為國家公務員。然而國家考試並沒有完全為專科以上學校的科系，設計適當的「考試類科」。像有「宗教學系」卻

沒有「宗教行政」國家考試類科即是一例。

　　儘管國家機關中設立「宗教行政」主管官員，但幾乎都以「一般民政」或「一般行政」取才任用，不太在乎宗教行政的「專業性」，致使宗教行政業務趨向「邊陲化」的危機。而我國在解嚴之後，宗教活動日趨「活潑化」、「多元化」及「複雜化」之際，理應更重視「宗教行政」主管官員的專業能力，可惜似乎並未完全如此。

　　況且，宗教行政儲備人才閒置，也是一大隱憂。

　　如我國大學設立宗教學系至今已有十年的歷史，培養宗教學系研究所的高級人才已達十五年之久。到目前為止，就宗教人才的培養來說，至少全國有十所大學設立宗教學系暨研究所，培養出至少七百名大學以上的宗教學系及研究所的畢業生。這些人才大多數市民社會團體所用，鮮少為國家機關的公務人員，遑論當國家機關中，中央政府及地方縣市政府的宗教行政主管官員，形成我國宗教行政儲備人才「教育」與「考試」、「任用」不搭調的扭曲現象。

　　因此，思考如何使國家機關不要再讓人才閒置，「宗教行政」類科應從「一般民政」獨立出來，列為國家高考及普考的考試類科，乃是當前考試院主管官員在「為國舉才」的思路下，應該有的選項之一。

二、研究假設及架構

　　對於是否將「宗教行政應該列為國家考試」，本研究思考從「宗教行政人力資源」及「宗教行政專業化」兩項變數

（variables）切入，至於「法制面」的因素則暫時擱置不論。基於此，本文想從宗教行政官員及宗教學術界的學者作「電話訪談」來搜集資料，企圖將這個主題放置在以下幾個細項來理解：

（一）大學宗教學系暨研究所畢業生人力資源日豐，所以國家應該設立宗教行政高普考試？

（二）宗教行政官員專業化需求日強，所以國家應該設立宗教行政高普考試？

（三）調查教授及官員對「宗教行政應該列為國家考試」、「宗教行政人力資源」及「宗教行政專業化」三個構面的平均數？

（四）調查教授及官員對「宗教行政應該列為國家考試」、「宗教行政人力資源」及「宗教行政專業化」三個構面的平均數是否存在顯著差異？

上述這四項問題構成本研究的範圍，本文將在此範圍之下進行討論。

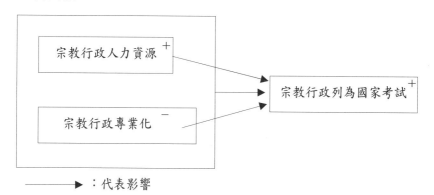

：代表影響

圖1　本研究架構圖

三、文獻回顧

　　有關「宗教行政」列為國家考試的研究，目前尚無專門的論述；倒是對國家「高考」、「普考」及「特考」的研究，累積不少的篇幅；就既有的考試制度，分析其利弊得失。其中以「法制途徑」（legal approach）、「哲學途徑」（political thought approach）、「政府再造途徑」（reinventing government approach）及「公共政策途徑」（public policy approach）較具代表性。而對考試院提出呼籲應設立新的考試類科，大都屬於「市民社會」理論的「需求途徑」（demand approach）提出論辯，茲說明如下：

（一）法制途徑

1. 文官考選制度整體分析（macro analysis）

　　許世榕（2001）的《我國高級文官考選制度之發展-從甲等特考到高考一級》論文中，評估我國高考一級是否可以取代甲等特考高級文官。王玉玲（2002）在《我國中高級文官評鑑與考選之研究—公務人員高等考試一級考試個案分析》一文中，從比較政治研究的觀點，分析英、美、日、德及法等國，理解中高級文官具備的能力，評鑑和考選方式的優缺點，並建議我國應調整高級公務人員高考一級考試考選及評鑑。

　　再如林建瑋（2001）的《我國政府機關科技人員進用法制之評析》論文中，從現有的法制面指出，我國政府機關科技人員進用的基礎，再比較英、美、日、德及法等國科技人員任用

的法制規範，進而建議未來科技人員進用的方法。

張淑芬（1997）對《中共國家公務員制度之探究》及柯賢宗（1992）在《公務人員考選制度之研究——高普考試與退除役特考之比較》這兩篇論文，仍是以法制途徑為主。此外，吳文正（1997）在《國家考試制度之研究——以司法人員考試為例》一文中指出，我國國家考試制度之研究在「應考資格」、「考試命題」、「閱卷」及「複查」制度，仍存在很大的改善空間。

上述這些論文，幾乎皆從「比較法制」及「法哲學」的系絡，站在維護人民基本權益的前提上，展現出作者對考試制度「理想面」的企圖與解讀，較少作科學的「實然面」的「因果關係」（causal relation）分析。這是受限於學科領域，主要是「法律制度」研究，而非「政治科學」研究之故。

唯一比較例外的一篇是蔡良文（1984）在《考試權之發展與實施一甲等特種考試個案分析》的論辯，從「動態」的角度，分析甲等特種考試的出現背景因素，是制度研究類型的另一種「典範」，在政治科學研究當中，可歸之為「新制度主義」（neo-institutionalism）研究範疇。

2. 文官考選制度個體分析（micro analysis）

葉淑芬（2000）的《我國公務人員考選制度之研究－從行政法制公平原則角度之分析》，也是從法制面分析，依行政法的「公平原則」討論公務人員考選制度，在「事前」、「事中」及「事後」三個階段，「應該」如何調整，這也是「法制途徑」的研究。何子倫（1997）在《論國家考試決定之司法審查－以德國法為中心》論文中的論證，則把焦點擺在應考人面臨考試

時，其成績的複查如何處理，是「行政權」的權限，還是「司法權」的權限？研究「行政權」與「司法權」的分際法理上「應該」有何規定；基本上，脫離不了「比較法律」與「比較法哲學」的規範研究。

李震洲（1995）在〈解讀「公務人員高普考試分試制度」〉一文中指出，公務人員高普考試應該採取「分試制度」，主要是將考試程式區隔，在考試過程分第一試與第二試兩階段，前階段考基本學識，後階段以專業知識為考試內容，透過分試達到「強化考試之信度與效度，選拔優秀人才」，「應第二試者人數大幅縮減，可提升閱卷品質」，及「藉著應考科目調整，錄取具宏觀視野的公務人員」等三項目的。

王旭統（1991）的〈談高普考試任用計畫與複查職缺〉文章檢討行政機關應該徹底清查公務人員的職缺，不應匿而不報；讓考試機關可以根據行政機關職缺加以複查後再辦理考試。

吳復新（2000）在〈面談的問題及其改進之道：兼評高考一級口試改革方案〉的論文提出，我國採行高考一級口試方法應提出檢討，因為目前此考試的信度與效度常遭質疑。儘管口試是一項被普遍採行的主要選拔人才方法，但應該採取「集體口試」的評鑑人才方法，避免單獨口試所犯的缺失。

（二）政治哲學途徑

也有從政治哲學面分析「考試權」，這方面的研究大都是從孫中山先生的「理論」，針眨西方及當代我國，如劉性仁

（2000）的《考試權理論與制度之創新研究—兼論與選舉制度之整合》。另外如張家麟（1986）在《國父的專家政治理論》一文，也是從中西政治哲學的角度，比較孫先生與西方政治哲學家如柏拉圖（Polato）、彌勒（J.S.Mill）在用人取才的方法對建構優質政府的影響。

（三）政府再造途徑

對公務人員考選制度整體面的思考尚有與「政府改造」的概念結合，強調「考用合一」、「彈性考試」及「顧客滿意」等原則，用來篩選優質文官，達成政府改造之目標。從比較政府再造經驗，調整考試機關，改進考試制度，採用彈性原則的考試方式，增加各類考試科目的效度與信度，打通文官升遷體制及落實憲法的八十五條公開競爭考試制度的含意。換句話說，文官考選制度如能重視績效、品質、正義以及顧客滿意度四項指標，將可提升政府人力資源的整體運用，達到小而美政府改造的目標。（陳佩利，1998）

（四）公共政策途徑

江明修（2001）在《公務人員教、考、訓、用配合制度之研究》的論文中，從公共行政的角度思考目前公務人員在考、教、訓、用的制度下可能面臨的各項問題，運用專家學者的腦力激盪，針對問題提出具體可行的實踐策略，使教、考、訓、用制度發揮較佳的人才培養、選拔及運用的效果。

（五）需求途徑

　　對於大學畢業生出路，僅有少數幾篇論文對考試院提出呼籲，應增設其「對應」的考試類科，避免「教育」與「考用」脫勾的人才浪費的現象。例如有兩篇論文在討論公共衛生學系畢業生參加國家高普考試的出路，分別為鄭守夏、陳珮青及林佳美（2000.8：309-314）合著的《公衛畢業生的出路越來越差了，真的嗎？》及陳美霞（2000.8：244-249）所著的《有關「公衛畢業生找不到頭路」的另類觀點》。除此外，也有著作討論大學的園藝景觀系畢業生的出路，以淩德麟（1999.12：4-8）的《論造園景觀專業高普考試的必要性》。也有一篇論文探究專科及技術學院培養的放射技術人員出路為討論重點，以宋文娟、陳琇玲及吳珮瑜（1999.10：73-81）合著的《台灣地區醫用放射技術人力培育及供給之調查》一文較具代表性。對於我國圖書資訊人力規劃力求教育、考試及任用三者密切配合的呼聲，以張鼎鍾（1998.2：1-9）在《考銓制度改革聲中圖書資訊人力資源之發展》中論述較為詳實。

　　綜觀上述文獻可以歸納以下幾點事實：

　　1. 對我國公務人員的研究至目前為止尚無論文討論宗教行政應否列為國家考試類科，雖然有相關論文討論大學科系畢業生參加國家高普考試的出路與規劃，但是對於宗教學系暨研究所畢業生被徵選為國家宗教行政公務人員的可能性，因為制度上的缺乏，導致宗教學系畢業生出路的窄化。

　　2. 對國家公務人員的考選制度研究大都從傳統研究法的「法制途徑」及「哲學途徑」作討論，儘管有論文從公共政策

領域及政治系統理論中的需求面分析此議題，卻很少從「科學」方法作調查分析。

　　基於此，本論文在既有公務人員高普考的研究為基礎，在深度訪談宗教行政主管官員之後，（附錄一）收集與宗教行政列為國家考試可行性的相關資料，根據這些資料建構問卷效度，設計本研究調查的問題（附錄二）。

貳、研究方法

一、電話訪談法

　　由於對宗教行政事務熟悉的官員以中央政府內政部民政司宗教科及各縣市政府民政局宗教禮俗科為主，其中又以「科長」較為熟悉，故將其列為受訪對象，共計 25 人。此外全國各大學宗教學系的專任教授，也是本研究的受訪精英，共計 92 人。因為這類人合計只有 117 位，母體不大，因此，本研究採取普查方式，對上述這兩類官員及學者進行訪談。（附錄三）

　　本研究基於時間的壓力，採取「電話訪談法」收集資料，在 2002 年 11 月 4 日到 8 日及 11 月 18 日到 22 日分別成功訪談宗教行政主管官員 18 人，宗教學者 14 人，總共有效問卷為 32 份，（表 1）雖然訪談成功率只有三成，總樣本數超過 30 份以上，故仍具分析的意義與價值。

表 1　電話訪談問卷回收統計表

份　數	類　別		
共　計		教授	官員
32		14	18

資料來源：本研究電話訪談後整理

二、深度訪談法

　　為了使本研究的問卷具有「效度」，研究者在 10 月 25 日對熟悉宗教行政事務的官員做深度訪談，根據深度訪談的內容及相關文獻設計問卷，建立本研究的三個主要概念，分別為「宗教行政列為國家考試的需求性」、「宗教行政官員專業化」及「宗教學系、所畢業生人力資源」。

三、統計分析法

　　（一）信度分析：本研究根據上述三項概念，分別「操作化」電話訪談問卷共計 13 道「量表」題目。（參閱附錄二）再對這 13 道題目以統計套裝軟體 SPSS 做信度分析，去除不具信度的第 11 題及第 12 題這兩道題，保留 11 題作分析。（附錄四）

　　（二）平均數分析：本研究對三個構面的 11 道問題分別求取教授、官員及分項的總平均數。

　　（三）變異數分析：以教授及官員為獨變項，三個構面為依變項，探究教授及官員對此三構面的變異量是否存在顯著差

異。

（四）相關分析：本研究用相關分析解讀宗教行政列為國家考試的需求性是否受宗教行政官員專業化及宗教學系、所畢業生人力資源所影響，嘗試解讀後兩項變數對第一項變數是否存在影響力，並探究其線性關聯。

參、宗教學系、所畢業生人力資源與宗教行政列為國家考試

一、解嚴後宗教學系紛紛設立

最近十二年來我國主管教育部門對於大學設立宗教學系持開放的態度，因此大學設立宗教學系逐漸蔚為風潮。這是因為在政治解嚴的大環境之下，大學自主性升高，過去禁止設立宗教大學的禁忌也跟著鬆綁。從 1990 年輔仁大學設立宗教學系以來，目前已經有十個大學設立宗教學系暨宗教所碩士班，輔仁大學預計在明年招收第一屆宗教研究所博士生。（表 1）

高等教育成立宗教學系、所，這十餘年來也培養出宗教學領域專長的大學和研究所的畢業生，分別為 553 人及 197 人，目前仍在學校就讀的大學生人數為 566 人，研究生人數為 465 人。這些宗教學專長的高等人力畢業之後，很少為國家機關所使用，因為目前國家並未設立宗教行政高考及普考的考試類科，因此這些畢業生並沒有管道進入國家機關服務，就人才培育來說形成人才浪費之嫌。

表 2　各大學宗教學系及研究所學生人數表

校名	已畢業		在學	
	大學生	研究生	大學生	研究生
華梵大學-東方人文研究所		93		158
佛光人文學院		0	9	19
真理大學	173	0	215	26
玄奘大學	0	24	130	55
南華大學		0		28
慈濟大學		0		18
政治大學		0		36
中原大學		0		28
東海大學		0		17
輔仁大學	370	80	215	80
總計	553	197	566	465

資料來源：本研究電話訪談統計。（至 2002 年 11 月底為止）

二、宗教學系、所畢業生素質頗佳

（一）宗教學系、所畢業生人力資源平均數分析

　　「宗教學系、所畢業生人力資源」此概念操作化為「宗教學系的畢業生對宗教學專業知識的具備」、「宗教學研究所的畢業生對宗教學專業知識的具備」、「宗教學的畢業生是否適合擔任國家宗教行政的儲備人才」及「宗教研究所的畢業生是否適合擔任國家宗教行政的儲備人才」，對於這四項問題受訪者皆表達頗肯定的態度。

　　在宗教學系畢業生是否具專業的宗教學知識這項議題，受訪者表達出來的在總分為五的平均數為 3.84，其中教授對其打

的分數為 4.21，官員為 3.56，皆持正向看法；教授的對學生的評價甚至於超過滿意的程度。

至於對宗教研究所的畢業生具備的宗教學專業知識分數更高，平均數為 3.94，其中教授對研究生的評價 4.43，官員的評價為 3.56，兩者皆持正向看法，教授的滿意度已接近最高分。

對宗教學系大學畢業生是否適合擔任國家宗教行政公務人員的儲備人才，其平均值為 3.94 ，受訪者持正向肯定的看法，其中教授的滿意度高於官員分別為 4.43 和 3.56。

對於宗教學研究所畢業的碩士是否適合擔任國家宗教行政儲備人才這項議題，得到的肯定更高，總平均為 4.06，其中教授得分為 4.57，官員得分為 3.67，是這個構面四項問題當中得分最高的項目。（參閱表 3 第 8 到 11 題）

整體來看宗教學系及研究所畢業生的人力資源總平均值為 3.95，（圖 2）顯現出這十二年來大學培養的宗教學系高等人力資源頗為優秀，得到國家宗教行政主管及在大學任教的宗教學術界教授精英頗高評價。

就整體構面來看，教授對宗教系、所畢業生人力資源的評價，平均數為 4.41；官員評價較教授低，但也有 3.59 的正向評價，兩者合計的總平均數為 3.95。此意涵顯現出目前國內宗教系、所的畢業生人力資源得到相當正面的評價，而且接近滿意程度的 3.95 分。

表 3　教授及官員对「宗教系、所畢業生人力資源」的分項平均數表

類型　　平均數 宗教畢業生人力資源	教授 （14 人）	官員 （18 人）	總平均數 （32 人）
宗教系畢業生頗具宗教學專業知識	4.21	3.56	3.84
宗教研究所畢業生頗具宗教學專業知識	4.43	3.56	3.94
宗教系畢業生頗適合擔任國家宗教行政儲備人才	4.43	3.56	3.94
宗教研究所畢業生頗適合擔任國家宗教行政儲備人才	4.57	3.67	4.06
總　　平　　均　　數	4.41	3.59	3.95

（二）教授與官員對宗教系、所畢業生力資源的差異分析

　　從上述平均數的討論當中可以理解教授及官員對宗教系、所人力資源的給分並不一致，其中教授給總平均分數為4.41，官員給的總平均數為 3.59，為理解這兩類人是否對此構面是否存在差異，本研究進一步做變異數分析，發現兩者之間的 F 值為 10.775，顯著值為 0.003，低於 0.05 的顯著水準，表示教授及官員對此構面存在顯著差異。（表 4）

　　這涵意顯現出來教授對宗教學系、所的畢業生充滿高程度的期待，而此期待和官員比較之後，強過官員甚多。換句話說，儘管官員也對宗教系、所的畢業生人力資源持正向看法，但仍低於教授的正向看法甚鉅。

表4 教授及官員对「宗教學系、所畢業生人力資源」的變異數表

	Sum of Squares	df	Mean Square	F	Sig.
Between Groups	63.281	1	63.281	10.775	.003*
Within Groups	176.188	30	5.873		
Total	239.469	31			

* The mean difference is significant at .05 level.

三、宗教學系所畢業生人力資源與宗教行政列為國家考試的關係分析

（一）宗教行政列為國家考試的平均數分析

在討論宗教學系、所畢業生人力資源是否對宗教行政列為國家考試具解釋力之前，應先對宗教行政列為國家考試作平均數分析；然後再將這兩個概念作關係分析。

本研究將宗教行政列為國家考試這個概念操作化為「將宗教行政從一般民政獨立，單獨列為考試類科」、「應增設讓碩士報考的高考二等宗教行政類科考試」、「應增設高考三等宗教行政類科考試」及「應增設宗教行政類科的普通考試」等四個「次概念」。

由平均數分析之後可以理解這四個次概念分別依序得分為：（表5）

1. 將宗教行政從一般民政獨立，單獨列為考試類科 3.94

分。

2. 應增設高考三等宗教行政類科考試 3.75 分。

3. 應增設讓碩士報考的高考二等宗教行政類科考試 3.66
分。

4. 應增設宗教行政類科的普通考試 3.59 分。

對這四項議題教授的期望高於官員，其中對第一項議題
「將宗教行政從一般民政獨立，單獨列為考試類科」教授給分
為 4.29，官員為 3.67；對第二項議題「應增設高考三等宗教行
政類科考試」教授給分為 4.00，官員為 3.56；對第三項議題「應
增設讓碩士報考的高考二等宗教行政類科考試」教授給分為
4.07，官員為 3.33；對第四項議題「應增設宗教行政類科的普
通考試」教授給分為 3.86，官員為 3.39。

由上述平均數統計可以看出教授與官員對設立宗教行政
考試類科期望值都排為第一優先，其中教授又高於官員。對設
立高考二等的行政類科教授期望值排序為第二，官員排序為第
四；換句話說教授認為目前宗教碩士班畢業的同學參加高考二
等宗教行政考試的需求遠強過官員。

相對的對於增設大學畢業即可報考的高考三等宗教行政
類科考試的期望，是比增設碩士畢業的高考二等考試期望高，
但是官員的期望也比教授還低。

至於增設宗教行政類科的普通考試教授的期望較低，但也
比官員的期望稍高。就整體而言，教授對宗教行政列為國家考
試的構面為 4.01，官員為 3.49，總平均值為 3.74，皆對此構面
持正向看法，而且接近「同意」4 分的程度。就宗教行政列為
國家行政的整體需求來看，受訪者皆頗同意應該盡早設立，而

且優先順序應該為先增設高考三等考試，其次為高考二等考試，再來為普通考試。

表5 教授及官員対「宗教行政列為國家考試」的分項平均數表

平均數 \ 類型 宗教行政列為國家考試	教授 （14人）	官員 （18人）	總平均數 （32人）
將宗教行政從一般民政獨立，單獨列為考試類科	4.29	3.67	3.94
應增設讓碩士報考的高考二等宗教行政類科考試	4.07	3.33	3.66
應增設高考三等宗教行政類科考試	4.00	3.56	3.75
應增設宗教行政類科的普通考試	3.86	3.39	3.59
總　　平　　均　　數	4.01	3.49	3.74

（二）教授與官員對宗教行政列為國家考試的差異分析

為進一步理解教授與官員對此構面是否具有差異，將教授及官員列為獨變項，宗教行政列為國家考試的構面為依變項，將此資料輸入 SPSS 統計軟體之後，發現兩者間存在顯著差異，其中 F 值為 7.023，顯著值為 0.013，顯著值遠低於 0.05 的標準，故可以解讀為教授和官員對此構面存在顯著差異。

表 6 教授及官員對「宗教行政列為國家考試」的變異數表

	Sum of Squares	df	Mean Square	F	Sig.
Between Groups	45.125	1	45.125	7.023	.013*
Within Groups	192.750	30	6.425		
Total	237.875	31			

＊ The mean difference is significant at .05 level.

（三）宗教學系所畢業生人力資源對宗教行政列為國家 考試的影響

在釐清宗教行政列為國家考試的平均數以後，本研究進一步探討「宗教學系所畢業生人力資源」對「宗教行政列為國家考試」的影響。將宗教學系、所畢業生人力資源列為獨變項，觀察其對宗教行政列為國家考試是否具有「正相關」，並進一步探索其相關係數。

研究發現用宗教系所畢業生人力資源來講獨宗教行政列為國家考試具有顯著的顯示能力，其值為 19.398，顯著值為 0.000，顯著值低於 0.05。（表 7）

表 7 宗教學系所畢業生人力資源與宗教行政列為國家考試的變異數表

ANOVA[b]

Model		Sum of Squares	df	Mean Square	F	Sig.
1	Regression	93.411	1	93.411	19.398	.000[a]
	Residual	144.464	30	4.815		
	Total	237.875	31			

a. Predictors: (Constant), 第四構面和

b. Dependent Variable: 第一構面和

用宗教系、所畢業生人力資源（dim4）解讀宗教行政列為國家考試的需求性（dim1），發現其線性關係方程式為：（參閱附錄五）

dim1＝5.081+0.625dim4

其含意為每增加一個單位的 dim4，就增加 0.625 單位的 dim1，換句話說每增加一個單位的宗教系所畢業生人力資源，宗教行政列為國家考試的必要性就增加 0.625 單位。

表 8　宗教學系所畢業生人力資源與宗教行政列為國家考試的相關係數表

Model Summary

Model	R	R Square	Adjusted R Square	Std. Error of the Estimate
1	.627ᵃ	.393	.372	2.1944

a. Predictors: (Constant), 第四構面和

由表 7 得知 dim4 解讀 dim1 兩者呈現正相關，再由表 8 得知 R 值為 0.627，R Square 值為 0.393。（表 8）將 R 值與 R Square 值和 dim4、dim1 可以繪成以下關係路徑圖。（圖 2）

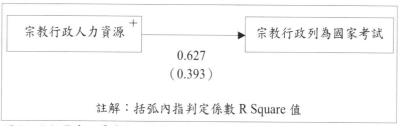

圖 2　宗教學系所畢業生人力資源與宗教行政列為國家考試的關係路徑圖

　　由上圖的判定係數可以理解宗教系、所人力資源對宗教行政列為國家考試必要性具有 39.3%的解釋力，而且兩者呈現正相關，換言之用 dim4 解讀 dim1 具有近四成的解釋力，其餘六成則是受其他變數影響。

肆、宗教行政官員專業化與宗教行政列為國家考試

一、宗教行政官員日趨「邊陲化」

（一）宗教行政主管上級單位不重視宗教業務

　　我國在中央政府及地方政府的宗教行政官員的上級單位，如各縣市政府的民政局局長對於宗教行政業務較不重視，而且對宗教行政業務頗多負面印象。會計單位在審核宗教行政業務的預算時，也認為這些業務較不急迫，因此容易對預算大幅度刪減，導致國家宗教行政業務推動頗為困頓。（深度訪談資料：編碼 001）

　　如果中央及地方政府的上級單位只有在選舉時候為了拉攏宗教團體的選票，才重視宗教活動與業務，並無助於我國國家機關對宗教活動的管理。（深度訪談資料：編碼 001）不只在選舉期間，在平時國家機關仍應關注民間社會中宗教團體「多元化」及「複雜化」的活動與現象；不僅如此，尚應該考量將宗教行政從民政單位獨立出來，成立專責機構，以應付目

前逐漸增加的宗教團體活動。

（二）宗教行政官員流動性強

　　從既有的宗教行政官員資歷來看，懂宗教業務的官員並不多，主要原因在於宗教業務繁雜，得處理像祭祀公業財產的糾紛，因此當「新進」宗教行政官員承辦此複雜的業務時，壓力頗大。當官員沒有宗教行政專業能力，又是新手，面臨接踵而至的宗教侵權問題與糾紛，常常造成其離職的主要原因。（深度訪談資料：編碼 001）

　　在全國地方宗教行政主管官員中，鮮少資歷超過三年以上；換句話說，主管宗教的官員幾乎都是新手上路，導致宗教行政官僚體係在上級不重視，下級業務不熟的狀況之下，宗教行政業務推動頗不順暢。（深度訪談資料：編碼 001）在本研究調查發現，宗教行政官員平均任職為 1.85 年，（表 9）再進一步將宗教行政官員與年資作交叉，發現任職一年者佔 55.6%，任職二年者佔 33.3%，任職三年者佔 11.1%。在受訪對象中，沒有官員的資歷超過四年以上；至於資深的宗教行政官員，根據深度訪談的理解，大概只剩下中央政府行政院內政部民政司的宗教科及中部辦公室的主管官員的少數幾位。（深度訪談資料：編碼 001）

表 9　宗教行政官員平均任職時間表

	N	Minimum	Maximum	Mean	Std. Deviation
職務時間	13	1	3	1.85	.90

　　由於宗教行政主管的上級單位沒有計畫及系統的培養縣市政府宗教行政基層官員，常導致宗教行政業務的斷層；因為宗教法規及行政命令相當龐雜，如果沒有長期仔細理解，很難推動宗教行政業務。

　　如果上級主管官員隨便搪塞不具宗教行政能力的官員到宗教輔導科工作，而這些人才對宗教行政事務不一定深感興趣，在加上業務壓力龐大時，就容易跳槽到其他單位，對宗教行政業務的管理形成斷層。就國家機關而言，既形成人才的誤用與閒置，更造成宗教行政業務推動不易的窘境。

二、宗教行政官員專業化尚可

（一）宗教行政官員專業化的平均數分析

　　雖然在深度訪談的資料顯示，宗教行政主管官員在縣市政府平均在職年資不到二年，其專業能力如何，則有待於進一步解答。本研究對「宗教行政官員專業化」此概念操作化為「行政院內政部主管宗教行政官員皆頗熟悉其業務」、「縣（市）政府主管宗教行政官員皆頗熟悉其業務」及「宗教行政官員應從宗教行政類科考試及格選拔」等三個項目。

　　在調查教授及官員對此構面之後，發現分數不高，其總平均值為 3.56 分，遠低於「宗教系、所畢業生人力資源」構面的 3.95 分，也低於「宗教行政列為國家考試」構面的 3.74 分。對「宗教行政官員專業化」三個細項的平均值依序為：（表 10）

　1. 宗教行政官員應從宗教行政類科考試及格選拔 4.00 分

2. 行政院內政部主管宗教行政官員皆頗熟悉其業務 3.56 分

3. 縣（市）政府主管宗教行政官員皆頗熟悉其業務 3.13 分

　　教授對此構面的滿意度平均值為 3.33，低於官員的 3.74，其含意為教授對宗教行政官員的專業化持中立偏右一點的立場，而官員對其是否專業化則持近乎滿意的程度。教授對「縣（市）政府主管宗教行政官員皆頗熟悉其業務」持頗不同意的看法，只給 2.36 分。官員對此則給自己 3.72 分，接近滿意程度；兩者之間看法頗有出入。教授對於「行政院內政部主管宗教行政官員皆頗熟悉其業務」給 3.07 分，官員則給 3.94 分幾乎達到滿意程度。至於對「宗教行政官員應從宗教行政類科考試及格選拔」這個項目教授期待頗高給 4.57 分超過「同意」程度而接近「非常同意」；官員對此則給 3.56 分也接近同意程度。

　　由上面敘述統計理解，教授對「宗教行政官員應從行政類科考試」期待頗深；這個呼聲也得到官員的認同，兩者的平均值為 4 分。此意味著相當高程度的希望未來國家機關應該慎重思考宗教行政官員的專業化培養，其方法可以從設立宗教行政類科考試之後，官員的徵選來自此類科考試及格者。

表 10　教授及官員對「宗教行政官員專業化」的分項平均數表

宗教行政官員專業化 \ 平均數 類型	教授（14 人）	官員（18 人）	總平均數（32 人）
行政院內政部主管宗教行政官員皆頗熟悉其業務	3.07	3.94	3.56
縣（市）政府主管宗教行政官員皆頗熟悉其業務	2.36	3.72	3.13
宗教行政官員應從宗教行政類科考試及格選拔	4.57	3.56	4.00
總 平 均 數	3.33	3.74	3.56

（二）敎授與官員對宗敎行政官員專業化的差異分析

　　教授及官員對「宗教行政官員專業化」此構面平均數，是否具有顯著差異，經過變異數分析之後發現其值高達 30.537，顯著值為 0000，遠低於 0.05 的顯著標準，（表 11）因此教授及官員對此構面存在頗大的不同見解。

表 11　教授及官員對「宗教行政官員專業化」的變異數表

	Sum of Squares	df	Mean Square	F	Sig.
Between Groups	78.125	1	78.125	30.537	.000*
Within Groups	76.750	30	2.558		
Total	154.875	31			

＊　The mean difference is significant at .05 level.

三、宗教行政官員專業化與宗教行政列為國家考試的關係分析

　　會理解宗教行政官員專業化這項概念是否與宗教行政列為國家考試呈顯著相關，本研究將前者當作解釋變項，後者為被解釋項，發現其 F 值為 6.049，顯著值為 0020，顯著值遠低於 0.05 的標準，兩者存在顯著關係。（表 12）

表 12　宗教行政官員專業化與宗教行政列為國家考試的變異數表

ANOVA[b]

Model		Sum of Squares	df	Mean Square	F	Sig.
1	Regression	39.915	1	39.915	6.049	.020[a]
	Residual	197.960	30	6.599		
	Total	237.875	31			

a. Predictors: (Constant), 第三構面和
b. Dependent Variable: 第一構面和

表13 宗教行政官員專業化與宗教行政列為國家考試必要性的線性關係表

Coefficients a

Model		Unstandardized Coefficients		Standardized Coefficients		
		B	Std. Error	Beta	t	Sig.
1	(Constant)	20.109	2.151		9.348	.000
	第三構面和	-.508	.206	-.410	-2.459	.020

a. Dependent Variable: 第一構面和

　　在表 13 當中的 B 值為-0.508，Beta 值為-0.410，t 值為-2.459，意味著 dim3（宗教行政官員專業化）與 dim1（宗教行政列為國家考試）的「負相關」。換句話說，「宗教行政官員專業化越差，宗教行政列為國家考試的需求性越強」，此項命題證實了本研究的假設。因為在深度訪談當中，受訪者對目前宗教行政的基層官員專業化不足頗為憂心，所以本研究在作研究設計之初，及思考勾連此兩項概念，建構「宗教行政官員專業化越差，宗教行政列為國家考試的需求性越強」的假設。

　　但是兩者之間的相關並不強列，其判定係數 R 值只有0.168，可以理解宗教行政官員專業化對宗教行政列為國家考試必要性具有 16.8% 的解釋力。換言之用 dim3 解讀 dim1 具有近一成六八的解釋力，其餘八成32 則是受其他變數影響。

　　用宗教行政官員專業化（dim3）來解釋宗教行政列為國家考試必要性（dim1），發現其關連顯著，其線性關係方程式為：

dim1＝20.109-0.508dim3

　　其含意為每增加一個單位的 dim3，就減少 0.508 單位的dim1，換句話說每增加一個單位的宗教行政官員專業化，宗

教行政列為國家考試的必要性就減少 0.508 單位。

表 14　宗教行政官員專業化與宗教行政列為國家考試的相關係數表

Model Summary

Model	R	R Square	Adjusted R Square	Std. Error of the Estimate
1	.410[a]	.168	.140	2.5688

a. Predictors: (Constant), 第三構面和

　　由表 14 得知 R 值為 0.410，R Square 值為 0.168。將 R 值與 R Square 值和 dim3、dim1 可以繪成以下關係路徑圖。（圖 3）

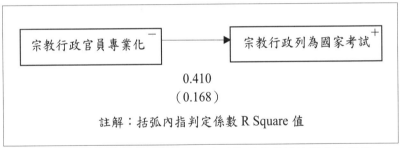

圖 3　宗教行政官員專業化與宗教行政列為國家考試的關係路徑圖
資料來源：本研究整理。

伍、結論

　　在本研究的假設當中證實了「宗教學系、所畢業生人力資源對宗教行政列為國家考試需求性」的假設，用前項概念解讀宗教行政列為國家考試的需求性具有將近四成的解釋力，而且成正相關。

對宗教行政專業化與宗教行政列為國家考試間的關聯，本研究也證實了兩者呈現負相關，用前項概念解讀宗教行政列為國家考試的必要性只有一成六八的解釋力。

將宗教學系、所畢業生人力資源及宗教行政官員專業化兩項概念當作影響宗教行政列為國家考試需求性的共同解釋變數，經過多變量分析發現並沒有辦法增加原有上述兩項概念單獨對宗教行政列為國家考試的解釋力；因此，本研究將原有假設放棄。

教授及官員對「宗教行政列為國家考試的需求性」、「宗教行政官員專業化」及「宗教系、所畢業生人力資源」三個構面的平均數存在顯著差異。其中教授對宗教行政官員專業化這個構面的平均數遠低於官員對自己的評價。教授對宗教行政列為國家考試的必要性及宗教系、所畢業生人力資源這兩個構面期待高於官員的期待，而且兩個構面的平均數皆接近滿意四分的同意程度。（圖4）

如果我國在宗教學系、所畢業生人力資源越來越充沛的情況之下，國家機關應該正視目前主管宗教行政官員對此現象的正面評價，況且各大學中的宗教學系教授也頗滿意其所培養的學生。在不讓人力資源閒置，及「教考合一」的理想要求下，考試院主管官員站在為國舉材的立場上，應主動設立宗教行政考試類科，以嘉惠學子，讓其有為國服務的機會。

況且從現實的調查理解到目前我國除了中央政府主管宗教行政官員較具專業化以外，各縣市政府的宗教主管官員專業化能力有待加強，其主要原因在於各縣市民政局局長對宗教禮俗科的科長及科員的調動並未考量其專業能力，再加上我國宗

教行政業務日趨「多元化」及「龐雜化」的壓力下，導致地方宗教行政主管官員的資歷短，流動性強，而無法使其業務傳承，為當前宗教行政專業化的最大隱憂。

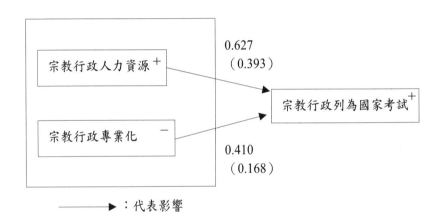

：代表影響

圖 4　本研究線性關係路徑圖

附錄一：深度訪談摘要

訪談對象編碼	時間/地點	內容摘要
001	2002.10.25 pm.0300-0500 台北市 YMCA 會館	上級不重視，導致相關單位（如：會計、人事、研考…等）亦不重視。 　　上級對宗教業務較不重視，且其對宗教的印象多為負面。另又因對政治、律法等議題興趣頗高，故不被重視。 　　會計單位亦認為宗教業務較不急迫。 　　政教關係應採若即若離的方式。 　　長官較不重視專業，此現象特別在地方較為嚴重，導致人員的配置經常更動，亦因此才上任的人員常因尚未熟悉業務又被調至新單位，而無瞭解當下業務的學習心。 　　宗教業務繁雜，人員不願參與，流動性大，又常因私權、財產問題甚至在多年後還需提至法院答詢。（如：祭祀公業…）但新進人員多被要求接此類案件。 　　宗教系所人才，因有正知正見是較為適任，這人才最好是自己有興趣最適任，特別是地方辦公人員特別嚴重。 　　官僚制度下 1.不重視 2.不懂，導致無意願辦此業務。 　　寺廟爭執，承辦人員多不願承辦。 　　每年六次研習，在公務員人力發展中心開辦 1.宗教輔導班 2.祭祀公業，訓練到手軟，每回多是新面孔，甚至到最後團體比承辦人員還懂。所以，最後有許多承辦人員還得聽團體建議如何辦理。

建議成立宗教司，科員政治（薦九），使中央政治地方化。

選舉前才較為重視宗教，因為要利用宗教團體的力量，事實上，宗教是重要的社會現象。

「專業化」應將宗教提為專責機構化，如中共對其境內各宗教皆有深入研究。

宗教良性發展是要事先融合，宗教對話是預防以避免紛爭。

宗教對話做得不錯的如「中華民國宗教和平協進會」馬天賜神父、淨心長老。

整個宗教業務承辦人較無法發揮，應拓展橫的聯繫（如：宗教與社會司），政府與宗教間的交流，宗教資源的分配（如：晨曦會）。

最大阻力在於會計與法規兩部分，案件請示多依法規而無法解套。

修內政部之法，宗教白皮書、宗教司（4 科）、立法院一讀（後因屆期滿而停滯）、宗教禮俗司。

無專業人才導致宗教資源浪費（無引導），宗教資源的輔導、專業性及人才的應用，官員專責，應瞭解各宗教內容。

資源流失至國外蓋道場，特別是本土宗教要對外發展情況特別嚴重。

宗教邦交國甚至多於外交部，兩岸文教交流亦含宗教交流。

強化宗教服務品質，行政人員的心態較為重要。

附錄二：問卷

「宗教行政」列為國家考試可行性研究之問卷

先生/小姐您好：

我是真理大學宗教學系的訪問員，為了瞭解宗教行政列為國家高普考試的可行性，特別進行這項電話訪問，是否可以耽誤您幾分鐘的時間來請教您幾個問題。

壹、個人基本資料

（填答方式：請在適當位置上以「✓」表示，在____以簡要文字說明）

一、性別：□男 □女

二、年齡：_____歲

三、教育程度：□高中（職） □大學 □碩士 □博士 □其他_____

四、公務人員等級：■_____職等公務員

五、教授等級：□教授 □副教授 □助教授 □講師

六、中央或地方公務人員：□中央 □地方

七、擔任此項職務時間：□ 1 年內 □ 2 年□ 3 年□ 4 年□ 5 年以上

貳、「宗教行政」列為國家考試可行性研究之問卷內容

（填答方式：請在適當位置上以「✓」表示）

一、未來宗教行政列為國家考試的需求性，請問您是否同意下列陳述：

項 目	非常同意	同意	無意見	不同意	非常不同意
●國家應將宗教行政從一般民政獨立出來，單獨列為考試類科	□	□	□	□	□
●國家應增設宗教行政類科的高考二等考試（碩士學歷報考）	□	□	□	□	□
●國家應增設宗教行政類科的高考三等考試（學士學歷報考）	□	□	□	□	□
●國家應增設宗教行政類科的普通考試（高中學歷報考）	□	□	□	□	□

二、未來宗教行政列為國家考試的適當時間，請問您的看法：

●宗教行政高考二等考試列入國家考試類科的適當時機：
　　□一年 □二年 □三年 □四年 □五年 □不考慮列入考試
●宗教行政高考三等考試列入國家考試類科的適當時機：
　　□一年 □二年 □三年 □四年 □五年 □不考慮列入考試
●宗教行政普通考試列入國家考試類科的適當時機：
　　□一年 □二年 □三年 □四年 □五年 □不考慮列入考試

三、對於宗教行政官員應該專業化，請問您是否同意下列陳述：

項目	非常同意	同意	無意見	不同意	非常不同意
●目前國家在中央部會主管宗教行政官員皆頗熟悉其業務	□	□	□	□	□
●目前國家在地方主管宗教行政官員皆頗熟悉其業務	□	□	□	□	□
●未來篩選國家宗教行政官員應從宗教行政類科考試及格選拔	□	□	□	□	□
●目前中央內政部長官會依官員專長任命主管宗教行政官員	□	□	□	□	□
●目前縣市民政局長官會依官員專長任命主管宗教行政官員	□	□	□	□	□

四、宗教學系、所畢業生人力資源，請問您是否同意下列陳述：

項目	非常同意	同意	無意見	不同意	非常不同意
●宗教學系畢業生頗具備宗教學專業知識	□	□	□	□	□
●宗教學研究所畢業生頗具備宗教學專業知識	□	□	□	□	□
●宗教學系畢業生頗適合擔任國家宗教行政儲備人才	□	□	□	□	□
●宗教學研究所畢業生頗適合擔任國家宗教行政儲備人才	□	□	□	□	□

問卷到此結束，謝謝您的寶貴意見　祝您健康快樂。

附錄三：各學大學宗教學系及研究所教授人數表

校名		專任	兼任
真理大學	研究	7	6
	大學	7	11
政治大學	研究	2	14
	大學		
華梵大學	研究	10	
	大學		
慈濟大學	研究	5	13
	大學		
南華大學	研究	17（未分）	
	大學		
東海大學	研究	9	5
	大學		
玄奘大學	研究	8	3
	大學	7	1
佛光人文學院	研究	14（未分）	
	大學		
輔仁大學	研究	5	8
	大學	8	4
中原大學	研究	5	11
	大學		

附錄四：本研究問卷信度分析表

構面	項目	Cronbach α 係數	
		分量表	總量表
宗教行政列為考試的需求性	1. 宗教行政應從一般民政獨立出來	.6683	.8019
	2. 國家應設讓碩士報考的宗教行政高考二等考試	.7404	
	3. 國家應設宗教行政高考三等考試	.6501	
	4. 國家應設宗教行政普通類科考試	.4252	
宗教行政官員專業化	8. 內政部宗教行政官員皆頗熟悉其業務	.3287	.6184
	9. 縣（市）政府宗教行政官員皆頗熟悉其業務	.5545	
	10. 篩選宗教行政官員應從宗教行政考試及格選拔	.4113	
宗教學系、所畢業生人力資源	13. 宗教學系畢業生頗具備宗教專業知識	.6830	.8776
	14. 宗教學研究所畢業生頗具備宗教專業知識	.7372	
	15. 宗教學系畢業生頗適合擔任宗教行政儲備人才	.7896	
	16. 宗教學研究所畢業生頗適合擔任宗教行政儲備人才	.7424	
整體項目		.8734	

附錄五：宗教學系、所人力資源與宗教行政 列為國家考試需求性的線性關係表

Coefficients [a]

Model		Unstandardized Coefficients		Standardized Coefficients	t	Sig.
		B	Std. Error	Beta		
1	(Constant)	5.081	2.271		2.237	.033
	第四構面和	.625	.142	.627	4.404	.000

a. Dependent Variable: 第一構面和

資料來源：本研究電話訪談後整理

附錄六：宗教行政官員等級與年資交叉表

			公務人員等級				Total
			六職等	八職等	九職等	十一職等	
職務時間	一年	Count	1	2	2		5
		% of Total	11.1%	22.2%	22.2%		55.6%
	二年	Count		2		1	3
		% of Total		22.2%		11.1%	33.3%
	三年	Count		1			1
		% of Total		11.1%			11.1%
Total		Count	1	5	2	1	9
		% of Total	11.1%	55.6%	22.2%	11.1%	100.0%

參考資料

期刊論文

吳復新，2000.06，〈面談的問題及其改進之道：兼評高考一級口試改革方案〉，《空大行政學報》，第 10 期 ，頁 27~67。

張鼎鍾，1998.02，〈考銓制度改革聲中圖書資訊人力資源之發展〉，《圖書與資訊學刊》，第 24 期，頁 1~9。

張鼎鍾，1998.02，〈考銓制度改革聲中圖書資訊人力資源之發展〉，《圖書與資訊學刊》，第 24 期，頁 1~9。

鄭守夏 陳珮青 林佳美，2000.08，〈公衛畢業生的出路愈來愈差了，真的嗎？〉，《中華公共衛生雜誌》，第 19 卷：第 4 期，頁 309~314。

凌德麟，1999.12，〈論造園景觀專業高普考試的必要性〉，《造園季刊》，第 33 期，頁 4~8。

李震洲，1995.11，〈解讀「公務人員高普考試分試制度」〉，《人事行政》，第 115 期，頁 7~10。

王旭統，1991.12，〈談高普考試任用計畫與複查職缺〉，《人事月刊》，第 13 卷第 6 期，頁 67~71。

陳美霞，2000.08，〈有關「公衛畢業生找不到頭路」的另類觀點〉，《中華公共衛生雜誌》，第 19 卷第 4 期，頁 244~249。

江明修，2001，〈公務人員教、考、訓、用配合制度之研究〉，摘引自考試院研究發展委員會編印《考試院研究發展委員會專題研究報告彙編》（四），台北市：考試院。

博碩士論文

王玉玲，2002，《我國中高級文官評鑑與考選之研究—公務人員高等考試一級考試個案分析》，國立政治大學中山人文社會科學研究所博

士論文。

林建璋，2001，《我國政府機關科技人員進用法制之評析》，國立政治大學公共行政學系碩士論文。

許世榕，2001，《我國高級文官考選制度之發展-從甲等特考到高考一級》，國立政治大學公共行政學系碩士論文。

葉淑芬，2000《我國公務人員考選制度之研究—從行政法制公平原則角度之分析》，國立政治大學公共行政學系碩士論文。

劉性仁，2000《考試權理論與制度之創新研究—兼論與選舉制度之整合》，中國文化大學中山學術研究所碩士論文。

陳佩利，1998，《我國現行文官考選制度之研究—政府再造之觀點》，國立台灣大學政治學研究所碩士論文。

何子倫，1997，《論國家考試決定之司法審查—以德國法為中心》，國立中興大學法律系碩士論文。

張淑芬，1997，《中共國家公務員制度之探究》，國立政治大學東亞研究所碩士論文。

吳文正，1997，《國家考試制度之研究—以司法人員考試為例》，國立中興大學（台北）法律研究所碩士論文。

柯賢宗，1992，《公務人員考選制度之研究—高普考試與退除役特考之比較》，東海大學公共行政學系碩士論文。

張家麟，1986，《國父的專家政治理論》，國立台灣師範大學三民主義研究所碩士論文。

蔡良文，1984，《考試權之發展與實施一甲等特種考試個案分析》，國立政治大學三民主義研究所博士論文。

第五章　宗教團體與國家互動研究 ——以明德戒治分監教化 活動為焦點

一、前言

　　台灣失業率節節攀升，治安亮起紅燈，在歷次的民調中，治安皆名列民眾關心的主要議題之一；犯罪率因失業率增高而相對增加，受刑人囚禁在監，國家為使受刑人出監後，仍然可以回歸正常生活，我國的刑事政策乃相當重視在監獄中對受刑人的教化活動，它是監獄管理相關活動中的一個重要環節。監獄管理好壞，與犯人出監後的再犯罪率息息相關，其中良善的監獄教化活動，又是影響再犯罪率降低的關鍵性角色。

　　既然監獄的教化活動成敗，是犯人出監後再犯罪率高低的主因，本文乃思考在法務部所屬二十三所監獄、十五所看守

所、四所技能訓練所、四所少年觀護所及四所矯正學校中（法務部，http://www.tpt.moj.gov.tw/B200/cb200B.htm）挑台南監獄明德外役監的明德戒治分監，深入探討此問題。然而，在不同的監獄囚禁不同類型的受刑人，國家也設計各種性質不同的教化活動；其中又可簡單區分為國家機關與民間團體對受刑人的教化活動兩大類。民間團體在監獄對受刑人從事教化活動，又以宗教團體活動頻率較高，而比較為人所注意。在二十三所監獄中，至少有十四所監獄宗教團體活動頻繁，這也是本文以宗教團體在監獄對受刑人從事教化活動為焦點的主要原因。

基於上述，本文分五個章節說明：

1. 前言

2. 文獻探討

3. 研究設計

(1) 研究問題

(2) 資料蒐集

4. 問題檢證與分析

(1) 互動原因：宗教團體進入明德戒治分監之分析

(2) 互動模式：宗教團體進入明德戒治分監後與獄方的模式

(3) 互動影響：宗教團體進入明德戒治分監活動效果之分析

5. 結論

二、文獻探討

我國監獄容許民間團體進入從事教化受刑人的活動，從民國七十年代初期至今已有約二十年的歷史。（編號 002 深度訪

談稿）長期以來，宗教團體以基督教更生團契、天主教及佛教佛光山對監獄受刑人的教化活動始終相當關心。而在既有的監獄研究當中，很少從宗教團體的角度，研究監獄的管理與教化。可以分為下列幾類性質的研究：

（一）法制主義（institutionalism）取向

有關監獄的管理與教化的研究，法制主義是非常重要的一項傳統的描述研究取向。像彭冀湘在 1991 年的〈監獄教化制度之研究〉，林建陽、任全鈞在 1997 年的〈監獄區域管理制度的介紹〉，林建陽 1997 年的〈監獄矯治問題之研究〉，任全鈞在 1998 年的〈矯治成效論的過去、現在與未來〉等論文，都是以監獄管理制的法規制度為主，比較接近「靜態的」的描述。

此種描述以法律、規定及歷史文獻資料為主，固然仍屬科學活動，但並非目前社會科學研究的主流，以監獄管理制度的科學研究來看，應可考慮作監獄管理制度變遷的「動態」原因分析；或是以「新制度主義」（neo-institutionalism）角度，視監獄管理制度為獨變數，理解此制度對國家官僚、受刑人，及其政策（行為）選擇。甚或以監獄管理制度為一結構來思考，嘗試運用「結構主義」（Wendt, 1991）、意向論（Dunleavy, 1911：2-7；Konpoulos, 1993：89-90）、結構理論（Giddens, 1984；Cerny, 1989；Wharton, 1991）及批判實在論（Sayer, 1992；Jessop, 1990；David Marsh & Gerry Stoker, 1998：263-274）等理論觀點，分析監獄管理制度對行為者的影響，及行為者在其理性選擇下，受監獄管理制度的制約，而後作出決定。

（二）監獄管理實務取向

在此類研究中，以林茂榮、楊士隆在 1997 年合著的「監

獄學—犯罪矯正原理與實務」，楊士隆、林健陽在 1997 年主編的「犯罪矯治—問題與對策」，林健陽在 1999 年的「監獄矯治—問題之研究」最具代表性。都是從監獄的「合理管理」為主軸，站在「國家管理受刑人的立場」及「受刑人對國家管理的反應」研究監獄對受刑人的矯治活動所產生的問題，及思考如何解決這些問題。

雖然稱為「監獄學」，有犯罪矯正「原理」的討論，分析意識型態與犯罪矯正的關係、犯罪矯正的效果等「科學」的理論建構，但是篇幅不多，這幾篇論文仍然偏向「實務問題」的討論及解決，就「監獄學」要變成一門科學的學科而言，仍嫌「理論匱乏」，這表示其仍有相當大成的長空間。

（三）教化成效的實證主義取向

對於國家在監獄的教化成效的研究，西方在此討論頗多，歸納來看分為三種理論：

1. 教化有效理論

（1）**教化成功機率高**：此派說法以 T. Palmer 為主，他認為只要對受刑人作個別諮商、團體療法及社區心理治療等教化措施，則受刑人將有 48%以上的成功率，得到矯治成功。（Palmer, 1978）（2）**減少受刑人再犯比率**：此派說法以 Warrer 為代表，他認為由專業輔導員對受刑人從事密集式的監督輔導，而輔導前先將受刑人依人格類型加以分類，則輔導的效果可減少52%的受刑人重新再犯罪。換句話說，經過對受刑人的分類，再施以合適的專業輔導將可使受刑人再犯罪率降低。（3）**動機論**：Cullen ＆ Gilbert 認為教化是國家照顧受刑人的唯一合法管道，而受刑人長久以來的潛在動機使人改過遷善，而此動機有

助於矯正機構之人性化（Cullen & Gilbert, 1982）（4）**利益論：**
Cullen & Wozniak 認為批評教化有效者根本沒有真正關心過
受刑人，國家機關只有將受刑人施以矯治教化，才能使受刑人
和國家雙方均得到真正的利益。（Cullen & Wozniak, 1982）（5）
肯定矯治效果論：Jeffrey & David 認為不能因為不瞭解矯治單
位的矯治工作就否定矯治效果，如此將使矯治單位的工作人員
萌生逃避責任的想法，結果使受刑人越變越壞，因此我們絕不
可放棄教化。（Jeffrey & David, 1992）

　　2. 教化無效理論

　　對受刑人施予教化部分學者如 Ward（1973）、Wilson
（1980）、Macnamara（1977）皆認為效果不大。像 Martison
就提醒紐約州州長及防制犯罪特別委員會，指出教化受刑人是
無效的，整個刑事政策的矯治教育有待檢討。Ward 更感慨的
提出，接受教化比不接受教化的受刑人對監獄管理人員較不友
善，違規紀錄較多，違反假釋條件較高，出監後再犯率也較高。
Wilson 比較管理寬鬆與管理嚴格的二個監獄之後，其者重視
教化，後者重視戒護，但是二作監獄受刑人在出監之後再犯罪
的比例幾乎沒有差異。Macnamara 認為受刑人幾乎是經過二、
三十年社會負面的社會化，已經染上惡習，所以任何醫療模式
的教化行為，皆無法改變受刑人根深蒂固的反社會行為。

　　上述這二派理論幾乎持完全相反的論調，而且各有其實證
調查的數字為依據，彼此相互批判，也造成監獄管理的兩類重
要哲學，第一類認為受刑人可以透過教化而將其改變，相信人
經過教育之後學習向善的可能。第二類哲學則認為受刑人已經
長久的負面學習，根本不可能經過教化而有所改變。在這二種

論證之外，尚有折衷派的說法，茲再分析如下。

3. 折衷論

　　對受刑人施以教化是否有效，折衷論在此立場上持部分肯定的看法。D. Glaser（1973）就認為犯罪者本身的條件，像前科少、熱心參與、對犯行具有悔意和容易與人溝通的受刑人，其比較容易接受教化而矯治成功。S. Adams（1961）則提出比較可能矯治成功的青少年受刑人其人格特質是比較聰明、能溝通及熱心參與。M. L. Smith & G. V. Glass（1977）聰明的患者比愚笨的患者容被矯治成功。Andrew & Kiessling（1980）則提出受刑人接受教化矯治成功的條件是⑴排除強迫式，使受刑人參加各重教化活動；⑵應注意受刑人的需求；如此則矯治比較可能成功。Ross & Mckay（1982）矯治成功應具有幾項條件⑴管教人員中立；⑵利用受刑人同儕團體的力量；⑶目標行為的設立標準恰當；⑷對受刑人施予適當的矯治等，如果針對這幾點加以改進，則教化效果將可凸顯。

　　上述三種教化的實證研究，經常被當作「理論假設」，用來檢驗台灣監獄「教誨」的問題。如莊金生在 1997 年〈從受刑人擁擠之現況談和「假釋」問題〉、〈台灣地區監獄受刑人教化處遇成效問題之實證研究〉，鄭善印、蔡田木、曹光文在 1999 年〈台灣地區組織犯罪受刑人矯治處遇之實證研究〉，和林秀娟在 1999 年〈台灣地區監獄教化功能與戒護管理效能之研究〉等四篇論文較具代表。

　　這四篇論文有兩點共同特色：⑴以實證主義的角度研究，運用抽樣技術搜集資料，以推論統計分析教化效果；⑵以台灣區各個監獄為研究對象，企圖全面的理解國家在監獄對

受刑人教化成效。

　　但是也有其缺失：(1)「監獄學」以實證研究取向來建構，應該是一正確的發展方向，但是，「監獄學」目前教化研究仍未能累積一定的通則，而且它似乎和當今的「政治學」、「社會學」、「心理學」、「公共政策學」、「管理科學」等主要社會科學的學科尚未作大規模的科際整合。(2)此外，這四篇事實資料搜集頗多，理論分析太少，犯了方法學上「事實跨大主義」之弊，如果無法搜集理論系絡中的事實資料，並且從事實資料歸納出理論，則此資料是沒意義的累積，也是研究的重大缺失。(3)不但如此，台灣各個監獄對受刑人教化方式甚為「紛歧」，研究之前應該歸納不同類型監獄的管理模式，再比較監獄對受刑人教化成效，則才可得到較具解釋力的教化理論。

　　（四）監獄的「行政革新」取向

　　「行政革新」──政府再造的研究，在公共行政、政治學界目前仍舊是炙手可熱的主題，為了追求「小而美」的政府，未來政府類型應該是小而有效能，為達到此目標，應將企業化模式引入政府，或將公部門業務轉給民間經營。

　　林健陽、黃蘭媄在 1997 年及賴擁連在 2000 年，就是受到「行政革新」──政府再造的影響，以「矯正機構委託民營的可行性」為主題進行研究；認為未來應該有配套措施，再將監獄委託民營，而此視為國家未來的方向。

　　筆者以為如果欲理解監獄的「行政革新」，則應以科學方法尋求監獄委託民營的意識型態，而非一廂情願的主觀願望。如研究與監獄有關的主管官員、民意代表及學者，對此的主觀感受，或從政黨途徑切入，分析各政黨對此的可能主張，再用

統計方法評估其主觀感受的可能影響，都是很好的研究取向。

（五）監獄的市民社會理論取向

至於以市民社會的角度探索宗教團體在監所所從事教化活動的事實及其影響，目前僅有兩篇論文，一篇為朱台芳在1992年的「監牧關懷：對台灣天主教會監牧工作之研究與反省」的論文；另一篇是釋慧寬在1995年發表的「佛教對監獄教誨功能之研究──以台灣地區男性受刑人為考察對象」的論文。（釋慧寬，1996：97-134）這兩篇論文事實資料搜集頗為紮實，然而理論建構卻少著墨，殊為可惜。

以上這些研究，幾乎沒有從「新國家主義」（neo-statism）角度切入，雖然也有部分研究指稱監獄為「國家」機關，但是此「國家」並沒有將國家視為一組有意志有能力的行動者，離新國家主義的「理論概念」甚遠。

國家與市民社會間的互動（interaction）是新國家主義（neo-statism）與市民社會理論（civil society theory）研究焦點之一。（T. Skocpol, 1985；張家麟，2000）如果從社會學「互動」（interaction）的角度去思考兩個團體間相互影響，足以理解團體間互動的起源、過程及其影響。本研究基於上述研究的基礎及缺憾，擬從(1)國家與宗教團體間的互動理解為何監所引進宗教團體從事教化的活動？(2)並嘗試以宗教團體在監所的教化活動，檢證團體的互動理論，從互動理論理解在這兩個團體間的交換情形，及其互動之後的影響。

二、資料蒐集

本研究選擇台南監獄明德外役監的小監獄──「明德戒治分監」個案（case study）為研究對象。

　　最主要理由是與其他監獄比較，其教化活動非常頻繁，一般監獄同意宗教團體進入對受刑人從事宗教教誨活動，大部分是每週一次，只有極少數的監獄像桃園監獄、澎湖監獄及台東監獄每週三次；綠島監獄則每週二次。但是明德戒治分監將受刑人分為基督教班與佛教班二個類別，分別接受基督教更生團契及佛教佛光山團體每週至少五次以上的宗教活動課程，這也是全國各個監獄中所少見的現象。（附錄 1）它應該屬於「偏離個案」（Deviance case），就比較研究法而言，個案研究檢證理論的效果，「偏離個案」經常是挑戰舊理論，或建構新理論的最佳可能對象。（Lijphart，1971：691-693）

　　為理解本研究的相關問題，筆者在今年八月六、七、八日，三天前往台南繼續明德戒治分監田野調查，共作四場深度訪談及四場焦點團體訪談（focus group interview）。單獨對佛教佛光山駐監法師釋慧定，戒治分監長許禮節、教誨師邱量一作深度訪談；而對基督教更生團契駐監牧師團、佛教佛光山志工團、基督班受刑人、佛教班受刑人作焦點團體訪談。基研究倫理，尊重訪問對象，本研究引用受訪者談話，完全用編號取代，而不使用受訪者真實姓名。用表 1 說明如下：

表 1　成功訪談的對象

訪談時間	訪談對象		訪談方法	地點
	職稱	姓名		
2001.8.6 20：00-22：00	佛教佛光駐監法師	釋慧定	深度訪談	法師宿舍
2001.8.7 09：00-10：00	基督教更生團契 駐監牧師	朱伯江	焦點團體 訪談法	基督教班 教堂會客室
	基督教更生團契 駐監牧師娘	朱伯江太太		
	基督教更生團契 駐監牧師	周德春		
	基督教更生團契 駐監傳道師	蘇悅中		
2001.8.7 14：00-15：00	基督教班受刑人	001* 002 003 004 005 006 007	焦點團體 訪談法	基督教班 教堂會客室
2001.8.7 15：30-16：30	監長	許禮節	深度訪談	監長辦公室
2001.8.7 20：00-21：00	佛教佛光駐監法師	釋慧定	深度訪談	法師宿舍
2001.8.8 08：30-09：30	佛教佛光山志工會長	黃重義	焦點團體 訪談法	教誨師 辦公室
	佛教佛光山志工	尹若英		
	佛教佛光山志工	方雀惠		
	佛教佛光山志工	吳秀華		
	佛教佛光山志工	廖麗蕙		
	佛教佛光山志工	薄培琦		

訪談時間	訪談對象		訪談方法	地點
	職稱	姓名		
2001.8.8 09：40-10：40	佛教班受刑人	008** 009 010 011 012 013 014	焦點團體 訪談法	教誨師 辦公室
2001.8.8 10：50-11：30	教誨師	邱量一	深度訪談	教誨師 辦公室

* 代表基督教班受刑人的編號。
** 代表佛教班受刑人的編號。
資料來源：本研究田野調查（2001.8.6-8）

三、研究設計與架構

（一）研究問題

　　由於本研究以宗教團體在明德戒治分監的教化活動個案為研究焦點，理解以下幾個問題：

　　1. 互動原因：為何宗教團體可以進入國家的明德戒治分監從事教化活動？

　　2. 互動模式：宗教團體進入明德戒治分監後與獄方的模式

　　(1)宗教團體進入國家監獄從事教化活動的目的是什麼？

　　(2)國家引進宗教團體從事教化活動的目的是什麼？

　　3. 互動影響：宗教團體進入明德戒治分監活動效果之分析

　　(1)宗教團體從事監所教化活動是否與受刑人戒毒行為是否相互影響？

(2)受刑人戒毒行為是否與宗教團體發展是否相互影響？

(3)宗教團體的教化活動是否與宗教團體發展產生是否互相影響？

根據上述幾個問題，本研究繪一研究架構圖如下：

（二）研究架構

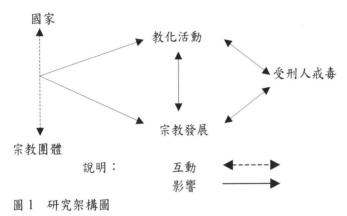

圖1　研究架構圖

　　在此架構圖中，國家操作化為明德戒治分監，宗教團體則操作化為佛光山及更生團契，分監與兩個宗教團體互動之後，導致宗教團體進入明德戒治分監從事教化活動，也形同宗教團體在監獄獲得宗教發展。

　　不僅如此，宗教團體在監獄的教化活動可能和宗教團體的宗教發展彼此相互影響；受刑人戒毒和宗教團體的宗教發展彼此相互影響；宗教團體在監獄的教化活動也可能和受刑人戒毒彼此相互影響。

四、問題檢證與分析

（一）互動的原因：宗教團體進入明德戒治分監之分析

為何國家機關容許宗教團體進入監獄裡頭從事對受刑人的教化活動？國家官僚體制當中在行政院法務部監獄司就有矯治受刑人的體制，既有這些國家公務員從事教化活動，為何還要讓宗教團體進入監獄從事教化？以下就是對這些問題嘗試提出回答。

1. 宗教團體領袖與國家菁英的意識型態相似（ideology）[1]

（1）更生團契與明德戒治分監的互動

a. 更生團契的意識型態

最早進入監獄從事教化活動的團體是基督教更生團契，宗教團體從事在監獄的宗教教誨活動，在台灣已經有十九年的歷史，（編號 004 深度訪談稿）在這期間基督教更生團契、天主教及佛教佛光山團體先後進入監獄從事對受刑人宗教教誨，希望運用宗教的教義、儀式、信仰等活動，安定受刑人在監獄的情緒，進而感化受行人改過向善。

更生團契的成立宗旨是在使受刑人改過向上，這個理念與國家對受刑人的期望相合。以更生團契的使命來看：

　　「更生團契」是一個超宗派的福音機構，配合眾教會及

---

[1]　根據意識型態的意義是指一組價值觀、信仰及行動，它不只是想法，而且是改變社會的動力，往往來自於菁英，而會被其追隨者所跟從，透過宣傳、運動，變成社會大眾的共同想法與行動。（Baradat, P. Leon：2000）

> 各聖工團體從事監獄福音工作，是屬於眾教會的事工團
> 體。我們的使命是：向全國所有監所中的受刑人，傳揚
> 耶穌基督救世，引導他們悔改歸主，藉著聖靈更新他們
> 的生命，並幫助他們過基督徒生活，使他們出獄後，不
> 再犯罪，促進國家社會的祥和安寧。

（更生團契網站 http://www.immanuel.net/sites/cbaf/）

在威權政治時期，當年基督教更生團契欲進入台南監獄困
難重重，根據宗教團體志工的回憶：

> 或許是神的旨意，神的牽引讓基督教更生團契得以在戒
> 嚴時期國家對監獄及民間團體管制上非常嚴的時候，我
> 們第一次申請到監獄從事教化，其他基督教團體的牧師
> 都宣稱那是不可能的事，但是我們做到了，當年我們推
> 薦教友中的一位成大教授到監獄作演講，本來也不抱希
> 望，但是後來我們的團契卻非常平順的進入了監獄，從
> 事對受刑人的宣教活動。（編號 004 深度訪談稿）

在明德戒治分監尚未成立之際，基督教更生團契已經在監
獄從事教化活動約十年的歷史，所以分監成立時，更生團契順
理成章的進入，它是第一個進駐明德戒治分監的宗教團體。

基督教更生團契不只使命宣傳其對受刑人的關心，也在實
際行動投入，例如在戒毒村籌備時，他與團契莫紹南牧師於民
國 83 年 2 月 26 日共同提出：1. 教會如何投入並有效協助戒毒
村的工作；2. 如何喚起社會人士的熱心參與；3. 監獄及教會如
何在生活上與精神上幫助戒毒村的輔導同工。（台灣台南監

獄，1996：359）這些主張，後來都化為具體行動。

b. 國家監獄行刑法的意識型態

再看國家對受刑人的期望，可從監獄行刑法來理解，我國對受刑人的處遇模式接近「正義模式」（Justice Model）及「矯治模式」（Rehabilitation Model），而比較遠離「懲罰模式」（Punishment Model），（林茂榮、楊士隆，1997：45~67）這兩種模式都認為受刑人只要經過適當的「教化」活動，就有機會改過，即認為國家監獄教化對受刑人有相當的效果。（Palmer, 1978；Cullen & Gilbert, 1982；Cullen & Wozniak, 1982；Jeffrey & David, 1992；莊金生，1997：19）

像監獄行刑法第 37 條：

> 對於受刑人，應施以教化。前項施教，應依據受刑人入監時所調查之性行、學歷、經歷等狀況，分別予以集體、類別及個別之教誨，與初級、高級補習之教育。

監獄行刑法第 39 條：

> 教化應注重國民道德及社會生活必需之知識與技能。對於少年受刑人，應注意德育，陶冶品性，並施以社會生活必需之科學教育，及技能訓練。

監獄行刑法第 40 條：

> 監獄得聘請有學識、德望之人演講，並得延聘當地學術或教育專家，協同研究策進監獄教化事宜。

從這三項法律條文得知道國家對受刑人的期望是透過適

當的教化活動使受刑人重新投入社會。國家法律上規範如果沒有任何的推動，則法律如同具文，但是面對日漸增多的監獄受刑人，當時的法務部部長馬英九頗為憂心，他就希望應有新的刑事政策面臨此新變局。

　　c. 法務部長對煙毒犯的教化觀

　　馬英九擔任法務部長時，煙毒犯幾乎占受刑人數的六成，他對約四成的煙毒犯一再回籠到監獄，頗不以為然，就提出教化活動是戒毒最佳方法。他指出：

> 施用毒品成癮者，最需要且最難根治者乃是他的心理依賴，為切實發揮戒毒功能，原有在監所囚禁煙毒犯之作法必須改弦更張，而代之以在戒治所進行心理、宗教、體能訓練、技能訓練、生活教育等多元化療程，始能克竟其功。（台灣台南監獄，1996：356）

　　在他的指示下，明德戒治分監以收容煙毒犯為主，民國82年9月21日在台南監獄在台南明德外役監獄五百多公頃土地中選擇適當地點設立。他甚至希望在台灣北、中、南各選擇適當廢棄軍營，推廣明德戒治分監的教化成果與經驗。（中央日報1994.12.28第3版）

　　由上分析，馬部長希望對煙毒犯從心理面矯治，這種想法跟更生團契的宗旨對受刑人的期許相近，而更生團契過去已經投入監所十年的教化工作，已經累積一定的基礎與能力。雖然國家法律從未明白規定由宗教團體擔任監獄教化活動，只說監獄得聘「有學識、得望之人演講」，並得延聘當地「學術或教育專家」協同研究策進監獄教化事宜。但是明德戒治分監成立

之前，更生團契已跟國家機關達成默契，乃從台南監獄篩選62 名煙毒犯為明德戒治分監成立的第一期「福音戒毒班」成員。（台灣台南監獄，1996：365）

　　(2)主管部會與佛光山宗教領袖的互動

　　明德戒治分監是馬英九擔任法務部長時的一項政策，馬部長為了讓吸毒者能徹底戒毒，國家應改弦更張，變革新的監獄政策，國家為了讓吸毒者不再吸毒，得把戒毒工作作得非常徹底，設立實驗性的明德戒治分監，就是想運用較「開放式的」小木屋舍房，配合民間資源，給吸毒者較佳的教化環境空間，變化吸毒者的不正確心理。

　　馬英九公開呼籲社會資源投入反毒：

> 此戒毒村的成立為打贏反毒戰爭的起點，呼籲全國同胞齊心共同打贏這場攸關民族健康的戰爭，而且只准贏不准輸。（中華日報，1994.12.28 第 21 版）

　　然而國家在監所的官僚機制不一定能夠承擔沈重的教化工作，所以他也希望「全國同胞」共同投入監所教化。對於馬英九的呼籲，除了原來的基督教更生團契投入監所教化以外，另一宗教團體佛教佛光山星雲大師也有積極的反應。

　　星雲大師公開指出：

> 自從台灣毒品氾濫以來，他內心一直希望佛教界能夠對此盡番力量。……戒毒必須由內心覺醒才足以奏功，而宗教對「心」的治療是最具成效。（中華日報，1994.12.28 第 21 版）

星雲大師再進一步指出：

> 目前國內戒毒工作做得最好的是基督教，佛教亦應盡一
> 分社會力量，戒毒村的第二期工程，佛教界將大力支
> 援。（中央日報，1994.12.28 第 3 版）

事實上根據監獄行刑法第 38 條，宗教團體是可以進入到
監獄裡頭從事宗教活動。監獄行刑法第 38 條說明這種可能：

> 受刑人得依其所屬之宗教舉行禮拜、祈禱，或其他適當
> 之儀式。但以不妨害紀律者為限。

這條條文使宗教團體有間接進入監獄的可能，因為國家機
關要滿足受刑人的宗教信仰，得讓受刑人有宗教的儀式；但是
國家機關在監獄行刑法中並沒有類似外國的宗教師駐監規
定，最便利的方式是讓民間宗教團體進入監獄，也就是說法律
為宗教團體進入監獄開了一扇方便之門，儘管法律沒有清楚指
出宗教團體在監獄舉行禮拜、祈禱，或其他適當之儀式，就是
指教化受刑人的活動，然而此時已經種下宗教團體承擔教化受
刑人的可能，然而除了馬部長的主觀願望之外，星雲大師的積
極投入，是佛光山團體進入明德戒治分監的主要因素。

由上面分析，星雲大師對馬英九部長積極回應，尚有以下
幾項具體事實：(1)陪同馬部長在 83 年 12 月 27 日共同剪綵明
德戒治分監；(2)民國 83 年 11 月 18 日派達華法師帶領幾位法
師到新生山莊主持簡單的誦經謝土儀式，法師並繞戒毒村房舍
灑淨祈福消災；(3)民國 83 年 12 月 28 日陪同馬英九部長與戒
治分監受刑人舉行座談；(4)星雲大師在民國 84 年 4 月 10 日

派慧山法師、慧泰法師、慧定法師、慧望法師、慧信法師及六位居士率同參訓學員六十名，舉行佛教灑淨儀式，成立第一期明德戒治分監受刑人佛教班，開始從事對受刑人的宗教教誨。

　　從馬部長跟星雲大師的互動，看出佛光山團體是在國家機關的需求及邀請之下，和星雲大師把教化受刑人也視為一種弘法事業，於是佛光山團體乃進入明德戒治分監。而星雲大師創立佛光山的宗旨為「以教育培養人才；以文化弘揚佛法；以慈善福利社會；以共修淨化人心」，他的「人間佛教」理念本來就有相當濃厚的「弘揚佛法遍天下，普渡眾生滿人間」的意識型態，對受刑人從事教化活動當然也符合這個宗旨。明德戒治分監第二期受刑人乃由佛光山負責教化，從此明德戒治分監就立下基督教更生團契負責教化一班受刑人，佛光山則負責教化另外一班從民國八十三年起這兩個團體從未間斷在明德戒治分監的教化活動。

2. 國家在明德戒治分監的教化能力有限

　　從巨觀的整體角度來看國家的教化能力，國家展現的教化能力相當有限，因為國家在監所的教化組織編制與職掌，教誨師承擔大部分的教化工作，但是教誨師的編制卻有人力不足的現象。相反的戒護人員卻顯的比例較高，以民國 82 年到 87 年法務部所屬監獄戒護人員、教誨師與受刑人人數比率，展現出國家機關重視對受刑人的戒護，而比較輕忽教誨。（參閱表1）

　　表 1 的資料顯示，到 87 年時平均一個戒護人員管理 20 名受刑人，而一個教誨師得教誨 269 名受刑人，難怪受刑人感

受教誨師的關心相當有限。（林秀娟，1999）而教誨的工作種類又是非常龐雜[2]，所以既有研究均建議，國家應增加教誨師的名額應該可以理解。（林秀娟，1999）

表1　法務部所屬監獄戒護人員、教誨施予受刑人人數比率

年度 \ 類別人數	戒護人員	教誨師	受刑人	戒護與受刑人比率	教誨師與受刑人比率
82	2020	133	39981	1：20	1：300
83	2156	136	42853	1：20	1：315
84	2305	136	39956	1：17	1：294
85	2345	136	41663	1：17	1：306
86	2686	150	45582	1：17	1：304
87	2686	153	41143	1：15	1：269

資料來源：林建陽，1999：72。

　　根據實證調查指出，教誨師與受刑人之間的互動最大的困難是教誨師投入關心受刑人的時間太少，而受刑人在接受輔導時，不願意透露內心的問題，導致彼此間無法建立互信關係。此外，受刑人碰到問題也有43%的比例不會去找教誨師，49%的受刑人認為教誨師不能瞭解他們的苦衷。（林建陽，1997：

---

[2]　根據彭冀湘在「監獄教化制度之研究」（1991：27-51）指出，監獄教化制度包含個別教誨、類別教誨、集體教誨、宗教教誨、知識教育、職業教育、倫理道德教育、社會教育、特殊教育及文康休閒活動十項。另外根據林秀娟的研究指出，監獄教化包含 1.宗教教誨，2.法治教育，3.藝文及文康，4.懇親、電話孝親，5.讀書會，6.入監輔導，7.個別輔導，8.團體輔導，9.技能訓練。（林秀娟，1999：29）彭的說法抽象意味強，林秀娟的說法較為具體。

191）教誨師與受刑人互動太少的主要原因在於教誨師與受刑人的比例，一名教誨師平均得為 269 名受刑人作充分的教誨服務，實際有困難。

另外我國監獄以戒護管理的嚴苛與寬鬆，分為高度管理如台北監獄，中度管理如桃園監獄，低度管理如武陵外役監三種類型。（林建陽，1999：97）高度管理的監獄以戒護為主，所以教化的工作往往居於「應景點綴，可有可無」的配角。（林秀娟，1999：82）雖然，法律的「理想面」規範「教化」受刑人的條文頗多，監獄的「現實面」教化經常被擺在一邊。低度管理的監獄則可給受刑人較多的「教化」，明德戒治分監也屬於低度管理監獄，理應以「教化」受刑人為主，然而國家的教誨師、戒護人員與受刑人的比率，雖然比上述整體統計數字來得寬鬆，但是要由國家從事教化，仍力有未逮。（參閱表 2）

表 2 明德戒治分監戒護人員、教誨師與志工、受刑人人數比

類別 年度 人數	戒護人員	教誨師	志工	受刑人
人數	23	1	63	165
比例	1：7	1：165	1：2.3	165：165

資料來源：田野調查（2001.8.7-8.9）

在明德戒治分監中，戒護人員、教誨師與受刑人人數比率，一個戒護人員管理 7 名受刑人，戒護的壓力遠低於其他監獄，所以明德戒治分監戒護人員的戒護工作比其他監獄較為輕鬆。明德戒治分監與國家其他監獄相比，一個教誨師只為 165 名受刑人服務，而其他監獄一個教誨師得教誨 269 名受刑人，

雖也輕鬆，但是一名教誨師如何為 165 個受刑人辦不同種類的
教化活動？這是不可能的任務，所以，從監獄公務人員與受刑
人的比例結構，國家機關在監獄欲推動教化工作，以現有教誨
師的人力，只得將這些教化活動委由其他團體承擔。根據筆者
訪談明德戒治分監監獄管理階層的官員指出：

> 如果沒有宗教團體志工參與受刑人教化活動，光是教誨
> 師的行政業務就非常的多，教誨師根本無法承擔這麼龐
> 雜的教化活動，……還好佛光山志工團體及基督教更生
> 團契團體非常熱心，社會資源也頗多，而這是國家所無
> 法承擔的，明德戒治分監非常感激這些志工團體。（編
> 號 008 深度訪談稿）

以明德戒治分監的駐監牧師一名、傳道師一名，常態志工
約 30 人，佛光山駐監法師一名，常態志工約 30 人，兩個宗教
團體所召集的志工共約 63 人投入宗教教化活動[3]，與受刑人
人數比，國家官僚機制只有一名教誨師投入受刑人的教化活
動，而宗教團體一名志工卻可服務 2.3 個受刑人，志工參與教
化的比例遠比教誨師高出許多。此外，宗教團體集合志工的能
力頗強，這也是佛光山與基督教更生團契台南區會兩個團體，
從戒毒村成立得以沒有間斷服務受刑人的主因。如果只有一名
牧師、法師，也不可能承擔每週約十五個小時以上的教化課程。

---

[3] 志工人數只是概估，因為兩個宗教團體的牧師、法師皆指出，非常態型的志
　　工人數相當多，在此指的常態型志工是指經常出現在戒毒村的志工。

3. 宗教團體在監所的教化能力頗強

(1) 宗教團體領袖投入監所從事教化

任何團體只要有建制（institution），必然有其功能（function）；（T. Parson, 1966；呂亞力，1989：225）宗教團體與國家都有其建制，所以也都有其功能。宗教團體的功能依不同的學派有不一樣的見解，依據涂爾幹（E. Durkheim）的說法，宗教有兩項功能：一為宗教是集體情感與觀念的溝通體系；（Giddens, 1997：80-85）另一為宗教是規範社會關係的手術。（陳秉璋，1990：186）

宣教本來就有凝聚社會安定的功能，宗教團體在監所的教化活動，應有助於它的宣教事業，基於此宗教團體會同監所教化工作。此外，宗教團體本身就有組織層級，以佛光山為例星雲大師最早指派他的弟子慧山法師、慧泰法師、慧定法師、慧望法師及慧信法師，長期駐守在明德戒治分監為受刑人服務，目前受刑人人數減少也有慧定法師留在監所從事教化活動。根據駐監宗教團體志工的說法：

> 星雲大師指派我到哪裡服務，都是從事弘揚佛法的工作，為受刑人服務雖然辛苦，但也是在普渡眾生（編號001 深度訪談稿）

另外一個宗教團體基督教更生團契，他們也有組織層級，投入明德戒治分監是以台南區會為主，最早是更生團契總幹事黃明鎮派遣朱伯江牧師駐監服務，現在則由周德春牧師及蘇悅中傳道師駐監。根據駐監的基督教團體志工的說法：

> 更生團契本來就是在為受刑人服務，我們在台南 19 年
> 前就投入台南監獄，19 年來我非常支持我先生朱牧
> 師，為社會的底層從事教化活動，我們的行為是知其不
> 可為而為，有點像唐吉柯德在挑戰風車，但是我們樂此
> 不疲。（編號 002 深度訪談稿）

宗教團體領袖因為宗教的信仰或宗教的組織層級而到監
所從事教化，乃是宗教團體展現宗教在監所教化能力的基礎，
如果沒有這些條件，根本談不上宗教團體在監所的教化能力。

(2)宗教團體領袖召集志工

a. 宗教團體以使命召集志工

宗教團體在監所教化能力的展現得靠一群願意投入教化
工作的志工，然而志工的召集得靠宗教團體的使命[4]，（司徒
達賢，1999：202）像佛光山投入明德戒治分監的志工以台南
國際佛光會玉耶分會為主，根據駐監宗教團體志工指出：

> 我當佛光山的信徒十幾年來，最後才加入國際佛光會，
> 願意投入監所的教化工作，最主要的原因是接受佛光山
> 的宗旨，這些受刑人在佛祖面前人人平等，他們也有機
> 會立地成佛，志工應該努力從事教化受刑人……（編號
> 007 深度訪談稿）

這些志工願意接受法師的召集，投入監所從事教化工作，

---

[4] 根據司徒達賢在「非營利組織的經營管理」（1999：48-49）指出：非營利組
織創設與存在的目的即是使命（mission），使命即是在為某些人（clients）提
供某些服務（services）。

如果沒有強烈的認同佛光山使命，這種吃力不討好的工作，不是一般人願意承擔。

b. 宗教團體從事志工訓練

志工的召集也得有恰當的方法，根據司徒達賢在「非營利組織的經營管理」指出，「志工的素質以及志願成為志工者的人數，是組織盛衰的重要指標，也直接影響組織未來服務的績效表現⋯⋯事實上（對志工）都需要費心去經營與管理。」（司徒達賢，1999：198）同樣的道理也可運用到宗教團體對志工的經營，宗教團體在監所教化能力的展現，在於其有龐大的志工群願意投入監所。而這些志工流動性頗高，根據駐監宗教團體志工的說法：

> 志工們來來去去，因為是義務職，所以也無法強迫，尤其投入監所的活動沒有相當的毅力，容易打退堂鼓，只有不斷的招募並訓練新的志工，才可能維持志工群承擔監所沈重的教化工作。（編號 005 深度訪談稿）

以佛教班慧定法師在明德戒治分監招募志工的情形為例，慧定法師平均以兩個月一期訓練志工，為了讓志工有能力勝任教化工作，志工們必須接受 16~18 小時的專業課程訓練，像去年三次的志工訓練課程以心理諮商、法律常識及監獄文化與佛學三個主題招募三期志工，給予志工專業訓練。（參閱附錄 4）

慧定法師透過佛光山系統邀請專家學者來為志工上課，例如心理諮商就邀請到呂宏曉心理師，法律常識由李啟明及羅瑞昌檢察官擔任講座，監獄文化與佛學則由李淑慧主任觀護人、

監獄長官、蕭碧涼執行長、慧定法師、鍾肇明老師等人負責。由專業人士負責講座，才足以吸引新的志工加入，佛光山就是運用它的社會資源，不斷培訓志工，而這也是國家機關所不及之處。

由此看來宗教團體有能力在明德監獄從事教化活動，跟其不斷的從事志工訓練，培養志工的專業能力有密切關連。

（二）互動的方式：宗教團體進入明德戒治分監後與獄方的模式

1. 組織互動

宗教團體進入明德戒治分監與監獄主管當局的互動情形彼此協調較多，也有國家機關支配宗教團體的現象，以圖 1 說明：

明德戒治分監其官僚組織（參閱附錄 5）隸屬國家台南監獄，與其他監獄一樣，對受刑人的矯治活動課程的安排和時間的調配，完全由國家機關決定，宗教團體並沒有辦法有任何影響力。

宗教團體只能在被動的立場，接受國家機關對於受刑人的教化課程與時間既有的限制，他們在國家機關教化受刑人的架構下，參與受刑人的教化活動。當宗教團體接受國家機關邀請，進入監獄從事教化受刑人時，得有能力召集志工團體，承擔國家所授與的教化課程，宗教團體及其志工在明德戒治分監猶如一般學校的教學行政單位，培育及安排適當的師資，參與教化受刑人的所有教學事宜，並得在安排適當的師資之後，與

明德戒治分監行政體系充分溝通協調。

　　負責實際溝通的宗教團體代表為駐監法師及牧師，而監獄代表是教誨師，兩個團體間的互動模式以協調為主，協調的內容為教化課程名稱、師資、上課內容及時數。彼此之間鮮少衝突，因為宗教團體駐監法師及牧師，會完全尊重國家機關在此方面的規定，而相對的，教誨師也會尊重法師及牧師安排的教化課程內容、師資。

　　如果說「因材施教」是正確的教化方法，對受刑人的教化，比一般學生的教化更加困難。但是目前監所的教化師資、課程性質、內容皆未作客觀評估，這又是另一項值得深入探究的問題。

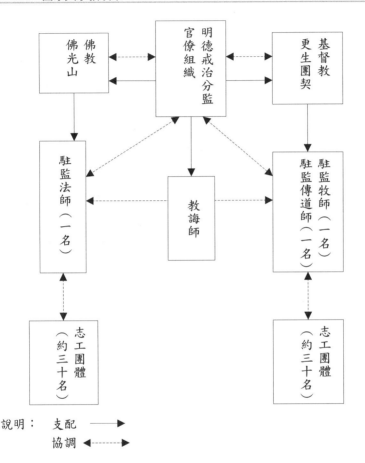

說明：　支配　———→
　　　　協調　◄----►

圖2　宗教團體與明德戒治分監組織互動

　　就組織間的互動來看，國家在教化受刑人的課程安排及時間具有完全的支配能力，宗教團體及其志工對此只能接受。而國家機關在邀請宗教團體進入及宗教團體與其志工間的關係，並非只是支配關係，而是尚有彼此相互協調的關係，其中

包括師資的安排合適與否，課程內容是否恰當，志工輔導受刑人活動是否得宜，都是國家機關與宗教團體彼此協商而決定。當然在師資的安排與課程的決定，宗教團體具有比較強烈的自主空間，幾乎宗教團體所提供的課程師資及師資的教學活動國家機關很少拒絕。

　　宗教團體為了承擔在監所的教化活動，理應擁有專業師資，但是宗教團體不可能給予專業師資龐大的人事費用，所以他們就以培養志工取代師資，從教徒中篩選優秀的志工，施加訓練後，再投入教化工作。所以駐監的法師與牧師，雖然與志工有類似層級的上下關係，但是，彼此相處協調居多，甚少支配。

2. 交換模式

　　團體間的互動[5]有好幾種模式，其中以合作模式與衝突模式最具代表性，（葉至誠，1997：162-168）宗教團體進入明德戒治分監也可以用這兩種模式分析，在此先說明合作模式，下段再解釋衝突模式。合作模式是指宗教團體和獄方達成某種利益的交換，彼此獲得雙贏的局面，而這些利益用以下兩點說明：

　　(1)國家提供宗教團體宣教環境

　　a. 監所設立佛堂、教堂、駐監宿舍

---

[5]　互動：意旨分子間互相交感的行為過程，互動可以是個人跟個人或團體與團體在行動間的交互影響。就符號互動論而言，互動即是指交換（exchange theory），這些交換包括有形與無形之物，有形的交換意旨經濟利益，無形的交換包含觀念、感情、聲望、讚許。（L. Broom，C. M. Bonjean，D. H. Broom，張承漢譯，1993：143-144）

　　明德戒治分監有基督教更生團契的專屬教堂及佛光山團
體專用的佛堂,可以讓牧師及法師教堂與佛堂中從事宣揚宗教
的儀式,對宗教團體而言,由此宣教環境有利於宣教的推廣。
在既有的資料當中,並非每個監所都有教堂及佛堂,(參閱表
3)而明德戒治分監不但設置佛堂及教堂,也設立了讓法師及
牧師住宿的宿舍。為了便利法師及牧師在監所從事教化,明德
戒治分監投入相當良好的宗教團體宣教環境的整治,所以佛光
山法師及更生團契牧師在監獄中不但可以宣教,宣教之餘也有
休息、就寢的宿舍。像目前在明德村的駐監慧定法師,他就以
明德村為家,兩年下來幾乎每天都住在明德監。

表3　台灣地區監獄中佛堂、教堂設置調查表

監獄別	佛堂	教堂
基隆監獄	○	○
台北監獄	X	X
桃園監獄	○	X
台中監獄	○	○
雲林監獄	○	○
嘉義監獄	X	X
台南監獄	○	○
高雄監獄	○	○
屏東監獄	X	X
台東監獄	○	X
花蓮監獄	○	○
宜蘭監獄	○	○
澎湖監獄	○	○
綠島監獄	○	X
台南明德戒治分監*	○	○

○:表示該監目前已設有;X:表示該監目前沒有
資料來源:釋慧寬,1995:133-134
明德戒治分監*:設立教堂及佛堂各一座。(田野調查,2001.8.6)

根據駐監的宗教團體志工的說法：

> 以戒毒村為家也是一種修行，兩年下來已經送走好幾批
> 受刑人，但是自己仍待在明德監，有時想想，是受刑人
> 被關在明德監的時間多，還是自己被關在明德監的時間
> 多，不過在佛法的教育當中，這是一種『我不入地獄，
> 誰入地獄』的苦修，而這種苦修對我也是一種成長…。
> 24 小時住在監所裡頭，在佛光山對監獄的服務當中，
> 我可能是唯一的一個，對全國的其他宗教團體對監獄的
> 服務，也沒有聽說有像我一樣，以監獄為家。在這邊為
> 受刑人服務，他們隨時可以找到我，受刑人內心有了對
> 佛的依靠，既方便受刑人對佛的理解，也有助於受刑人
> 內心的穩定。（編號 001 深度訪談稿）

有了教化受刑人的硬體，受刑人在莊嚴肅穆的教堂與佛堂
中接受教化，對受刑人而言，比較容易產生對宗教的認同；而
對宗教團體而言，其法師與牧師也因為宣教的便利，容易推展
其宗教教務。

b. 國家同意宗教團體長期駐監

明德戒治分監是國家監獄當中相當特殊的一個個案，它容
許宗教團體長期駐監服務，這是其他監獄少見。儘管有研究指
出，應在各個監獄增闢宗教團體常駐監獄的辦公室，並延聘宗
教人士為榮譽教誨師的建議，（宋根瑜，1991：75）但是事實
運作上有其軟硬體的困難。例如監獄無法提供宗教團體辦公場
所，宗教團體就無法長期駐監；或是國家願意提供，而宗教團
體卻沒有資源長期駐監。在戒毒村當中，國家與宗教團體在這

項議題就達成高度的默契，國家提供並同意宗教團體進駐為受刑人服務，而宗教團體也有能力長期駐監。從民國83年成立以來至今，更生團契及佛光山宗教團體在明德戒治分監的服務從未間斷。

　c. 國家尊重宗教團體

　宗教團體如果進駐監獄未得到國家的尊重，其服務受刑人的心境與品質也會打折扣，然而在明德，很少有不尊重宗教團體志工的情形。根據駐監的宗教團體志工說法：

> 明德戒治分監是他過去以來，到全省各地監獄服務受刑人當中，對宗教團體最尊敬的少數幾個監獄當中的一個。許多監獄以戒護為重，經常在安排好宗教團體前往從事教化活動受刑人時，用戒護受刑人的理由，延遲或取消既定的安排，給宗教團體潑一盆冷水。……而明德戒治分監幾乎沒有這種問題。（編號002深度訪談稿）

　宗教團體志工內心感受到國家對宗教團體在明德監服務的肯定及尊重，但是國家機關引進宗教團體從事監所教化，理應尊重這些投入相當多心血的法師、牧師與志工團體，然而目前國家並沒有相當嚴謹的法律規範，給予宗教團體制度上的肯定。

　例如監獄行刑法施行細則第58條中雖然有設置「榮譽教誨師制度」，但是榮譽教誨師的名額每監獄只有2~40名，並非每個參與監獄輔導的志工皆可以擁有此頭銜。因此根據實際參與明德戒治分監教誨行政工作的官員指出：

目前入監輔導之社會人士名稱有分為「榮譽教誨師」與「志工」兩種，礙於監獄行刑法施行細則第五十八條對於榮譽教誨師人數之規定，必須做如此的區分，然而從長遠的方向著想，志工制度若要在矯正機關落地生根，必須要全盤規劃，因此，建議把榮譽教誨師人數限制取消，將從事監所輔導工作的社會人士統一稱為「榮譽教誨師」，其餘有關法律、教育、藝術、音樂……等專長之專家學者，因並無實際從事教誨輔導業務，應依其專長稱為「榮譽顧問」較為合適，如榮譽法律顧問、榮譽教育顧問……等，如此工作內容與名稱可以相互配合，對於監所志工制度更增加其明確性。（編號 008 深度訪談稿）

取消榮譽教誨師人數限制，將入監輔導收容人之社會人士通稱為「榮譽教誨師」，而其餘非參與輔導工作的專業人士稱為「榮譽顧問」有助於在制度上的建構，給予參與監獄的志工「正名」，因為同樣投入監所服務只有少數人是「榮譽教誨師」，其餘大多數人被國家機關認定為「輔導志工」，對工作性質差不多的志工團體而言，卻有不同頭銜，「榮譽教誨師」得到比較多的尊重，且又有每個月 1,500 元車馬費補貼；而「輔導志工」進出監獄管制較「榮譽教誨師」嚴苛，也沒有車馬費。

對這個問題，雖然擁有「輔導志工」頭銜的宗教團體人士，他們並不在乎車馬費的問題，倒是渴望國家機關給予較多的形式與實質的尊重。根據受訪的宗教團體志工指出：

長期以來投入監所的服務，區區 1,500 元的車馬費根本

微不足道，我們之所以願意幫助受刑人是因為認同宗教
的想法，才會無怨無悔的付出……。希望我們的付出可
以得到受刑人的肯定，並且得到監獄管理人員的肯定。
（編號 006 深度訪談稿）

對於志工的尊重，明德戒治分監國家管理官員表示：

不管是法師、牧師與宗教團體志工，他們在戒治分監提
出的要求，只要在合法的範圍內，我們完全配合。因為
這些宗教團體人士為國家及受刑人的付出，絕對值得我
們為他們作出行政的支援。（編號 004 深度訪談稿）

事實上，對宗教團體的尊重明德戒治分監不僅展現在監獄
進出管制的形式上問題，也在宗教團體為受刑人從事教化工作
的課程內容、師資安排給予充分尊重。戒治分監的國家管理官
員指出：

佛光山慧定法師及更生團契朱伯江、周德春牧師安排的
教化課程與師資，我們除了根據國家對受刑人的課程要
求標準以外，幾乎完全尊重。（編號 008 深度深度訪談
稿）

由上面的田野調查資料顯現出，明德戒治分監代表國家的
行政主管對宗教團體從事教化受刑人的要求，給予相當高的尊
重與配合，雖然在志工的制度上仍有待改進的空間，如把所有
的志工皆提升為「榮譽教誨師」或「榮譽顧問」，取消「榮譽
教誨師」的人數限制，應是未來值得思考的方向。除此之外，

國家在為宗教團體宣教軟硬體設施提供了不錯的宣教所需要的佛堂與教堂，在行政措施方面也讓宗教團體志工擁有相當大的教化受刑人自主空間。

(2)宗教團體為國家承擔教化活動

宗教團體自己主動介入國家的監獄機構或接受國家邀請參與監獄的教化工作，前者如基督教更生團契的作為，後者是以佛光山為代表。這兩個團體願意主動或被動投入監獄的教化活動，是符合宗教團體的存在使命。在明德戒治分監中，這兩個團體幾乎承擔監獄絕大部分的教化工作，以佛光山在明德監獄的教化工作為例，說明如下。

a. 法師統籌教化活動

佛光山在明德戒治分監的教化活動由慈悲基金會社會教化組釋慧定法師統籌，他負責安排所有的教化工作的規劃、參與和獄方協調及所有教學行政的後勤支援。國家機關給予監獄團體教化活動相當高的自主空間，所以慧定法師只要符合國家機關規定的教化課程，就可以自由的設計教化課程及延聘適當的講座。

b. 設計標準化教材

根據目前佛教班的課程規劃，其教化受刑人的內容以佛門禮儀及梵唄、認識佛光山、佛教內涵及生活應用、生涯規劃、衛生教育、世學實用選擇、各種輔導方法（包含團體輔導、小組輔導、個別輔導、夜間輔導），上述這一些課程是慧定法師給予願意參加受刑人教化工作志工團體的「標準化教材」，而這些教材由法師主導，並和志工團體互相研究教學之後而形成。（編號 001 深度訪談稿）

c. 志工團體承擔教化工作

明德戒治分監非常重視教化，佛光山志工團體由慧定法師鳩集並協調出所有教化活動的課程師資，以目前教化課程設計來看，每週一到週五上午的 8:35~11:20 及下午週一至週三都有宗教團體志工安排的各種教化課程。

表 4　每週佛教班教化課程與非教化課程時數*表

	宗教團體志工 教化課程時數	戒護人員 非教化課程時數
上午	15	0
下午	7	8
夜間	16	0
總計	38	8

資料來源：附錄 2，佛教班課程表（田野調查資料，2001.8.8）
*本課程非教化時數不含收封及三餐作息時間

d. 教化時數比例高

根據田野調查資料顯現，佛教班受刑人上課的時間教化課程每週佔 38 小時，非教化課程每週只有 8 小時，相較之下，宗教團體志工負責的教化課程時間頗長，約佔總上課時間的五分之四，其餘五分之一才是由戒護人員負責。

e. 教化課程包含宗教與非宗教類課程

各種不同類型的課程包括宗教類型的早課、梵唄、宗教輔導、禪坐、晚課等，非宗教類型的受刑教育、生涯規劃、公民教育、衛生教育、體能訓練、電影欣賞、夜間輔導等。在這些課程當中只有體能訓練、電影欣賞由戒治分監戒護人員負責，其餘課程皆由宗教團體志工承擔。（參閱表 5）

表 5　佛光山宗教團體志工及明德戒治分監戒護人員擔任課程名稱及時數表

	課程名稱		課程時數
	宗教	非宗教	
佛光山宗教團體志工	早課、梵唄、宗教輔導、禪坐、晚課	受刑教育、生涯規劃、公民教育、衛生教育、夜間輔導	38
明德戒治分監戒護人員		體能訓練、電影欣賞	8
		收封*	7
		作息時間*	31.5

資料來源：附錄 2，佛教班課程表（田野調查資料，2001.8.8）
*說明：收封及作息時間是戒治分監戒護人員對受刑人的生活管理

　　戒治分監的戒護人員除了體能訓練及電影欣賞的課程外，尚得負責受刑人的起居作息與收封活動，每天的起居作息包含早餐、中餐、晚餐和受刑人的環境整理時間，而收封是對受刑人施予收心的訓練，這些時間雖然不是正式上課，但也是受刑人在監獄中的重要活動，其教化性質較弱，戒護性質較強。

　　f. 召集眾多志工師資負責

　　宗教團體志工承擔的課程包含宗教類的課程，與國家指派的非宗教類課程，慧定法師得協調不同專長的志工擔任，如白天個別輔導由佘素蘭、梁秋華、吳秀華、方雀惠、薄培琦、方雪珠等女性志工擔任，夜間舍房輔導由楊鐵田、雷瑞朗、蔣英俊、邱銘全、黃重義、李錦瑞等男性志工擔任，梵唄由佘素蘭、吳秀華擔任，受刑教育由黃秀娥、張福村擔任，宗教輔導由佘素蘭擔任，生涯規劃由薄培琦、劉美齡擔任，公民教育由林緝熙擔任，衛生教育由蔡曉花擔任，早課、晚課、禪坐及宗教輔導由慧定法師擔任。（參閱附錄 2）

　　由上述六點說明，得以理解幾項事實：1. 佛光山在明德戒

治分監承擔大部分的教化工作；2. 這些教化工作由駐監慧定法師結合社會資源召集眾多志工擔任；3. 教化工作包含宗教與非宗教性的課程；4. 宗教團體負責的教化時數幾乎佔受刑人課程總時數的 4/5；5. 宗教團體擁有國家給予的高度自主性統籌協調教化課程，但也展現出宗教團體在監獄教化活動的能力。

　　由於佛光山在台灣社會已經擁有相當大的社會資源，信徒頗多，它的形象也不錯，而這些就是它有能力長期在明德戒治分監持續從事教化的主要原因之一，根據駐監宗教團體志工指出：

> 佛光山是名門正信宗教，台南地區廣大眾多的信徒都是明德戒治分監的潛在志工，志工群的構成應該沒有來源稀少的問題，只是我得不斷的努力聯絡舊的志工，並且辦新的活動號召新志工。（編號 001 深度訪談稿）

3. 衝突模式

　　兩個團體間的互動可能產生某種程度的衝突，最嚴重的衝突是停止互動。在此，國家與宗教團體在明德戒治分監的互動所造成的衝突並沒有如此嚴重，只是明德戒治分監擔心受刑人利用宗教團體的愛心，而做出傷害宗教團體的行為，所以監獄管理當局就對宗教志工提出要求，避免這類事情發生。

　　(1)國家對宗教團體在明德戒治分監活動的要求

　　國家對宗教團體志工入監從事受刑人教化或輔導有其規範，（參閱附錄 3）這些規定是站在監獄管理受刑人及保護志工的立場而設，根據國家監獄主管官員的經驗指出：

受刑人最容易利用宗教團體志工的愛心而向其請求寄信、打電話、傳遞藥物、香菸等，而宗教團體志工有時也認為這些行為並非不恰當，所以也願意為受刑人服務。但是站在管理受刑人的立場來看，志工為受刑人做這些行為，不但容易傷害志工本身也對監獄管理造成重大困難，像最近就查到受刑人擁有香菸，受刑人指稱是宗教團體志工從外面帶給他的，然而被指控的志工團體卻否認。（編號 008 深度訪談稿）

(2)宗教團體對國家在明德戒治分監活動要求的回應

宗教團體對國家在明德戒治分監對志工的規範，佛光山的慧定法師與更生團契的周德春牧師都非常同意，駐監的宗教團體志工指出：

受刑人本來就不應該抽煙，來這裡就是要戒煙，所以如果受刑人跟我請求從外面帶煙，我都加以拒絕。（編號 001 深度訪談稿）

另一志工團體也同意這種看法：

戒毒要徹底就得從禁煙開始，明德戒治分監這項規定應該繼續保持，雖然受刑人本身希望開放煙禁，但是戒毒理應包含戒煙，戒煙以後，戒毒比較可能成功，如果開放可以抽煙，戒毒工作比較難以推行……。前些日子，基督教班受刑人被查獲香菸，監獄管理當局認為是基督教志工團體夾帶進來，但是我保證我們的志工不可能，是否有其他管道讓受刑人擁有香菸，我就不得而知，對

於監獄行政主管的指控，我們不能接受。（編號 002 深
度訪談稿）

　　監獄與宗教團體的衝突大多來自於受刑人對志工團體的
不當要求，根據獄方的說法，這是志工團體的同情心理導致受
刑人獲得不當利益。而根據志工團體的說法，是監獄管理當局
自己的管理出現漏洞，才會把香菸及其他的違禁品夾帶進來。
這些問題所造成的監獄與志工團體的衝突，並未妨礙到宗教團
體在監獄教化活動的進行，而只是教化過程中的小問題，所以
在未來並不會傷害到國家持續容許宗教團體在監獄的宗教教
化活動，也不會讓宗教團體覺得在監獄從事教化活動是沒有意
義的行為。

（三）互動的影響：宗教團體進入明德戒治分監活動
效果之分析

　　宗教團體進入明德戒治分監的效果為何？國家希望的是
產生受刑人的勒戒效果，而站在宗教團體的立場，除了可以在
監獄當中宣揚宗教理念，滿足受刑人的信仰需求，更希望透過
教化活動贏得受刑人對宗教的認同。以下就對這二項問題分
析：

1. 教化活動與受刑人戒治效果

　　國家機關引進宗教團體用宗教力量或其他非宗教教化課
程，最主要的是希望可以從受刑人的內心感化，達到戒毒的效
果，從實際的資料顯現出來，從民國 84 年至今，再犯的比率

分別為 36.3%、19.5%、21.2%、21.1%、20.3%、10.1%，平均
再犯比率為 20.9%。也就是說 100 個犯人當中約有 21 個犯人
因為各種犯罪回到監獄，其他約有 79 個犯人在官方統計數字
當中不再犯罪。也有受刑人出獄後，不再和監獄聯繫，從民國
84 年至今無法聯繫的比率分別為 4.5%、21.1%、22.4%、
21.8%、21.6%、20.8%，平均不願和監獄聯絡的出獄
受刑人約 20.1%，也就是說，每 100 個受刑人有 20 個受刑人
失去聯絡。（參閱表 6）

表 6　台南戒治分監受刑人再犯率與無法聯繫率表（民國 84 年至 90 年）

年　　度	再犯比率	無法聯繫比率	再犯比率＋無法聯繫之比率
八十四	36.3%	4.5%	40.9%
八十五	19.5%	21.1%	40.6%
八十六	21.2%	22.4%	43.6%
八十七	21.1%	21.8%	42.9%
八十八	20.3%	21.6%	41.9%
八十九	10.1%	20.3%	30.4%
九十（至七月底止）	0%	20.8%	20.8%
總計	20.9%	20.1%	41.0%

資料來源：田野調查資料，2001.8.8。

　　從理想面來看受刑人出獄要主動和監獄聯絡，並且不應該
再犯罪，這表示監獄的效果非常顯著。然而事實上不可能如
此，許多受刑人渴望自由，也不喜歡在出獄後和監獄有任何瓜
葛，所以就失去聯絡。另外，也有受刑人會犯罪而重新回到監

獄。就明德戒治分監來看，這二類受刑人各佔兩成，就理想的
教化效果來看，只有六成的受刑人改過向善；再犯罪的兩成受
刑人代表教化未能成功，不聯繫的兩成受刑人，也顯示不理會
監獄中的出獄規定。

　　如果進一步比較明德戒治分監與其他監獄受刑人的再犯
率，可以發現戒治分監的再犯率約為兩成，而其他監獄的再犯
率約為四成。（參閱圖 2）

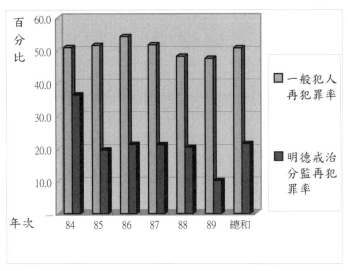

圖 3　一般監獄犯人再犯罪率與明德戒治分監再犯罪率比較圖
資料來源：1. 田野調查資料（2001.8.7）
　　　　　2. 法務部網站統計資料（2001.10.1）。

　　明德戒治分監只有兩成的犯人重新回到監獄裡頭，比其他
監獄的犯人有四成回到監獄，相形之下明德戒治分監犯人出監
後再犯率較低，其他監獄再犯率較高，這意味著明德戒治分監

對犯人的矯治活動成效較佳。當然這可能是明德戒治分監對受刑人的整體教化與戒護的綜合效果所導致，至於是戒護的效果或教化的效果使受刑人再犯罪率降低，則頗值得進一步探究。如果能再把同樣監禁煙毒犯的監獄管理模式與明德戒治分監的管理模式作比較分析，應可以獲得更深刻的資料，並藉此理解哪一種管理模式是使煙毒犯再犯罪率降低的主要因素。

2. 教化活動與宗教團體的發展

宗教團體在監獄從事的教化活動主要原因在於宗教團體的使命及拓展宗教團體，對於宗教團體的使命，前面已經分析，而對宗教團體的發展分下列幾項說明。

(1)宗教團體贏得受刑人、國家機關的尊重

宗教團體在明德戒治分監投入眾多的時間、人力與金錢，這些教化活動已經贏得受刑人及明德戒治分監管理階層的尊重。

根據受訪問的受刑人指出：

> 牧師、傳道師對我們的關懷，我們永遠感激；人家跟我們非親非故，卻對我們投入那麼多的時間，平常在社會時，已經很少人敢接近我們，犯行後來到監獄，卻得到了牧師的溫暖，令我們非常感動。（編號 003 深度訪談稿）

不但受刑人受到宗教團體志工的行為所感動，連國家官僚機制的監獄管理階層，也非常敬重長期駐監的法師與牧師。像國家監獄主管官員指出：

宗教團體召集那麼多的志工投入監獄的教化活動,是國家能力目前所不及的地方,法師與牧師辛苦的投入,還有志工們無怨無悔的付出,站在國家機關監獄主管的立場,我們覺得他們的作為為國家社會做出極大的奉獻,宗教團體用極少的金錢卻可以做這麼龐大的教化活動,這是國家機關無法做到的,如果問我讓監獄由宗教團體來管理,只要有配套措施,我完全贊同。明德戒治分監這八年來宗教團體投入的經驗,事實上已構成『明德管理模式』,那就是以有限的民間資源從事監獄教化活動,結合國家的戒護措施,達到對受刑人戒毒的良好效果。而在這模式當中投入最多的就是宗教團體的駐監法師、牧師、傳道師及其所屬志工。(編號 004 深度訪談稿)

在筆者從事監獄田野調查 3 天的時間,也親眼目睹受刑人、監獄主管官員及戒護人員相當禮遇在戒治分監當義工的法師、牧師、傳道師及所屬志工,這是他們長期投入監所教化工作得到的回報。

(2)受刑人接受信仰宗教

宗教團體在監獄裡頭從事教化活動,最直接的回應是讓受刑人接受他們的宗教信仰。明德戒治分監更生團契首先進入時,駐監牧師朱伯江對受刑人從事教化約一個月後,就有受刑人七名在民國 83 年 11 月 10 日受洗,信仰基督教,(台灣台南監獄,1996:367)而在民國 84 年 10 月 19 日又有四名受刑人受洗。

　　佛教班在民國 84 年 10 月 20 日成立後，經過兩個月的佛法洗禮，在同年 12 月 21 日佛教班 66 個成員中有 64 名受刑人皈依佛教。（中華日報，1995.12.22 第 26 版）

　　無論是基督教班受刑人的受洗為基督徒，或佛教班的受刑人皈依為佛教徒，這是宗教團體在監獄從事宗教活動最直接的利益，他們散佈了福音與佛法給受刑人，隱含受刑人願意接受宗教的洗禮，而透過宗教他們是否就可以完全拒絕毒品，這仍待進一步研究。

　　至於成為教徒之後的受刑人，他們在出監重返民間社會，不一定就為其他信徒所接受，像宗教團體志工就指出：

> 有教友跟他抗議，為什麼會有身上刺龍刺鳳的人出現在教會做禮拜，如果牧師不加以制止，他們就要離開教會，轉到別的教會。……教會接受了受刑人，但不等同於教友一樣得接受，……我也鼓勵教友應該基於神愛世人的想法，給受刑人一些機會，相對的我也勉勵出獄的受刑人，應承擔過去的犯行，所引來其他教友異樣的眼光。（編號 004 深度訪談稿）

(3) 教化活動與受刑人信仰衝突

　　儘管宗教團體投入教化活動出力甚多，但是教化工作也不見得順利推展。其中有一項原因來自於國家機關為了管理方便，不太尊重受刑人原有的宗教信仰，而將受刑人分配到與其宗教信仰不同的基督教班或佛教班。

　　根據監獄主管官員的說法：

我們儘量按受刑人的宗教信仰分發，如果他信仰佛教就把他分配到佛教班，信仰基督教就送到基督教班，但是有時候佛教班額滿時，新的受刑人即使是信仰佛教，我們也只能把他送到基督教班。（編號008深度訪談稿）

受刑人無法根據自己的宗教選擇到佛教班或基督教班，對宗教團體的宗教教誨及宗教儀式的教化工作來看也相當不利，負責佛教班的宗教團體志工指出：

他本來就不信佛教，要把他改變為信仰佛教除非化腐朽為神奇，所以受刑人的宗教信仰不同，也使得佛法難以推廣，佛的旨意對基督徒而言，猶同褻瀆了他們的上帝，這是非常不恰當的，但是我也知道監獄主管當局的難題，我只是在做不可能達成的宗教教化的使命。（編號001深度訪談稿）

接受訪問的受刑人則說明了他們內心信仰的嚴重衝突，他們指出：

有的受刑人已經前後進來明德戒治分監三次，第一次送入基督教班，已經慢慢接受基督教的信仰，出監後再回籠，被送入佛教班，內心就頗不適應，因為先前牧師告訴他的是上帝的教義，現在法師說的卻是佛陀的輪迴，實在不知如何調適，更奇怪的是第三次再回到明德戒治分監，又被送到基督教班，又得再調適一次，這種內心的信仰認知衝突，並非自己願意，而是外力強加的結果，實在搞不清楚，為何國家機關要這樣對付我們。……

（編號 003 深度訪談稿）

　　由於國家管理受刑人的便利立場，造成法師推動教化工作的困難與受刑人信仰認知的衝突。未來監獄主管當局應思考調整在盡可能的狀況之下，滿足受刑人的宗教需求，這樣也有助於宗教團體運用宗教教義、宗教儀式對受刑人從事教化工作。

3. 戒治效果與教化活動

　　基督教更生團契比較擅長利用戒治成功的個案回到監獄對受刑人親身說法，來鼓勵受刑人不再吸毒。第一期戒治分班 60 位受刑人接受基督教更生團契的「宗教戒治」，曾有 12 位受刑人假釋出獄，而其中 5 位受刑人在出獄之後，回到監獄現身說法，向受刑人訴說他們個人的戒毒經驗。（聯合報，1995.6.8 第 16 版）

　　這種利用福音來協助受刑人戒毒是基督教更生團契引用國外的經驗，像在民國 83 年 10 月 27 日更生團契帶領來自不同國家的 7 個國際青年使命團團員，以吸毒過來人的身份到明德戒治分監，帶領受刑人唱詩、禱告、見證，用上帝的教義告訴受刑人：

> 上帝賜與每個人奇妙的能力，就是「選擇」，與毒品隔絕的路上，毒品不是你最大的問題，你的問題是與神隔絕。上帝將選擇權交在你手上，親近祂？背棄祂？別讓任何人或事替自己做任何的選擇。（台灣台南監獄，1996：366）

　　受刑人接受「福音戒治」，是否就可以完全勒戒毒品，事實上得再做深入的追蹤研究，由於可能再接受福音戒治當時，受刑人深受感動而絕對勒戒，並接受上帝的信仰。但是當情境不再時，結合不利的環境因素，福音戒治的效果，可能就有限。所以「福音戒治」活動是值得另外探究的主題，不可否認的是當戒治成功的受刑人重新回到監獄現身說法時，他們對耶穌基督的福音強烈認同，所造成他們自己的勒戒行為，有可能打動正在勒戒的受刑人的心，進一步使受刑人無形中也接受了福音。

五、結論

　　本研究屬於質化的個案研究，就質化研究對理論的建構來看它本來就是在詮釋既有的理論，不在預測行為，而是掌握人類經驗的獨特性，（Henwood and Pidgeon, 1993：16）但是它却可發展新的命題與假設（Ward Schofield, 1993：205）。在本研究以明德戒治分監宗教團體的教化活動為研究焦點，以下用對互動理論重新詮釋及引發新的假設兩項說明

（一）互動理論的詮釋

1. 互動起源

　　(1)國家機關與宗教團體領袖意識型態互動，造成宗教團體進入明德戒治分監教化受刑人：

　　國家機關在教化政策的意識型態與宗教團體領袖對受刑

人教化的意識型態相契合，是明德戒治分監引入宗教團體教化
受刑人活動的主要因素。在威權體制時代基督教團體更生團契
就對受刑人教化活動相當關注，而在明德戒治分監設立之際，
已在台南監獄教化受刑人累積約十年教化受刑人的經驗，所以
當戒治分監成立時，他是第一個進入的團體。而佛光山團體進
入戒治分監，最主要是因為馬英九部長與星雲大師互動的產
物，他們兩個都認為只有透過教化煙毒犯，才可以改變受刑人
這種理念，促使佛光山團體進入明德戒治分監。

　　(2)國家機關在教化受刑人的官僚機構能力不足，造成宗
　　　教團體進入明德戒治分監教化受刑人：

　　國家機關願意在明德戒治分監引入宗教團體從事教化煙
毒犯最主要的原因，除了國家政治領袖認為教化煙毒犯比懲罰
煙毒犯有效的政治理念以外，要貫徹這項主張得有相關的教化
受刑人的官僚組織與師資。但是對此國家機關有關教化受刑人
的官僚組織教化師資結構相當不足，一般監獄負責教化的教誨
師，平均一個教誨師得教化兩百六十九名受刑人，明德戒治分
監一個教誨師也得教化一百六十五名受刑人。就教化受刑人的
師資結構來看，明顯不足；所以藉助宗教團體籌募教化師資志
工，在明德戒治分監從事教化活動，乃是國家機關最理性的選
擇。因為宗教團體在明德戒治分監鳩集的志工師資，約一個志
工可教化二點三個受刑人，跟國家的教誨師結構相比，明顯高
出許多。這也是宗教團體在明德戒治分監可以長期從事教化活
動而得到國家機關同意的主要因素。

2. 互動之後利益交換

(1)宗教團體承擔教化工作

宗教團體進入明德戒治分監之後,雖然國家官僚體系得接受國家對受刑人教化課程的時間與活動的安排,但是明德戒治分監與宗教團體法師與牧師之間的互動彼此協調,鮮少用國家命令強制要求宗教團體接受。兩個團體組織間的良性互動,促使宗教團體在教化受刑人的師資與志工的培訓,擁有相當大的自主空間,宗教團體的法師及牧師在教化受刑人的活動當中,扮演統籌宗教團體志工及安排師資等教學事宜,不僅如此他也與國家機關在明德監獄中的行政主管像戒治分監監長及教誨師協調所有教化事宜。

宗教團體承擔教學活動約五分之四的時間與課程,包括宗教教誨及非宗教教誨課程。以佛教班為例,宗教教誨如早課、梵唄、宗教輔導、禪坐、晚課,非宗教教誨課程如受刑教育、生涯規劃、公民教育、衛生教育、夜間輔導。沈重的教化活動,皆由宗教團體承擔,相形之下,國家機關只需在教化過程,作些安全的戒護工作,及非教化時間,維持受刑人在監獄的秩序。

(2)國家機關提供宗教團體良好的宣教環境

宗教團體在明德戒治分監,並非沒有任何利益,在監獄中,它也有宣傳教義的空間。

國家機關為了讓宗教團體在監獄從事教化活動,雖然在法律上沒有指名宗教團體可以承擔此工作;但是根據監獄行刑法第三十七條,讓宗教團體可以在監獄裡頭從事對受刑人的宗教活動,及監獄行刑法施行細則第五十八條,聘請宗教團體召集

的志工為榮譽教誨師,於是宗教團體乃順理成章進入監獄,從事對受刑人的教化活動。

　　不僅法律上有了依據,宗教團體在監獄明德戒治分監從事教化活動,也得到國家機關高度的支持。例如國家機關提供宗教團體良好的宣教環境,在監所設立佛堂、教堂,及駐監法師、牧師的宿舍,同時同意宗教團體長期進入監獄為受刑人服務。

　　雖然國家機關與宗教團體在監所的教化活動頗為順利,但是兩個團體也有些微衝突,最主要的衝突來源來自於宗教團體志工對受刑人的教化活動持同情立場與國家機關的戒護立場不一致。宗教團體志工答應為受刑人作些國家機關認為不利宗教團體志工,及傷害國家管理受刑人戒護的行為。當然這些小衝突,在監獄主管教誨師及駐監的法師、牧師的協調後,往往可以達成共識而得到化解。

3. 互動影響

(1)教化效果卓著

　　宗教團體在明德戒治分監的教化活動,七年來受刑人再犯罪的比率平均為 20.9%,相較於一般監獄犯人再犯罪的比率平均為 50%低於許多。用此數字來理解明德戒治分監受刑人的教化效果,應該可以得出效果顯著的結論。然而明德分監受刑人再犯罪率遠低於一般監獄真正的原因,是宗教團體的教化因素或國家機關戒護人員的管理因素,則尚待進一步研究。

(2)教化活動導致宗教團體的發展

　　明德戒治分監容許宗教團體在監所對受刑人從事教化活動,對宗教團體而言,最大的收穫應是吸收了教徒,並宣揚該

團體的教義。因為在明德戒治分監七年的過程，許多受刑人接受了新的宗教，而成為教徒或信徒，他們也非常感激宗教團體的法師、牧師、傳道師及志工對他們投入的關心。宗教團體領袖及志工們贏得了受刑人的尊重，也因為他們的投入教化活動，國家機關在明德戒治分監的官僚體系對他們也相當的禮遇。

(3)戒治效果與教化活動

在明德戒治分監的田野調查發現，更生團契善用戒治成功的受刑人重新回到監獄作「福音戒治」的教化活動，根據既有的文獻資料福音戒治的教化效果，似乎不錯，但是對此應有重新深入研究的必要，才可能得到較佳的評估，如比較「福音戒治」與「非福音戒治」的差異，其論證應較為客觀。

（二）研究限制與新問題

本個案研究屬於質性研究，不可能由一個案推論到全台灣各監所的宗教團體教化效果；然而因為深入探討宗教團體在明德戒治分監的活動後，卻也發現許多新的問題，值得用量化方法，抽樣調查廣泛收集資料，進一步的分析評估才能得到解答。如 1. 全國各監所宗教團體教化活動的效果實際情形如何？2. 比較不同管理模式的監獄，宗教團體教化活動的效果差異如何？3.「明德戒治分監模式」是否值得推廣？4. 宗教團體在監所的教化活動，是否真能幫助受刑人戒毒？5. 宗教團體是否因為教化活動而有所發展？6. 受刑人「福音戒治」是否有效？7. 又「福音戒治」是否影響宗教團體的發展？這些問題，都有待深入探索。

參考書目
中、英文專書

中文專書

Baradat, P. Leon，陳坤森譯，2000《政治意識型態與近代思潮》，台北：韋伯文化事業出版社。

Giddens，1997《社會學（下）》，台北：唐山出版社。

L. Broom，C. M. Bonjean，D. H. Broom，張承漢譯，1993《社會學》，台北：巨流圖書公司。

Marsh ,David & Gerry Stokewr，陳菁雯、葉銘元、許文柏譯，1998《政治學方法論》，台北：韋伯文化事業出版社。

司徒達賢，1999《非營利組織的經營管理》，台北：天下遠見出版股份有限公司。

台灣台南監獄，1996《明德戒治分監成立紀念專刊》，台灣台南監獄。

呂亞力，1989《政治學方法論》，台北：三民書局。

李志恆，1996《赴東南亞鄰近地區考察麻醉藥品管理及藥物濫用防治政策之制度及行報告》，行政院衛生署84年因公出國人員報告彙編，台北：行政院衛生署。

林建陽，1999《監獄矯治：問題之研究》，台北：五南圖書出版公司。

林茂榮、楊士隆合著，1997《監獄學：犯罪矯正原理與實務》，台北：五南圖書出版公司。

陳秉璋，1990《涂爾幹》，台北：風雲論壇出版社。

楊士隆、林健陽主編，1997《犯罪矯治：問題與對策》，台北：五南圖書出版公司。

葉至誠，1997《社會學》，台北：揚智文化出版社。

英文專書

Cerny, P.G., 1989 "The Changing Architecture of Politics".London：Sage.

Cullen, F. & J. Wozniak, 1982, Fighting the appeal of repression: crime and Social Justice, 18; 23-33.

Cullen, F. & K. Gilbert, 1982, "Reaffirming Rehabilitation." Cincinnati: Anderson Publishing Company.

Dunleavy, P., 1991 "Democracy, Bureaucracy and Public Choice： Economic Explanations in Political Science." Hemel Hempstead： Harvester-Wheat sheaf

Giddiness, A., 1984 "The Constitution of Society". Cambrigde：Polity Press.

Henwood and Pidgeon, 1993, Qualitative Research and Psychological Theorizing, Lijphart, A. 1971 "Comparative Politics and the Comparative Model." America Political Science Review, 65, 691-693.

Jeffrey D. Sense & David B. Kalinich, 1992, Activities and Rehabilitation Programs for Offender, Cincinnati: Anderson Publishing Company.

Jessop, B.,1990 "State Theory：Putting the Capitalist State in Its Place." Cambridge：Polity Press.

Kontopoulos, K., 1993 "The Logics of Social Structure." Cambridge： Cambridge University Press.

McNamara, E. J. Donald, 1977, The Medical Model in Corrections: Requiescat in Pace. Criminology, p. 440.

Martinson, Robert, 1974, What work? Question and Answers about Prison Reform, Public Interest 35 （Spring）,: 22-54.

Palmer, Ted., 1978, Correctional Intervention and Research, Lexington,

Mass: Lexington Books.

Sayer, A., 1992 "Method in Social Science：A Realist Approach". London：Rutledge.

Skocpol, Theda, 1985 "Bringing the State Back In: Strategies of Analysis in Current Research," in P. B. Evans, D. Rueschemeyer & T. Skocpol（eds.）Bringing the State Back In. Cambridge: Cambridge University Press.

Parsons , Talcott, 1966 " Societies: Evolutionary and Comparative Perspectives" N. J.: Englewood Cliffs.

Ward Schofield J., 1993 "Increasing the Generalisability of Qualitative Research," in M. Hammersley （ed.）, Social Research: Philosophy, Politics and Practice. London: Sage.

Ward, David A., 1973, Evaluative Research for Corrections, in Prisoners i n America ed. Lloyd E. Ohlin: Englewood Cliffs, M. J.: Prentice Hall. P.190-191.

Wendt, A., 1987 " The Agent /Structure Problem in International Relations", International Organization, 41,3.

Wharton, A.S., 1991 " Structure and Agency in Socialist-Feminist Theory" ,Gender and Society,5,3.

Wilson, James Q., 1980, What Work? Revisited New Findings on Criminal Rehabilitation. The Public Interest, No. 61, 3-17, National Affairs, Inc.

期刊

任全鈞，1998〈矯治成效論的過去、現在與未來〉《警學叢刊》，29 卷 1 期，頁 137~149。

宋根瑜，1991〈加強監、院、所教化功能之研究〉《警學叢刊》，21 卷 4 期，頁 55~77。

林建陽、任全鈞，1997〈監獄區域管理制度的介紹〉《警學叢刊》，26
　　卷 6 期，頁 133~149。1997〈監獄矯治問題之研究〉《中央警察大
　　學學報》，31 期，頁 181~198。

林健陽、黃蘭媖，1997〈美國矯正機構（監獄）民營化之研究〉《中央
　　警察大學學報》30 期，頁 257~286。

莊金生，1997〈從受刑人擁擠之現況談監獄「教誨」和「假釋」問題〉
　　《警學叢刊》，27 卷 5 期，頁 19~36。

鄭善印、蔡田木、曹光文，1999〈台灣地區組織犯罪受刑人矯治處遇之
　　實證研究〉《中央警察大學學報》35 期，頁 291~328。

賴擁連，2000〈犯罪矯正機構（監獄）業務委託民間辦理之可行性〉《警
　　學叢刊》31 卷 1 期，頁 129~161。

釋慧寬，1996〈佛教對監獄教誨功能之研究—以台灣地區男性成年受刑
　　人為考察對象〉《締觀》，頁 133~134。

博碩士論文

朱台芳，1992〈監牧關懷：對台灣天主教會監牧工作之研究與反省〉，
　　台北：輔仁大學宗教研究所碩士論文。

林秀娟，1999〈台灣地區監獄教化功能與戒護管理效能之研究〉，嘉義：
　　國立中正大學犯罪防制研究所碩士論文。

張家麟，2000〈國家與社會福利—全民健康保險政策個案研究
　　（1986-1995）〉，台北：國立政治大學中山人文社會科學研究所博
　　士論文。

莊金生，1997〈台灣地區監獄受刑人教化處遇成效問題之實證研究〉，
　　桃園：國立中央警察大學犯罪防制研究所碩士論文。

彭冀湘，1991〈監獄教化制度之研究〉，台北：國立政治作戰學校法律
　　研究所碩士論文。

訪問稿

編號 001 編號 002 編號 003 編號 004
編號 005 編號 006 編號 007 編號 008

報紙

中央日報，1994.12.28 第 3 版
中華日報，1994.12.28 第 21 版
中華日報，1995.6.14 第 7 版
中華日報，1995.12.22 第 26 版
中國時報，1995.6.16 第 6 版
聯合報，1994.11.18 第 17 版
聯合報，1995.5.2 第 6 版
聯合報，1995.6.8 第 16 版

網站

法務部 http://www.tpt.moj.gov.tw/B200/cb200B.htm
更生團契網站 http://www.immanuel.net/sites/cbaf/

附錄

附錄1：台灣地區各監獄宗教教誨次數調查表

監獄別	佛教	基督教	天主教
基隆監獄	每週一次	每週一次	每週一次
台北監獄	雙週一次	每週一次	每週一次
桃園監獄	每週三次	每週三次	每週三次
台中監獄	每月四次	每月四次	每月四次
雲林監獄	每週一次	每週一次	每週一次
嘉義監獄	雙週一次	雙週一次	每週一次
台南監獄	每週一次	每週一次	每週一次
高雄監獄	每週一次	每週一次	每週一次
屏東監獄	每週一次	每週一次	每週一次
台東監獄	每週三次	每週三次	每週一次
花蓮監獄	每週一次	每週一次	每週一次
宜蘭監獄	每週一次	每週一次	每週一次
澎湖監獄	不定期	每週三次	每週三次
綠島監獄	不定期	每週二次	不定期
明德戒治分監*	每週五次以上	每週五次以上	很少

資料來源：釋慧寬，〈締觀〉佛教對監獄教誨功能之研究—以台灣地區男性成年受刑人為考察對象。（釋慧寬，1996：133）

明德戒治分監*的資料是筆者田野調查後加上（2001.8.6-8）

附錄 2：台南明德戒治分監佛教班宗教教誨課程及活動

台南明德戒治分監佛教班課程表　90／07／15製表

時間	星期	一	二	三	四	五	六	備註
06:30～	早覺	起床、盥洗、靜坐						白天個別輔導老師：余素蘭 夜間舍房輔導老師：楊鐵田、梁秋華、吳秀華、方雀惠、薄培琦、方雪珠 專題時間：隨老師時間安排、雷瑞朗、蔣英俊、邱銘全、黃重義、李錦瑞
07:00～		早餐、點名						
08:00～		開封、整理環境						
08:35—09:20	第一節	早課	早課	早課	早課	早課	收封	
（授課人員）		慧定法師	慧定法師	慧定法師	慧定法師	慧定法師		
09:30—10:20	第二節	受刑教育	宗教輔導	受刑教育	生涯規劃	公民教育	收封	
10:30—11:20	第三節	梵唄輔導	專題時間	宗教輔導				
（授課人員）		黃秀娥 焦余吳等人	尹、余等人 慧定法師（專題教師）	薄培琦 張福春等人	劉美齡	林緝熙		
11:30—12:30	第四節	午餐・點名						
（授課人員）		主管						
12:30—13:30	午休時間	午休時間						
13:40—15:30	第五六節	影帶教學	衛生教育	禪坐 收容接見	電影欣賞	環境整理 體能訓練	電影欣賞	
（授課人員）			蔡曉花	慧定法師		主管		
15:40—16:20	第七節	晚課	蔡曉花	收封準備	晚課	收封準備	晚課	

運 動 時 間	16:20—16:40
盥 洗・點 名・晚 餐	16:45—18:00
夜間舍房輔導 （慧定法師・男眾義工輔導老師）	18:00—20:40

資料來源：田野調查 2001.8.7

附錄 3：志工入監輔導應行注意事項

1. 進出交通管制哨請自動打開車窗，以方便值勤同仁檢查。
2. 現金、行動電話或其他危禁物品請放置於衛門處的保管櫃中，切勿攜入戒護區。若有背包、包裹或任何非上課必須用品時，請放置教誨師辦公室或工場主管處保管。
3. 請勿替收容人傳遞任何資訊及物品，例如：打電話、私寄書信、傳遞藥物、香菸、各類食品等。
4. 若有書籍或卡片要贈予收容人者，請先交教誨師檢查後，再由工廠主管轉交給該收容人。
5. 收容人服刑或戒治期間，請勿與其家屬聯繫，並禁止與其有金錢往來情事。
6. 進出分監請佩帶識別證，若無識別證者請將私人證件交門衛並領取來賓證佩帶之。
7. 來賓未經管教人員引導，請勿私自在戒護區隨處走動。
8. 禁止將私人聯絡電話或住址告知收容人，如有需要可告知教化科的專線，再代為轉達即可。
9. 如有同學委託關於教化、戒護管教等情事，請勿直接或當面承諾，應先行知會管教人員斟酌處理。
10. 訪談過程中發現收容人情緒不穩或有不法情事者，請知會管教人員妥為處理。
11. 授課人員如為女性，應注意服裝儀容；遇有收容人言語輕薄、行為不當時，請知會管教人員處理。

12. 請以具體且客觀之內容授課，切勿有刺激或攻訐等不當言論。

13. 其他有必要注意之事項，得隨時知會聯繫。

資料來源：田野調查 2001.8.8

附錄 4：佛教班志工訓練課程

附錄 4-1：新生山莊佛教班義工培訓心理諮商課程計畫

目的：1. 認識毒癮及其相關的生理和心理病因

　　　2. 熟悉增強動機晤談和生活因應技巧訓練等戒治模式

教授：呂宏曉　心理醫師

上課方式：1. 解說　2. 演練

上課地點：台南講堂 12F（觀照堂）

上課時間：6、7 月份每週五晚 19:30~21:20

上課內容：

日期	講　　題
6.2	諮商員應有的認識和準備——身為佛教徒應有的體認
6.9	毒癮的生理病因——毒癮是一種病
6.16	毒癮的心理病因——解析所謂的心癮
6.23	動機式晤談的介紹——激發受戒治人的戒治決心
6.30	動機式晤談技巧演練——諮商員最應俱備的能力
7.07	生活因應技巧與毒癮的關聯性——理論介紹
7.14	生活因應技巧訓練的諮商技巧演練（一）
7.21	生活因應技巧訓練的諮商技巧演練（二）
7.28	生活因應技巧訓練的諮商技巧演練（三）

佛光山社會教化處　敬啟　2000/5/30

TEL：06-578-3860　FAX：06-578-4118

附錄4-2：新生山莊「義工培訓」課程系列之三

「法律常識」課程表

　　教師：台灣台南地方法院檢察官

　　時間：每星期五（19:30~21:20）

　　資格：有心做義工者（請填寫報名表）

　　費用：參與者（教材費），義工者全免

　　內容：

日期	教　師	講　　　　　題
9.8	李檢察官啟明	刑法總則基本處概念簡介
9.15	羅檢察官瑞昌	何謂法律
9.22	李檢察官啟明	刑法分則常見法律問題
9.29	羅檢察官瑞昌	何謂法律
10.06	李檢察官啟明	刑事訴訟法基本概念簡介
10.13	羅檢察官瑞昌	實例研習
10.20	李檢察官啟明	刑事訴訟法基本概念及毒品危害防制條例
10.27	羅檢察官瑞昌	實例研習

佛光山社會教化處　謹啟

專線電話：（06）578-3860

附錄 4-3：台南戒毒村「義工培訓」課程系列之五

「監獄文化」與「佛學」課程

宗旨：1、以培訓工作來召集有心人服務的機會。

　　　2、以自我提昇的磨練來發揮服務的精神。

　　　3、建立團隊的共識與交換個人的服務經驗。

　　　4、成就安全的社會環境與健康清淨的身心。

教師：檢察官、主任觀護人、監獄長官、

　　　蕭執行長、慧定法師、鍾肇明老師等人

時間：每星期四晚上（19:30~21:20），7 月 5 日起，

　　　7、8 二月施實，共計九次。

資格：有心做義工者（請填寫報名表）

地點：佛光山台南講堂 12F（觀照堂）

內容：

日期	教　師	課　程	講　題
7.5	慧定法師	監獄文化	義工須知
7.12	監獄長官	座談會	監獄文化
7.19	鍾肇明	讀書會	迷悟之間
7.26	李主任淑慧	輔導座談	榮觀知津
8.2	鍾肇明	讀書會	迷悟之間
8.9	蕭執行長碧涼	座談會	服務人生
8.16		毒害常識	社會現象
8.23	鍾肇明	讀書會	迷悟之間
8.30	慧定法師	讀書會	迷悟之間

佛光山社會教化處　謹啟　專線電話：（06）578-3860

資料來源：田野調查 2001.8.7

附錄 5：台南戒毒村官方組織圖

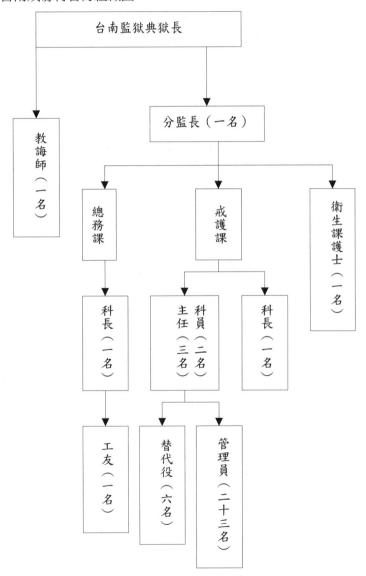

第六章　國家對宗教的控制與鬆綁
——論台灣的宗教自由

壹、前言

一、問題—台灣宗教自由的變遷（Change）

　　「中華民國憲法」中明列，人們擁有「宗教自由」，憲法學者依其規範的應然面（ought to be）解釋了「宗教自由」的內涵。像教徒得以自由傳教、人民得以自由信仰宗教，國家不得特別保護某個宗教等，不過憲法學者似乎也贊同國家可以對宗教作某一種程度的干預，例如國家得以強迫教徒不得以宗教的理由拒服兵役、拒向國旗敬禮，國家得拒絕宗教教育進入到一般教育中，尤其禁止教會興辦學校強迫學生必須修其宗教課程或參與宗教儀式。（林紀東，1978；劉慶瑞，1957）

　　然而「實然面」（to be）的宗教自由通常是什麼面貌呢？在兩蔣威權政體（authoritarian regime）[1]時代，到李登輝掌權之後的「威權轉型」（authoritarian regime change）[2]民主化時代，我國人民的「宗教自由」是否有實質上的差異？所以，本文主要是把國家當作一自變數（independent variable），宗教自由作一依變數（dependent variable），建構國家與宗教自由之間的假設（hypothesis）。即不同的政體性質，「國家性」（statehood）不同時，「國家」對宗教自由的操控或鬆綁，可能也造成不同的效果。

　　依此，嘗試尋求下列幾個問題的答案：

1. 國家在宗教自由程度之高與低是否扮演重要的影響角色？
2. 如果是，不同的國家性時，國家對宗教自由的操控或鬆綁是否有所不同？
3. 在同一國家性時，國家在什麼情形下會限制宗教自由？
4. 或是宗教在什麼狀況出現時，國家會介入宗教的領域，干預教徒、教派或教會？
5. 相反的情形是，國家在什麼情形下會放任宗教自由？

而此五個問題，也構成本文的研究主題及範圍。

---

[1]　威權政體：最早的研究見之於 Linz, Juan J.（1984）「極權與威權政體」，見《政治學大全》第三冊。台北，幼獅文化事業公司。

[2]　威權轉型：是作者自訂，一般論者以「軟性威權」、「新威權」或「民主化」形容李登輝的統治性質，以區別兩蔣的統治性質。

二、新國家主義（neo-statism）研究途徑（approach）

　　本文嘗試站在「國家」的觀點，理解國家在「何時」（When）易干涉宗教自由，國家為何（Why）要介入宗教，國家用什麼方法（How）介入宗教。這種以國家觀點的研究途徑是把國家當作一個主體（subject），是國家本身具有某種意志（will），對政策（policy）的選擇，並非「自由放任」，不同於「多元主義國家」（pluralism state）的觀點，其視國家為沒有任何主體性，而只是提供各種團體（groups）勢力公平競爭的「競技場」（arena）。（Dunleavy and O Leary, 1987）這種視國家對政策選擇具有優先的選擇秩序的研究途徑，一般論者稱之為「新國家主義」（Non-statism）研究的新典範。（Stepan, 1978: 6 Krasner, 1984; Skocpol, 1985，高永光，1995）在既有的新國家主義的研究中，已有學者之運用到國家與經濟發展的關連，（王佳煌，1997）也有學者用之究國家對社會福利發展的關係（張家麟，1996），也有用此途徑比較中國大陸與台灣的土地政策（陳啟清，1998）。

　　也就是皆運用「新國家主義」的研究途徑，抽離「國家」這個傳統的概念[3]（concept），賦予新的意義，變為一可操作

---

[3]　傳統國家的定義是社會為了維持和平而行使統治的團體。（薩孟武，1974：4）此外，政治哲學家對國家的討論頗多，如黑格爾（G.W.F. Hegel）認為國家是人類自由的最高表現；新馬克思主義認為國家是改善階級衝突以確保資本主義體系長期維持的機制。也有視國家為政府的機器。（Andrew Heywood，1997：144~5）

（operation）的具體觀念，觀察國家的「自主性」（autonomy），
與「能力」（capacity）。從國家的高度抽象意義，變化為「自
主性」與「能力」兩個概念，再尋求可以操作這兩個概念的具
體指標，來解釋國家的偏好（preference）國家與民間社會（civil
society）的關係、國家對民間社會的支配關係、國家與民間社
會的衝突關係，（Nordlinger, 1981），此外，不同的國家類型也
展現出不同的國家能力，（Mann, 1984:91）國家能力強者以「官
僚國家」（bureaueratic state）與「威權國家」（authoritarian state）
為主，國家能力弱者像「封建國家」（feudal state）與「傳統
帝國」（imperial state）為主。以孟思（Mann）的國家能力的
分類，台灣的歷史發展，兩蔣時代接近「威權國家」的類型，
國家不允許民間社會的社團與其競爭，更遑論挑戰其國家統治
者；而在李登輝主政下的台灣，步入所謂的「威權轉型」統治，
接近「官僚國家」的類型，雖然民間社會力量相對增強，但是，
官僚機制也有相當高的執行決策的能力。

　　理論上台灣的宗教自由在威權時代與威權轉型兩個階
段，因為國家「自主性」與「能力」相對於民間社會力的發展
而產生的變化，將導致宗教自由實質內容的轉變。這種轉變只
有長期的歷史觀察，才能尋求得到合理的詮釋（verstehen），
所以有關國家對某項政策的選擇，只有從國家發展的「歷史條
件」（historical conditions），去理解國家的自主性與能力在政
策的抉擇的相關影響。（Rueschmeyer, E.Stephens, & J.Stephens,
1992:63-68）

貳、台灣的國家與宗教關係類型及其意識型態[3]

　　根據中華民國憲法，人民與教會在台灣享有相當高的宗教自由，應是標準的「政教分離」的高標準的宗教自由國家；但是在威權時代及威權轉型時代，國家對宗教始終有其主觀上的意願，而欲加以操縱。（瞿海源，1995a.b）因此，欲分析台灣國家與宗教的關係，可從國家對宗教自由操控的程度分成四個等級來觀察。從光譜[5]（spectrum）的概念來看，在最左邊的的類型是「政在教之上」的極權主義國家，國家完全剝削宗教自由，人民完全沒有任何宗教自由；其次是威權主義國家，國家幾乎剝削宗教自由，人民僅有部分宗教自由；第三種類型是自由主義民主國家，人民幾乎擁有大部分宗教自由；第四類是無政府主義國家，理想上，「政教完全分離」，國家從不干涉宗教，宗教也不介入國家。這四個國家類型，可做出下列的光譜（圖一）。（鄒讜，1994：228）[6]

---

[4]　Smith（1971）對國家與宗教的關係與意識型態結合分為：1. 自由主義：宗教自由；2. 革命國家主義：壓制宗教；3. 馬克思主義：改革宗教三種類型。台灣在過去兩蔣時代應為第二種類型，李登輝時代則較接近第一種類型，。不過，這種分類沒有上述光譜分類佳，因為宗教自由本身動態的，用連續體（continum）的觀念分類較佳。

[5]　光譜類型摘引自 L. P. Baradat（1997：15~16），他的分類含有較複雜的意涵，如除了左派、右派的方向性外，尚包含改革的主張、深度及速度。在此，只用其光譜的方向性的概念而已。

[6]　鄒讜的分類，是用來分析國家與人民的自由關係，有集權全能主義國家、威權主義國家、多元主義國家及無政府主義國家四個等級來說明。在極左派是完全沒有自由的集權全能主義，最右派的是完全放任人民擁有全面自由的無政府主義國家，中間偏左是威權主義國家，，人民自由相對於集權全能主義高，而卻低於多元主義國家。作者認為他的集權全能主義國家即是「極權主

圖一　意識型態與國家、宗教的關係

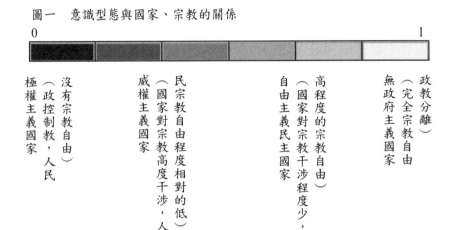

0　　　　　　　　　　　　　　　　　　　　　　　　　　　　1

極權主義國家
（政控制教，人民沒有宗教自由）

威權主義國家
（國家對宗教高度干涉，人民宗教自由程度相對的低）

自由主義民主國家
（國家對宗教干涉程度少，高程度的宗教自由）

無政府主義國家
（完全宗教自由政教分離）

　　在最左端是完全的極權主義意識型態，國家完全可以掌握社會，當然也可以掌握宗教，以中共專政對宗教的壓迫最具代表性（汪學文，1986，陳啟章，1993）最右邊的極端是完全的宗教自由，政府完全不干涉宗教活動，是屬於無政府主義的意識型態，就教徒來說，在現代的國家社會中，這是最理想的境界。但是，這幾乎不可能，因為至今並沒有任何一個國家願意拋棄國家的統治權力；相反的，為了維持國家的公益，對宗教也都採取必要的干預。即使最強調政教分離的美國，也曾在1940 年做出教徒不得以宗教的理由，拒不向國旗敬禮的判例，雖然，這個判例在三年後被聯邦最高法院推翻，但是美國的國家權力（行政）卻一再地運用國家的力量強加於學校，要求學生接受地方政府給予的宗教教育。最後在聯邦最高法院也都宣告國家與宗教的聯合是違反政教分離的原則。（朱瑞祥，

　　義國家」故採用一般政治學者常用的極權主義的概念。

1987）

　　台灣的宗教自由程度從兩蔣時代至今，應是在這兩個極端間遊走。台灣也有類似的個案，以一貫道解禁的過程來看，國家對一貫道的禁止是在民國四十年，解禁是民國七十六年，這種過程應是由威權主義的國家轉向自由主義民主國家的類型，然而事實是否如此呢？且看以下國家與宗教的關係在威權與民主兩個階段的的分析。

參、威權時期，國家與宗教的關係（1951-1987）

一、國家自主性與宗教自由和控制

（一）國家自主性與宗教自由

1. 國家自主性

　　依據 Nordlinger 的說法，他用較具體的概念來操作化（operation）自主性，即是國家、國家偏好（preference）與權威行動。（Nordlinger, 1981:9）國家乃是指一群左右公共政策的官員自生的而非來自社會影響而產生，而這種自生性的偏好，源於官員的事業興趣，效忠組織的特性及專業技術。（Nordlinger, 1981:15~37）

　　基本上，在威權時期的台灣，主宰國家公共政策的官員主要來自於最高權威當局及中國國民黨接近領袖的黨政要員。

　　最高領袖蔣介石及其兒子蔣經國皆能有效的掌握黨的機

器（apparatus），而再對國家進行政策的偏好選擇及執行。蔣的政策偏好，往往即是國民黨高層的偏好，而也經常成為國家偏好。蔣介石本身為基督徒，是有神論者。故其尊重宗教自由乃可理解。大體而言，國民黨執行其政策，給予人民宗教自由，乃極其自然之事。況且，這也是憲法明文之規定。

2. 國家自主性與宗教自由

　　然而當時國家的宗教自由的政策，絕不是僅止於蔣個人宗教有神論者的理由。而應該仍有其他理由。從既有文獻顯示，最可能的理由尚有下列兩項：(1)為了要凸顯「自由中國」與「奴役中國」的差異，國家幾乎皆依據憲法給予人民與教會，擁有相當高程度的宗教自由，包含信仰自由、傳教自由，各教派都有平等的基礎從事宣教的工作，藉此吸引民眾對「反共復國」的凝聚力。(2)部分宗教長期支持國民黨政權，及國民黨領導階層本來就信仰基督教等因素，皆是國民黨政權支持大部分人民宗教自由的主要理由。茲分下列四點說明：

　　(1)中共無神論壓迫宗教

　　大陸山河變色，中共政權根本容不下各種宗教，其信奉馬、列、毛思想，視宗教為「統治者給被統治者的鴉片煙」的意識型態，摧毀宗教（汪學文，1986：20-25, 72），所以在 KMT 政權播遷來台，部分宗教也隨著播遷有其歷史背景的政治因素，而中共的無神論宗教政策是迫使這些宗教支持國民黨政權的主要因素。

　　(2)國民黨政權領導階層信仰基督教

　　蔣介石及其夫人信仰基督教，此外其部屬有不少亦信仰基

督教（如創設國語禮拜堂的范誦堯將軍（林丕鴻 1993：248），
所以國民黨政權的領袖一直被視為來台教會的護教者。
（Rubinstein, 1987:367）

(3)早期基督教支持國民黨政權北伐

與國民黨一起來台的基督教派，在國民黨政權崛起時，即
支持國民黨的革命北伐運動，積極與國民黨政權建立關係（王
成勉，1986：270~276）而國民黨政權也一直主張宗教自由的
政策。（葉仁昌，1987：53）相較於過去，基督徒在中國因為
「反帝國主義」而導致反基督教的宗教迫害，國民黨則適時給
予基督徒庇護。

(4)國民黨政權的憲法保護宗教自由，用之對抗中共政權

國民黨政權為了從事反共的鬥爭，標榜自己的政權為「自
由中國」，與中共的「奴隸中國」相對抗，所以憲法的「宗教
自由」也用來作為中共政權鬥爭有力工具之一。蔣介石就明白
指出與中共的鬥爭是有神思想與無神思想的鬥爭，是「上帝與
惡魔的戰爭」，馬克思主義成為一邪惡的宗教。（蔣中正，1977：
38）

以上四點，事實上很清楚的理解到國民黨政權給予某些宗
教高度的宗教自由，主要的原因有其歷史及政治上目的之因
素。國民黨政權的領袖之「有神思想」，相對於中共的「無神
思想」；國民黨政權從事反共鬥爭，「宗教自由」也是其中的一
項工具，而這也區別了海峽兩岸的兩個中國。威權時期的國家
自主性，反映出此時國家給予人民宗教自由強烈的政治意涵與

企圖。宗教自由除了宗教本身帶給人民的心靈慰藉[7]的功能外，尚有積極的為「反共」的國家總體目標服務的工具意識。所以在此時，幾乎只要是支持國民黨政權的宗教幾乎鮮有不獲得宗教自由。

其中一貫道及基督教長老教會是兩個例外。前者支持國民黨政權，後者批評國民黨政權及其政策，卻都受到壓迫。原因如何？茲再分析如下。

（二）國家自主性與宗教控制

雖然，威權時期國家給予人民宗教自由；不過仍有一些例外，當國家發現部分宗教危害到國家「反共復國」最高目標時，乃對這些宗教施予查禁或鎮壓。

從報紙資料顯示，民國四十年起，至七十六年為止，被查禁或鎮壓的宗教有 1. 一貫道三次被查禁而宣告為「邪教」，2. 基督教長老教會三次國是宣言而造成其與國民黨權威當局的緊張關係，3. 統一教及基督教的「愛的家庭」被查禁而宣告為「邪教」，4. 基督教的「錫安教派」被驅離「聖山」，5. 基督教長老教會的刊物遭查禁或遺失，6. 基督教長老教會牧師基於宗教的「使命」保護施明德而遭逮捕，7. 基督教長老教會牧師主張台灣獨立被判刑。

國家查禁或鎮壓的宗教可以用下列圖二說明。

---

[7] 宗教對信徒的心理慰藉的功能論，以　　依德及馬克思的說法最接近此論點。如　稱宗教為個人心理的安慰；馬稱宗教「是無情世界的良心」，也是嚴酷日常現實的慰藉。（Anthony Giddens，1997：80~1）

圖二 國家對宗教的干涉

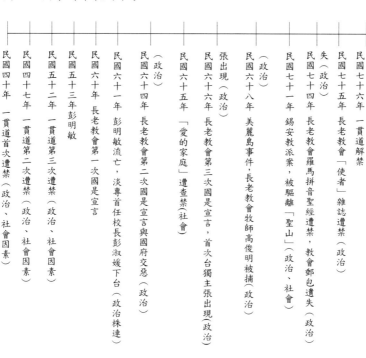

民國四十年 一貫道首次遭禁（政治、社會因素）

民國四十七年 一貫道第二次遭禁（政治、社會因素）

民國五十二年 一貫道第三次遭禁（政治、社會因素）

民國五十三年 彭明敏

民國六十年 長老教會第一次國是宣言

民國六十一年 彭明敏流亡，淡專首任校長彭淑媛下台（政治株連）

民國六十四年 長老教會第二次國是宣言與國府交惡（政治）

（政治）

民國六十五年 「愛的家庭」遭查禁(社會)

民國六十六年 長老教會第三次國是宣言，首次台獨主張出現(政治)

張出現（政治）

民國六十八年 美麗島事件，長老教會牧師高俊明被捕（政治）

（政治）

民國七十一年 錫安教派案，被驅離「聖山」（政治、社會）

民國七十四年 長老教會羅馬拼音聖經遭禁，教會郵包遺失（政治）

失（政治）

民國七十五年 長老教會「使者」雜誌遭禁（政治）

民國七十六年 一貫道解禁

長老教會牧師蔡有全、許曹德被判刑

民國八十六年 宋七力、妙天、清海被政府宗教掃黑

民國八十七年 妙天被大學生抗議

1. 國家自主性與宗教查禁

民國四十年一貫道首次被查禁,民國四十七年、五十二年連續的再遭查禁兩次;民國六十年長老教會第一次國是宣言,與政府產生緊張對峙關係;民國六十一年彭明敏教授流亡,長老教會興辦的淡水專校校長彭淑媛下台;民國六十四年長老教會第二次國是宣言,民國六十五年「愛的家庭」遭查禁,民國六十六年長老教會第三次國是宣言,首次主張台獨言論,政府與長老教會關係再深化交惡;民國六十八年美麗島事件發生,長老教會牧師高俊明被捕,其餘的尚有蔡有全、許天賢、林弘宣等人;民國七十一年「錫安教派」因為追求聖山,遭政府強制驅離山地管制區;民國七十四年,政府禁止長老教會的羅馬拼音聖經發行;台灣長老教會的刊物委交政府郵局郵寄,結果整包遺失;民國七十五年政府查禁長老教會的「使者」,各地派出所騷擾長老教會要求其提供出教會名冊、財源、活動、組織、傳教動機等資料,同年,台南市政府查扣台灣教會公報,只因其討論 228 事件,經交涉後發還,但是在十一月時,因關心蔡有全、許曹德的台獨言論案,再次遭警告;民國七十六年,蔡、許兩人因台獨言論被判刑。

2. 查禁理由之一:國家安全與集會自由的衝突

這些宗教被查禁的理由不外乎政治與社會兩項。以民國五十二年一貫道的查禁為例,警總即認為一貫道是「邪教」及為匪利用的不良宗教。

(1)就政治理由來看:其蔑視政令,危害社會治安,為匪

利用，散播謠言，為匪張目。

(2) 就社會理由看：其裸體崇拜，斂財、姦淫、恐嚇，妨礙社會善良風俗。（瞿海源，1997：365）

民國六十年警總再一次查禁一貫道，理由也大同小異。

(1) 在政治上：其為共黨利用，擾亂選舉。

(2) 在社會上：其妖言惑眾，恐嚇、姦淫、斂財，邪行怪異。故理應查禁。

如果再深入分析一貫道被官方查禁的理由，從宋光宇對一貫道被取締的 118 件新聞統計資料來看，可能真正的主要理由是「非法」的秘密宗教集會。（宋光宇，1983）而其餘的理由是表面的理由。因為宋發現在六項查禁的理由：

(1) 未經事先報備私下秘密集會：81 件

(2) 離群索居行動怪異：18 件

(3) 詐財：17 件

(4) 家庭失和：15 件

(5) 裸體崇拜：9 件

(6) 吃素導致營養不良：9 件；上述理由以第 (1) 項占大宗。

所以，前面所述，一般論者以為一貫道被官方查禁的理由，為匪宣傳與利用的政治理由及從事裸體崇拜的破壞社會善良風俗的社會理由，可能只是部分原因；因為，衡諸事實，一貫道根本是支持國民黨的宗教團體，而且其教義與儀式嚴守男女之防，上述兩項官方查禁的理由的指控分明是「欲加之罪，何患無辭」。

反而「秘密集會」才可能是，國家查禁一貫道實際的主要理由。依宋光宇的調查未經事先報備的 81 件私下秘密集會佔

一貫道被官方查禁約一半的比例。而它是威權統治之下，國民黨政權最大的忌諱。一貫道「秘密集會」犯了破壞「國家安全」的政治禁忌，（董芳苑，1980；瞿海源 1997：378）固然在多元主義之下的政權，集會自由為人民的基本權利，但是在威權體制之下，任何集會皆被禁止，除非是符合國家利益的集會。而一貫道信徒從事宗教活動，因為其為非法宗教，故其信徒集會勢必流為「秘密集會」乃不足為奇。而統治當局，為了防止中共的顛覆，對此類集會用「有色」的眼光對待，乃屬合理推論，因為任何「非法」秘密集會皆有破壞「國家安全」之虞。所以，此時警總查獲的「非法」集會的一貫道宗教活動特別多，也就習以為常了。

3. 查禁理由之二：國家安全與言論自由的衝突

長老教會與國家間的對抗則是另外一種類型的宗教壓迫。如果說，一貫道是支持政府而被壓迫，而長老教會則是批評政府而被壓迫。長老教會與國家的衝突，最主要的是教會發表三次的國是宣言的政治主張，而觸犯國民黨政權的基本政策。

民國六十年第一次國是宣言主張「全面改選」中央民意代表，而當時的國民黨政權的主客觀環境是維持中央政權的掌控，只允許地方民意代表的改選，長老教會的左傾主張，與國民黨的衝突明顯可見。民國六十四年第二次國是宣言主張是要求國民黨政權允許：(1)讓教會合法發行台語聖經，(2)宗教自由，(3)突破外交孤立，(4)保障人民安全等。其中，與國民黨政權最大的衝突應是「台語聖經」的發行觸犯到國民黨「全面

說國語」的語文政策。民國六十六年第三次的國是宣言是長老
教會與國民黨政權最緊張的一次對峙，因為首次在教會文獻中
出現「台獨主張」、「民族自決」、「新而獨立的國家」等詞彙，
明顯與國民黨反共復國的大中國主義的統一「國家意志」相
悖。（瞿海源，1997：339-343）

　　國民黨政權對於長老教會這種介入政治的作法，明顯的觸
犯到其統一中國的基本政策，當然深表不滿。所以，在既有的
政治、法律結構，掌管言論控制的官僚體系，就依各種法律，
對長老教會的言論、刊物進行查扣、有意的遺失及警告，進而
有機會逮捕相關的領袖時，國民黨政權也絕不鬆手。

　　國民黨政權對長老教會的介入，並非因為其宗教的佈道及
信仰內容，而是對其宗教刊物的言論主張，已經跨越到非宗教
的領域，批評國家大政，表達政治與社會問題的高度關切。而
論者咸為這是長老教會的「加爾文教派」的社會關懷的具體表
現，也就是說基督教徒的參政正是符合聖經的主張。（林本炫，
1990：113-117）而這也正是長老教會引以為傲的「聖徒的堅
忍」的精神，教徒歷經挫折與壓力，仍然「焚而不毀」[8]的古

---

[8]　長老教會以講道為中心，而非以祭壇為中心；牧師用講道的方式，說明上帝
　　的公理與正義，頗具理想色　。其「　而不　」的精神，化為具體符號如下
　　圖，長老教會歷來堅持此傳統，故其在教堂中的講壇的佈置，經常可見此標
　　誌。

典傳統。（盧俊義。1993：78~79）

　　不過，在威權體制下的國民黨統治結構，勢必不能容忍人民對其政策持懷疑與批判，長老教會的涉入政治的主張當然是在取締的範圍。所以，長老教會的獲罪，是其政治思想言論，而非其宗教信仰言論。國民黨基於國家安全的理由之下，屢次對長老教會的取締與騷擾，這種行為我們就可以了解了。

　　總括此時期國家對宗教的干涉主要歸納有下列兩個理由：

1. 政治：當宗教違背反攻大陸的基本政策，違反國家統一的基本立場，（以長老教會的主張最為明顯）和違反集會原則（如一貫道秘密集會）時，必遭查禁。

2. 社會：當宗教違反社會善良風俗，妖言惑眾，破壞社會秩序，（以一貫道、愛的家庭、錫安山教會為代表）必遭查禁。

　　前者為統治當局的立國根本價值，當然不能隨便被懷疑；而後者則表現出統治當局「作之師」的「父權主義」心態，這種父權政治特質，乃是欲指出什麼是社會善良與不良風俗，如將一貫道的「末世觀」教義，視為「妖言惑眾」，擾亂社會安定的不安因素；加上，一貫道道親集會時間有「裸體崇拜」等擾亂社會善良風俗的具體事證。因此，具有父權特質的國民黨政權（瞿海源，1997：378），扮演家父長的角色，指導人民接受所謂的「善良風俗」，驅離「不良風俗」是可以合理推論的。在這樣意識型態的統治之下，不僅一貫道要被拒絕，連「愛的家庭」、「統一教」也先後被國民黨政權宣告為「邪教」，而禁止在台灣傳教。

　　綜觀威權時期的其他教派，只要不涉入違反上述原則，宗

教界人士只談宗教事物，或如果談論政治，也可以完全配合國家政策時，則幾乎擁有相當高程度的宗教自由。（可參閱圖三）

威權時期宗教自由的類型可依兩項指標：宗教自由與支持國民黨而分為五種不同類型的宗教自由。說明如下：

a. 支持國民黨而沒有宗教自由：一貫道

b. 批評國民黨而沒有宗教自由： 錫安教會、

c. 批評國民黨而低度宗教自由的宗教：長老教會

d. 不介入政治而沒有宗教自由：愛的家庭、統一教

e. 不介入政治而高度宗教自由：基督教（衛理公會、聖教會、真耶穌教會、神召會、門諾會、貴格會、拿撒勒人會、教會聚會所）巴哈伊教、天理教、摩門教

f. 支持國民黨而高度宗教自由：佛教、道教、天主教、軒轅教、基督教（聖公會、循理會、國語禮拜堂、靈糧堂、基督復活安息日會）

圖三　威權時期，國家與宗教的關係位置圖

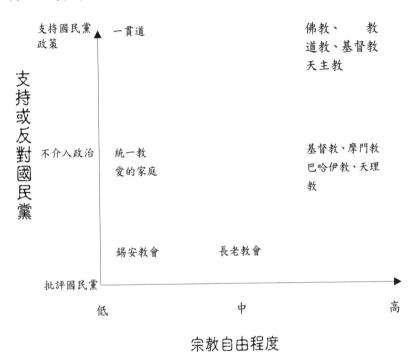

　　由上可知，幾乎是支持國家政策偏好或不涉入政治的宗教，都擁有高度宗教自由。相反的情形定觸犯此政策偏好的宗教，國家必然用政治與法律等手段，扭轉其偏好與國家一致，如果不可能，也一定壓抑其偏好於地下非法化，不使其宗教自由與言論自由正常發洩。而前已分析，在此時期國家表現出高度自主性的政策偏好表現在下列幾項：

　　1. 領袖意志為國家意志，而反共復國政策為國家總體目標。

　　2. 領袖齊一國家、人民意志完成此目標。

3. 為達成此目標，實施戒嚴體制進行反對言論與黨派的掌控。

4. 任何宗教必須合法登記並支持反共國策。

5. 如不支持，而公開反對，必遭國家取締。

6. 秘密集會破壞國家安全，故秘密集會的宗教乃在取締之列。

7. 國民黨政權具「家父長主義」企圖糾正社會「不良」風俗。

與此政策偏好相符合的宗教獲得相當高度的宗教自由。

總而言之，國民黨政權介入宗教有其歷史條件與意識型態兩項因素，而這兩種因素又彼此互相影響。國民黨政權如果沒有中共政權的外在壓力，他也不會那麼重視國家安全，對宗教的介入有一大半因素是來自於維繫國家安全的理由，例如對長老教會的騷擾與對一貫道的查禁，基本上都與國家安全不穩定的歷史背景有相當密切的關連。

而面臨中共的壓力，國民黨為了對台灣進行有效率的統治，形成「傘的威權統治結構」，以蔣氏父子為統治傘柄，支撐起國民黨黨國一體的統治，配合情報單位對付異議份子；如果沒有中共的壓力，國民黨可能不會形成「威權政體」，當然也就不會箝制宗教界的「邪說」或「異議」的思想及散佈這些觀念的宗教領袖了。

在此歷史條件之下，「反共」變為國民黨的「國策」與統治的「意識型態」，與此「意識型態」不合的主張，國民黨政權就視為對其政權的挑戰，像長老教會的「全面改選」、「台灣聖經」、「台獨」、「新而獨立國家」等具體主張，乃不見容於威權體制下的國民黨政權，是可以理解的。

二、國家能力與宗教控制

（一）國家能力

　　國家能力到底是什麼呢？往往是指國家機關是否可完成政策目標的可能性，特別是在面對有力社會團體潛在或實際反抗時，國家機關是否可完成政策目標。（高永光，1995：53~54）依此，我們可以分下列幾項進行理解：

　　1. 國家在決策與執行其政策時，能夠對民間社會的範圍內影響的程度。(Mann, 1987:185-213)

　　2. 國家能力往往與其國家的歷史發展有關係。(Skocpol, 1980:155-201, Rueschemeyer, E. stephens, & J. Stephens, 1992:63-68)

　　3. 國家能力意指永業文官的專業能力。

　　4. 國家能力的養成得靠：(a)國家行政制度的建立時間與環境的試煉才得以成長(b)國家官僚機制介入或干預的主動意念(will)，久而久之才會培養出干預的能力。(c)國家各部門的攻治學習(political learning)，企圖以國家整體觀念，來思考解決問題，(d)國家機關的歷史延續性，(e)把握歷史時機，學習處理國家面臨的難題。（高永光，1995:93）

　　我們也可從此觀察分析威權體制的台灣，其國家貫徹政策的能力如何。

（二）威權體制與國家介入宗教的方法

　　中國國民黨威權體制的形成有其歷史背景，在威權體制之

下的統治，領袖非常有技巧的掌握國民黨機器， 而國民黨機器形成領袖強有力的統治工具。（楊泰順，1991：26）中國國民黨主席身兼中華民國總統，領導具絕對優勢的獨大黨（曾濟群，1995：51~67）。領袖控制國民黨，而國民黨卻也掌握國家的「政、軍、情、特、司法」等機關，因此，領袖可憑藉其強有力的官僚機制與司法體系，對妨礙其國家安全的宗教施以強悍的鎮壓或查禁，其鎮壓或查禁主要機制與方法，茲分下列三項敘述與分析：

1. 官僚體系介入宗教

　　（1）警備總部

　　以蔣氏父子為首，控制國民黨，而國民黨再控制整個政府，為政府蒐集各種破壞國家安全的情報特務單位，像警備總部，就扮演非常重要的角色。

　　在長老教會的刊物，即遭警總查扣，（林本炫，1990：122）對一貫道的查禁，也是由警總出面說明查禁的理由。（瞿海源，1997）讓宗教面臨「特務」機關的壓力，教會領袖與信徒承擔的不僅只是法律的制裁，而是來自政治的恐怖壓力。

　　（2）國民黨

　　除了警總之外，國民黨的社工會也扮演思想警察的角色，宗教領袖的言論、行為如果「出軌」，國民黨社會工作會主任經常在政府出面以前，及先行發表談話，表達國民黨的立場，而這些立場，往往也是官方取締宗教的先聲。（林本炫，1990：111）此外，文化工作會也會和警備總部聯手，對違法宗教刊物，進行查禁。

(3) 行政部門

　　行政院新聞向文化檢查小組、內政部民政司指揮省縣市政府對違反國家戒嚴法、懲治叛亂條例的宗教團體的政治言論及傳教自由給予相當的壓力，當宗教團體違反到國家當局的意識型態時，國家就顯示出它高度的自主性及能力，是近似威權國家的類型。

2. 司法體系介入宗教

　　國民黨對宗教的介入除了宗教界經常討論的「寺廟管理條例」以外；事實上，對付異議宗教，乃是用刑法，違警罰法，戒嚴法，懲治叛亂條例等法律。

　　例如，民國 60 年遭警總查禁的一貫道，運用：

(1) 違警罰法 66 條

(2) 查禁民間不良習俗辦法第 9 條

(3) 刑法第 135 條

國民黨政權對長老教會操控時，常用的法律：

(1) 戒嚴時期出版物管制辦法

(2) 懲治叛亂條例

　　這些法律輕則沒入宣傳刊物，重則判定宗教為「邪教」或逮捕宗教領袖入獄。

　　這種控制是運用政治與法律結構，選擇性的對部分不滿政府的教會及政府視為妨礙社會善良風俗的教會與宗教給予非常嚴厲的宗教自由剝奪。相反的，如果宗教配合政府，從事社會服務、社會教育、給予人民心靈寄託，表現出為統治者、資產者、勝利者和健康者的內外利益而完成任務，那麼國民黨政

府對於此類宗教，也有一套法律結構給予獎勵。(內政部，1996)

3. 利用既有宗教的矛盾，打擊異議或新興宗教。

在既有的資料當中，國民黨曾經利用從大陸播遷來台的「福音教派」攻擊本土發展的「長老教派」，排擠「長老教派」。(林本炫 1990：110) 對於一貫道的壓制也是如此，中華民國佛教、道教總會在 1982 年公開的攻擊一貫道，暗示其教義有改朝換代的意涵，乃認為破壞道統，並伺機對一貫道展開報復。(瞿海源，1997：377)

總之，在威權體制之下，國民黨的官僚體系及法律結構顯現出相當高的「能力」。其能力表現在懲罰違反國家宗教政策的「不法」教派上，而實踐了國家強有力「自主性」的意志。這是因為國家擁有一批類似「永業文官」特務組織，經年累月累積許多經驗，來負責審核與判定「不法」教派，達成齊一領袖意志的效果。

所以，一貫道、長老教會幾乎只有被操控的成分，而沒有辦法與國民黨政權產生所謂的抗衡的力量，兩者「互動」的地位，權力關係是非常不平等的，國家幾乎是扮演高高在上的宰制角色。威權政體對不利於其統治的宗教，實行壓制、迫害，表面的理由為「國家安全」，其實入是為了鞏固其政權。

肆、民主化時期，國家與宗教的關係
（1987-1998）

一、民主化

　　李登輝總統上台後，台灣已步入民主化。李以此從事政治體制改革，也獲得合法統治基礎，奠定其未來的高聲望及高民意支持。

　　一般言，民主化的三個條件為：1. 威權政治瓦解，2. 民主政治建立，3. 民主鞏固。（S. P. Huntington, 1996）而政治學者觀察台灣政治體制的轉變，大都以民國 76 年 7 月 15 日解除戒嚴為分水嶺，之前稱為威權政體，之後稱為威權轉型、新威權或民主化（democratic）政體。（王震寰 1993，郭正亮 1988，S. P. Huntington 1996）李登輝總統上台後，經歷激烈政治鬥爭，瓦解強人政治，大幅度的給予異議份子言論自由，也讓人民對國會全面改選，（周玉蔻，1993）就道爾（Robert A. Dahl, 1991）的多元政治（polyarchy）的政治普遍參與及政府容忍反對兩個指標來看，李已經建構了台灣的基本民主。

　　雖然，國民黨政權依然長期控軍、情、特、大眾媒體，甚至擁有一千多億的黨產，從黨的公平競爭來說，離民主的標準仍有一段距離，但是，強人政治不再，台灣已經建立普選總統及中央民意代表的制度，多元團體也逐漸形成。反對黨及異議份子充分的組織及言論自由及多黨競爭的態勢已經完備。人民擁有普遍及完整的選舉和競選官員的權利，大眾媒體的資訊也自由的交流與散佈。台灣已經是步入杭廷頓教授所說的「第三

波」民主化國家之林。（S. P. Hmtington, 1996）

二、民主化與宗教自由

（一）國家自主性與宗教自由

1. 民主化時期的國家自主性的變遷

　　在台灣步入民主化之前,「自由化」[9]已逐漸為統治當局所採用,自由化的壓力來自民間社會經濟力、社會力的提升及教育水準的提高而導致。在威權體制末期,民主化尚未降臨之時的國家在宗教管制的內容,已經顯著不同,即是國家自主性有相當大幅度的轉變。

　　過去國家為了貫徹「反共復國」的整體國家目標,而壓制部分宗教。現在,國家「性質」（statehood）已逐漸的轉變。而在解除戒嚴及廢除「戡亂」體制,國家「性質」又再一次的轉變。回歸正常憲法,深化人民各種自由,當然包括宗教與宗教團體的言論自由。所以說,在威權體制末期,所帶來的「自由化」追求;及解除戒嚴及廢除「戡亂」體制時期,所帶來的「民主化」追求,乃是這個階段的兩個國家新興目標。

　　在這樣歷史轉變的情況下,在威權晚期,台灣異議分子與言論乃容許存在,宗教自由也面臨了和以往不同的新境界,舊

---

[9]　自由化意指在民主化之前的「威權政體」的局部開放,包括政府領袖的　選,不經由自由競爭;政治犯釋放;言論自由加大且深化;新聞檢查降低;低層公職選舉;公民社會局部復興。（S.P. Huntington,1994：7）

有宗教得以平反，新興宗教也大量崛起。長老教會言論自由受
到保障，一貫道、統一教、錫安教派的解禁，成為合法宗教。
不但如此，由於國家（state）統治型態轉變，也導致台灣前所
未有的宗教自由。此時，由於：1. 社會快速變遷，2. 社會流動
增快，3. 民眾認知水平低落，4. 現代傳播工具便利，5. 尊重宗
教自由的大環境，6. 新興宗教受壓制後，反而知名度大增等六
個因素，而使新興宗教大量興起。（瞿海源，1988：375-376）
而在李登輝總統上台後，從事台灣「民主化」的政治改革，再
次的深化宗教與宗教團體的政治言論自由。可以說整個國家的
「自主性」，因為國民黨政權解構威權及民間社會團體日趨多
元，而相對的降低很多，台灣的統治已由「威權國家」轉為「官
僚國家」（Mann, 1984:91）。比較接近西方「自由主義民主國
家」類型，相對於國家機關（state）的支配性，民間社會（civil
society）自主性的活動空間加大，民間活動力增強，在宗教界
也是如此。宗教界也逐漸有自主意識，甚至為了自身利益，對
國家施加壓力，而形成「壓力團體」。

　　此時國家機關對宗教的干預一如對其他社會團體、政治團
體的干預，明顯地降低「意識型態」的設限，各個宗教幾乎都
獲得前所未有的自由。直到民國 86 年起，政府才對宗教界假
「靈修」、「禪修」之名，大量吸收民間信徒，並獲得巨額資金
的新興宗教進行整頓，稱為「宗教掃黑」運動，對宋七力、妙
天、清海等新興教派領袖提出控訴。不過這種干預宗教的行為
與威權時代的干預本質上已有很大的不同，現在的干預是根據
詐欺、斂財的刑事罪名，而過去卻經常包含政治的因素。（參
考圖二）

2. 民主化時期宗教自由的變遷

在民主化時期，無論支持國民黨政權與否，幾乎所有的宗教都有高程度的宗教自由。除了少數新興宗教其教主涉嫌斂財而被國家依刑法起訴外，此時期國家幾乎給予宗教「自由」的空間很大。從一貫道及統一教的解禁，李登輝總統進一步容許台獨言論在台灣的出現，長老教會的台獨主張再也不是禁忌。（參考圖四）台灣的「民主化」過程，首先是國家同意社會反對力量的解放，而不再做過多的干預，這是「自由化」的特徵，宗教的自由化，也是在這個大的浪潮當中。

為何這個時期宗教自由大幅度的擴大與獲得，與威權時期卻存在某種程度的宗教壓迫？欲回答這問題，應可歸諸國家「自主性」與「能力」的「政治」因素的解釋。

在威權時期國家「自主性」表現在強烈的「反共」政策目標的追求，當國家政策偏好如不同於民間社會時，國民黨政權會有「能力」去扭轉民間社會偏好，使其跟隨國家「意志」。此時期，國家「自主性」與「能力」表現皆強具有「威權國家」的性質。（Mann, 1984：91；高永光，1995：83）而在民主化時期的國家政策偏好，因為國家結構的轉變，國家在總體目標的追求也不再以「反共」為不可搖撼的唯一意識型態。相反的，國家在總體目標的追求以「自由化」、「民主化」為標的，政策偏好因為國家結構的轉變而變遷，在「自由化」、「民主化」的大旗之下，宗教自然獲得解放。此時國家「自主性」表現的政策偏好與宗教團體一致，國家毋須去扭轉民間社會偏好，使其跟隨國家「意志」。國家對宗教的管制大幅度的減少，少到只

剩下「宗教掃黑」政策的推動，及李登輝的「心靈改革」運動，對「宗教動員」，希望其能大力支持。

就前項政策而言，國家表現出「官僚國家」的性質（Mann, 1984：91；高永光，1995：83），國家自主性雖弱，但仍可執行國家偏好的能力。因為國家在宗教團體自主性提高，國家自主性相對減弱時，仍然可以相當有效能的執行「宗教掃黑」政策。而就「心靈改革」政策來看，雖然國家頗能對「宗教動員」，但推動政策的效果因目標龐大，並非是宗教動員即可達成。不過，諸多宗教團體對「心靈改革」政策的支持，（許時珍，1998）仍可見國家尚具高「能力」。

宗教自由是在此浪潮中的一環，國家政策偏好既然由「反共」轉向「自由化」、「民主化」，對部分宗教的查禁與壓迫乃也跟著轉向宗教解禁與宗教集會、言論自由的尊重。

圖四　民主時期，國家與宗教的關係

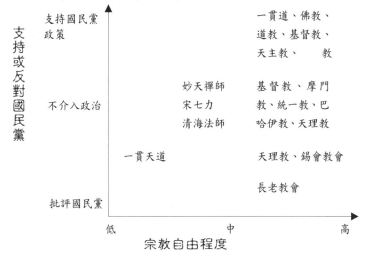

3. 容忍異議與宗教的政治主張自由

蔣經國晚年（民國 76 年）黨禁、報禁的解除，是台灣「自由化」的先聲，李上台後，取消黑名單，各種過去視為禁忌的言論，以便為社會不同意見的一部份，台獨言論也不再是不可說的政治主張，主張台獨從此也不是當權者的忌諱，社會也包容這些主張。

在這樣的政治結構的轉化背景之下，單一的意識型態變成多元的意見自由市場。法律的結構雖然禁止「分裂國土」，但是，執法上並沒有想像中那樣地嚴格，加上刑法 100 條的修訂，更給主張台獨的人士，在法律上有較大的爭論空間，至於台獨主張是否等於分裂國土，政府也傾向給予尊重；而且，民進黨的重量級人物的台獨主張並沒有被繩之以法，民進黨的台獨黨綱更沒有被判決有罪。根據民調顯示，越來越多人民支持台獨，因此，台獨也便成為台灣社會的一種意識型態。過去被視為與政府緊張對峙的長老教會，如今可能與政府（國民黨）化敵為友，因為總統大選期間長老教會對李的友善回應可見一般。所以，容忍異議的政治法律結構，各種言論自由合法存在，長老教會的台獨主張自不例外。

對此改革浪潮的推波助瀾者固然有來自民間力量的崛起因素，但是對威權政體轉向為民主化的主要因素可能是來自國家的領導菁英（elites）[10]，其對國家結構的重新調整與形成

---

[10]　有關民主化的形成過程有幾種可能，1. 來自執政黨菁英的政策。2. 來自執政黨與反對黨菁英的協調。3. 來自反對黨菁英領導群眾的改變。4. 來自群眾的革命。（Samuel P.Hungtinton, 1995）

具莫大的關鍵角色。蔣經國總統開啟「解嚴」為自由化的第一波浪潮，李登輝再解除「大中國結」的「意識型態」，大力推動民主改革的「寧靜革命」，使台灣步上民主國家之列。。從此，反共再也不是獨尊的教條，政治言論的異議不再獲罪，台灣人民的言論從此海闊天空。宗教領袖在此新的國家結構中，獲得相對的「自主性」。而不再面臨政治的恐怖壓力。而在此國家政策偏好下，李登輝開創了他的時代，台灣的「自由化」、「民主化」也維繫李的統治的「理性合法」基礎。

（二）國家性與宗教自主性──以民國 85 年總統選舉為例

1. 國家性（statehood）

國家並非是沒有任何意志的官僚組織，而是經常的具有偏好，與執行其政策偏好的「行動者」。（高永光，1995：52~54）而國家的行動，政策選擇有定向行為模式，此稱之為國家性。最早用國家性的學者是奈特，他認為國家性是隨著歷史發展而成，（Nettle, 1968：562~568；高永光，1995：46）不同的國家的權力結構，發展出不同強弱的自主性、能力造成不同的國家性。事實上，奈特這種說法是把一個國家的國家性視為歷史發展的產物，而且它是不輕易改變的國家「性格」（personality）。

不過，就國家的長遠歷史來看，其國家性是有可能轉變的。如君主專制國轉換為民主共和國。或是民主國家，也可能由虛弱的內閣制，轉換為強有力的總統制；弱聯邦制轉向強有力單一國制。這種轉變經常出現在國家政治權力結構改變之後。另外，也有可能出現在國家政治權力結構雖然沒有改變，

但不同時期國家領袖在不同政策的表現及同一時期國家領袖在不同政策的表現上的差異。

中華民國的國家性的轉變應與國家政治權力結構改變有關。從國家對自由化、民主化的追求，民國 80 年起國民大會首次全面改選，國民黨更進一步的民主化，到民國 85 年的總統直選，民主體制的完全建立，自由主義民主的國家性隱然形成。

前文已經分析，中華民國的國家性也隨著此歷史的發展，由「威權國家」的國家性質轉變為「官僚國家」的國家性質。這是隨著國家權力結構的重組，國家在宗教管制與自由的政策有很大的轉變。在解嚴前，我國是屬「威權國家」的國家性質；具強烈的國家自主性與能力，為了追求國家安全，進而壓抑不符合國家利益的宗教及其主張。而在解嚴後，我們的國家性也跟著轉變，在自由化與民主化的前提下，國家政策偏好以此為制定宗教政策的重要標準，讓各個教派擁有寬廣的宗教自由。國家有意修改家父長式的「寺廟管理條例」，改採用尊重各種宗教的「宗教法人法草案」，也在此潮流下為內政部邀請宗教團體及學術界的專家著手研議。

2. 民主化與宗教自主性

在逐步的加深民主化時，國家不斷的舉辦全民普選自己的中央代表與領袖，擁有選票的教徒，因為宗教組織的關係，也形成各個政黨及候選人爭相拉攏的對象。

在沒有國家領導的政治意識型態的前提之下，各種宗教乃有可能公開的動員或被動員支持與其意識型態接近或利益一

致的政黨及候選人。過去威權時代，國民黨一黨獨大，鮮有不
支持國民黨的教派。現在國民黨給予宗教自由，又建構民主，
各宗教的政治立場也顯得較多元化。

現以民國 85 年總統選舉為例，說明民主化時期，台灣的
宗教逐漸擁有自主性，不再完全依賴中國國民黨。

3. 宗教政治立場的「多元主義」（Pluralism）

由總統大選時各政黨與宗教的支持關係可以看見，宗教政
治立場的「多元主義」（Pluralism）已逐漸在台灣形成；不似
過去威權時代，只有長老教派批評國民黨，其餘大都支持國民
黨，現在呈現出各政黨在尋求各宗教的支持，及各個宗教反應
出對政黨支持與否的多元主義立場。（參閱表一）

表一 各宗教與總統候選人的關係

政黨	KMT	DPP	Ind- 向 NP	Ind.
總統、副總統候選人	李登輝 連戰	彭明敏 謝長廷	林洋港 郝柏村	陳 安 王清峰
宗教信仰	基督教（長老教會）	基督教（長老教會） 民間信仰	佛教	佛教 佛教
公開表達支持的宗教	基督教（長老教會）* 一貫道（高雄分會） 天主教	基督教（長老教會）	佛教 （悟明長老）**	佛教（法鼓山） （星雲法師） ***浸信會、一貫道（九華山）
潛在支持的宗教	佛、道、民間信仰	佛、道、民間信仰	浸信會、佛、道	佛、道
候選人在拉宗教時的立場	刻意模	模	清楚	非常清楚
候選人的統獨立場	現狀（偏獨）****	獨	偏統	統
宗教的統獨立場	長老教會：獨	長老教會：獨	佛：偏統 一貫道：偏統 浸信會：偏統	佛：偏統 一貫道：偏統 浸信會：偏統

*長老教會：在總統選舉時一反過去支持民進黨，而開放教徒在李、連
　　　　　與彭、謝兩組中擇一投　。
**悟明長老：為中國佛教會理事長，林洋港拜其為師。
***星雲法師：過去與國民黨關係良好，曾為國民黨勸退吳伯雄競選省
　　　　　　長，為陳　安的老師，在選舉時與國民黨暫時決裂。
****李登輝的統獨立場：李宣稱為統，但中共認為其為獨，親民進黨而
　　　　　　　　　　　遠新黨，故其立場應是中間偏左一點。
註：本表由作者參閱報　資料修訂

　　在總統大選期間，各候選人刻意拉攏各個宗教支持的痕跡
非常明顯，而各個宗教也相對的有意模糊或表達不同於國民黨
政治的立場。政治人物與宗教各有其追求目標，前者意在獲得
選票，後者則因為國家民主化的結果，也獲得前所未有之政治
立場的自主性；而此自主性有助於其在政治上獲得相對的利
益。茲說明這四組候選人與宗教自主性的關係如下：

　　(1)李登輝、連戰刻意模糊其宗教立場

　　李登輝總統本身為基督教信徒，但他深知光憑宗教認同，
並沒有辦法讓他選上總統，因為基督教徒在台灣的人口比例相
對較低。（瞿海源，1997：72）所以，李登輝競選時刻意淡化
基督教徒的色彩，深入基層時，他必到民間廟宇行禮鞠躬，他
到祀奉觀世音菩薩的宜蘭五結鄉小仙廟，喃喃祝禱，一鞠躬祝
風調雨順，二鞠躬祝國泰民安，三鞠躬祝高票當選，行禮後當
場對民眾宣稱：「觀世音菩薩為解決民間疾苦，會變男變女變
老變少，總統也應該像這樣解決大家的問題」；在新竹義民廟
也是行禮如儀，他說：「我的宗教雖然和大家不同，但是成長
環境是同款的，很瞭解神明對大家的重要性」，「我要作的是全
民的總統，而不是基督教的總統。」（陸倩瑤，1996.3.12.聯合

報）

李以基督教徒的身份，為了選舉，每逢廟宇必定行禮如儀，公開宣稱他要向觀世音菩薩為民解決疾苦，他不要只當基督徒的總統，為了拉攏非基督教信仰的一般大眾，而刻意模糊其宗教立場。

相反的，他在面臨基督教及教友時，就特別凸顯基督教徒的身份。如他以基督宗教信仰拉攏長老教派，強化長老教派對他的支持。而長老教派也一反過去親民進黨的立場，公開宣稱李連值得推荐給教友；除此之外，天主教會也以公開的社論呼籲支持基督教徒身份的候選人，以國民黨傳統與天主教的親密關係，國民黨當然會透過組織拉攏天主教來支持李連。

(2)彭明敏、謝長廷不利用宗教為其造勢

彭為基督教長老教派教友，謝的宗教立場則接近民間信仰，他們的宗教立場剛好可以互補。為了選票，彭明敏也與李一樣，入鄉隨俗的入廟祈福，不過他並沒有像李一樣的刻意造勢宗教活動。所以，他秉持「宗教可以利用政治，政治不能拿宗教當工具」的原則，（陳素玲，1996.3.12 聯合報）彭謝兩人只是不停的的拜會教會與寺廟，而並沒有利用宗教的造勢活動為自己拉抬知名度。就此立場來看，彭利用宗教的行為並沒有像李總統那麼樣的明顯。

長老教會因為兩位傑出教友同時出馬競選總統，也第一次出現不以總會名義刻意支持李或彭，而改採放任教友在這兩位中二擇一的態度，避免兩位教友的衝突。過去長老教會的台獨立場與民進黨接近，故傳統上都支持民進黨的候選人，這次彭、謝代表民進黨，立場本身即有台獨傾向，而李連在統獨傾

向中，一向被認為中間偏左一點，所以，離長老教會的統獨立
場並非完全相悖，只是程度的不同。李連因其教徒不排斥獨的
立場，也獲得長老教會的支持。就此點來說，民進黨並未維持
傳統長老教會對其的支持，明顯的李連陣營已突破長老教會的
政黨認同，可說在宗教對政黨的支持，李連經營遠較彭謝成功。

　　(3)林洋港、郝柏村蓄意抓住「拿香的」信眾

　　林、郝兩人對宗教的經營非常清楚的定位為台灣信徒最多
的佛、道（民間宗教）的數百萬信徒身上。林洋港陣營有計劃
的參拜全省各香火鼎盛的廟宇，他任用郭俊次、林正杰為競選
正副總幹事，他們的佛、道背景也有助於拉攏佛、道信徒。而
林、郭、林正杰三人等也都是中國佛教會理事長悟明長老的皈
依弟子，更有助於對佛教徒的拉攏。

　　林、郝陣營也發出不少競選「顧問」的聘書給各廟宇的負
責人，凸顯林、郝的佛、道信徒代言人的角色。（陶允正，
1996.3.12，聯合報）

　　在宗教的立場而言，林郝的傳統民間宗教信仰和謝長廷相
近，而不同於較接近佛教的陳履安。所以謝與林郝在爭取民間
信仰的教徒選票勢必重疊性很高；而雖然陳履安與他們兩組的
選票有重疊，但不必重疊性像他們兩組那麼多。林郝雖然確定
「拿香的」為其潛在的支持者，因為與謝、陳的宗教信仰相近，
勢必瓜分彼此的票源，加上李連刻意的模糊基督教立場，蓄意
拉攏佛、道教徒，林郝欲獨佔「拿香的」教徒，勢必很難。更
何況，宗教立場並非是選民投票的唯一因素。（民意調查，
1996.3.4，聯合報）

　　而與林、郝宗教岐異的基督教浸信會，在這次選舉中反而

是支持林、郝，浸信會支持的原因便是因為政治上支持統一的立場與林、郝一致，而非宗教立場與其一致。（梁玉芳，1996.3.4，聯合報）

(4)陳履安、王清峰「佛教化」競選

陳、王的佛教信仰純度比其他各組都高，他非常清楚的鎖定佛教徒為其潛在的支持者，他的選舉「佛化」色彩相對也最濃。由下列四項特色可以看出。A. 他是四組中唯一設宗教組織的候選人，欲透過組織有系統的爭取佛教徒的支持。B. 他本身的宗教情懷，競選時的「宗教言語」是四組中最特殊的，也常讓佛教徒倍感親切。C. 他競選像苦行僧，徒步環島一週，有兩百位信徒陪他走完全程，而全部食宿，接由佛光山負責。D. 佛教組織公開的支持他，並為他造勢，包括佛光山、法鼓山、九華山、慈濟四大系統，皆有信徒參加。（張正莉，1996.3.12聯合報）

陳王的宗教背景，促使傳統上與國民黨接近的佛光山系統轉而支持陳、王，星雲法師是陳的老師，星雲法師的支持是否就代表佛教徒的支持呢？這是非常值得懷疑的（袁在珮，1995.11.27聯合報）所以，瞿海源認為：佛教派系中，北部的中國佛教會仍是國民黨的動員對象，雖然佛光山轉向支持陳，但這與佛教教義無關，而是佛教組織領袖與候選人的關係所造成佛教的政黨支持的分裂。筆者認為這個分析是對的，在民主化時期，佛教團體的「自主性」增加，故造成佛教團體領袖各有不同支持總統候選人的現象。不過，傳統上，國民黨對佛教團體仍具有影響力。因此，陳王並不見得可以百分之百的囊括佛教徒的選票，相反的，各組候選人因為佛道教信徒最多，也

無不處心積慮的挖掘出潛在的支持者。這也是為什麼具有基督教信仰背景的李登輝、彭明敏，入大廟必行禮鞠躬的原因，而林洋港要鎖定「拿香的」競選策略，陳履安要教徒辨明誰是「真正的」佛教徒的理由。

(5)各宗教與總統候選人的統獨意識型態

威權轉型之後各政黨的統獨意識型態是非常清楚的區隔（distinguish），各有其生存的選民的支持空間（special theory），而各宗教傳統上的統獨立場的堅持，可能也是對政黨候選人支持的主要理由。由國民黨來看，其由威權的統一立場到民主化的中間立場的轉變，是長老教會不排除支持李連的原因，也是基督教浸信會棄李連而支持林郝、陳王的原因。就民進黨來看，得到長老教會的支持並不意外，而要得到傳統支持統一的天主教、佛教、一貫道的支持，相對的有其困難。以新黨支持的林郝來說，其統派的色彩非常清楚，與無黨籍的陳王立場幾乎雷同，所以，基督教浸信會才會公開的呼籲教徒支持這兩組候選人，放棄宗教的成見，支持統一意識型態的候選人。（參閱圖五）

圖五：各政黨總統候選人與宗教的統獨立場的接近性

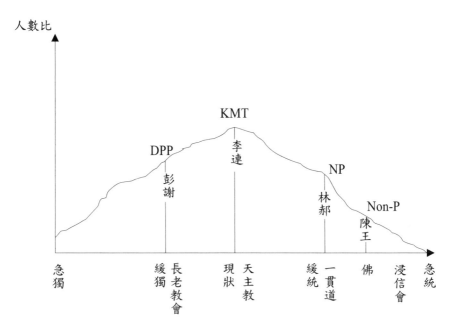

人數比

急獨　緩獨　長老教會　現狀　天主教　緩統　一貫道　佛　浸信會　急統

　　各宗教如有其統獨的意識型態，往往意識型態的偏好會強過其宗教信仰，而支持與其意識型態相近的候選人。如統獨意識型態較強烈的長老教會，與主張統一的浸信會。長老教會過去皆支持民進黨，而民進黨的候選人不見得皆信奉基督教，而此次總統選舉，長老教會不排除支持國民黨，除了李具有教徒身份外，李的統一的色彩並不明顯，甚至有不少人認為李偏向獨，或至少李包容與同情獨立的立場。浸信會因為其教徒幾乎都是外省人，意識型態接近統，故此次甘冒與國民黨決裂的危機，轉而支持林郝與陳王，可見其意識型態的強度頗高。

　　至於佛教、道教、一貫道、天主教雖在威權時代，有與國

民黨相配合的傳統，遵守「反共」的國策，不過在民主化時期，因為組織領袖與候選人的關係，或候選人的宗教色彩，反而「反共」、「統一」的意識型態不那麼的特別，道教與一貫道皆沒有以總會的名義支持某位候選人，只有天主教仍維持傳統上與國民黨的親密關係，強有力的支持李連。所以這些宗教的意識型態並沒有向長老教會與浸信會那樣的強烈，此可以用表二來加以說明。

表二：總統大選各宗教的統獨意識型態極強弱態度表

程度 方向	強	弱
統	浸信會	天主教、佛、道、一貫道
獨	長老會	

　　依上文分析，我們可以得到以下的結論：（1）意識型態強烈的教派，會依其統獨立場支持其理念，相近的候選人，這類教派應比較接近「基本教義」的色彩，像長老教會支持獨派，浸信會支持統派。（2）意識型態薄弱的教派，將視其歷史與各教派的關係及教派的領袖與候選人的宗教背景而支持與其宗教背景相近，宗教利益一致的政黨及候選人，而與統獨意識型態較無關連。

4. 民主化與宗教多元主義

　　由上分析可知，李總統上台後的政治結構改變是使國會議員全面改選，在這之前，國民黨政權為了獲得一貫道選票的支持，即已有黨內同志建議開放一貫道合法化以獲得其對國民黨

的支持，對抗日益強大的民進黨。

　　威權時代國民黨掌控政權，又用法律限制在野黨的發展，形成一黨獨大的政治結構，即使有辦地方自治的選舉，幾乎全是國民黨掌控之下地方派系獲得國民黨所給予特許的政治、經濟利益，地方派系與宗教的結合並不多見，也沒有必要。直到反對黨的崛起，長老教會因其政治改革的左派立場而與民進黨的前身——黨外相近，兩者乃因意識型態相近而結合，政黨與宗教的關係才起了變化，再也不是國民黨完全支配宗教的局面。

　　而李在民國 80 年起的國會全面改選，老代表全面退職後所遺留下來的政治空間，乃形成政黨彼此競爭的戰場，為了贏得選戰，各政黨在每次的選舉競爭超過威權時代一黨獨大的情勢。而各政黨為了選舉動員，對各種民間社團示好的情形加劇，政黨動員的社團，自然有包含具有組織的宗教團體。這種動員宗教團體的情形在民國 85 年的總統直選前夕顯得特別激烈，（袁世珮，1995，84.11.27 聯合報；董智森，1995.11.29 聯合報）這是前所未見的。可以說，全面改選之後的政黨競爭加速，為了填補政治權力的真空，政治促成了宗教的動員，而不同利益、宗教信仰與意識型態，也造成了政黨與其利益、意識型態相近的宗教的結合，此時宗教的政治立場形成威權時代所沒有的「多元主義」。從權力支配的角度來看，過去是國民黨幾乎完全支配各個宗教的政治立場，國民黨政權的「自主性」高，而愈是全民的普選，國民黨政權為了獲得選票，這種支配現象較弱；相反的，各政黨與宗教團體的關係反而變成相對平等的合作關係，造成宗教尋求政黨為其代言以及爭取利益的

「自主性」增高許多。

5. 宗教自由與宗教多元主義

　　宗教的政治主張的自由，舒解長老教會長期與國民黨的緊張關係，長老教的台獨主張，因為選舉而與其利益一致的政黨及候選人結合，此為宗教自由對宗教多元主義的影響。

　　另一方面，宗教的多元主義的政治立場固然因為選舉而存在，但也可能對宗教的政治自由產生影響，向傳統上依附國民黨政權的宗教，經過台灣政治結構的改變後，也認清其可以擁有自己的政治主張，拋棄完全依附國民黨的依賴性格，如基督教浸信會在總統選舉時，一反過去支持國民黨的立場轉而支持林郝、陳王即是一例。此外，在總統選舉期間，佛教、道教、一貫道等宗教，其總會不明白表示支持哪一組候選人，也可明顯看出；他們支持國民黨的傳統已經改變，而且不再擔心會得罪任何一組候選人。相對的，各個宗教的地區性組織也逐漸形成對政黨認同的分裂局面，像佛教團體中之佛光山便支持陳、王，悟明長老則支持林、郝，此與佛教過去皆是依附國民黨政權的情形已大所不同；因此，可以看出現在的佛教團體，在自主性方面已相對的增強。

伍、結語

　　由上分析可知，李登輝總統主導台灣的「民主化」，台灣的政治結構因為民主化而造成激烈的轉變，李稱之為「寧靜革命」（李登輝，1996）並不為過。因此，台灣宗教自由的形成

與宗教政治主張多元主義的現象,跟台灣的民主化應有密切的關係。茲建構一簡單的分析模式(model)如下:

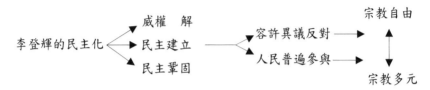

　　也就是說,李登輝對台灣政治結構的轉化,使台灣的國家性實質的改變,在兩蔣時代,台灣為一黨獨大的威權,黨國一體為蔣氏服務,為蔣氏支配。容忍異己與人民普遍參與都很低,接近道爾所分析的「封閉的霸道政權」,李上台後,加深蔣經國解嚴的自由化與民主化路線,為台灣民主做出權力結構的改變,而此,造成宗教的自由與多元主義。

　　所以,台灣的宗教自由在不同的國家性而造成極大的差異。國家的統治權力結構的特質不同,宗教自由明顯的差異;在威權時期,支持國家「意志」的教派,獲得高度宗教自由,反對國家「意志」的教派,國家壓迫其宗教,而在民主時期,宗教自由程度普遍皆高,除非是涉嫌詐騙的宗教。

　　總之,可以歸納下列幾點結論與發現。

一、國家性質的轉變,造成宗教自由程度的差異。

二、威權時期的國民黨政權,並非所有宗教的自由程度皆限低。只有與其政治立場不同的宗教,受到相當的壓制,觸犯國家安全的宗教與社會善良風俗,相對的國家剝奪其宗教自由;國家也利用既存合法宗教對國家欲壓制的宗教從事批判與鬥爭。此時期,國家屬性接

近「威權國家」，國家自主性與能力皆強。因為，國家可強而有力的扭轉受壓迫宗教團體的偏好。而且，國家「意志」皆可貫徹。

三、支持國民黨政權的宗教與不介入政治事務的宗教，國民黨也給予相當高的宗教自由。也就是說，國民黨政權只允許宗教從事「純粹」的宗教活動或支持其「反共」的意識型態，對這兩類宗教，其宗教自由度皆頗高。但是，所謂的宗教自由也是在既有的法律結構的範疇。也就是說在威權時代的宗教自由除了具有「自由中國」不同於「奴役中國」的「象徵」（symbolic）意義外，尚有宗教自由是從事反共鬥爭的「工具」（instrumental）價值。

四、福音教派與長老教派雖然皆信仰耶穌基督，但因歷史背景的不同，導致從大陸來台的福音教派支持國民黨政權，而本土發展的長老教派卻與國民黨政權關係交惡。而這種現象直到李登輝上台之後，關係才呈現倒轉的現象，福音教派的浸信會因李的反統親獨立場而遠離國民黨，長老教派轉而不排斥支持李。

五、民主化時期國家性質趨向「自由主義民主國家」，國家屬性接近「官僚國家」，宗教自由程度高，包含威權時期被查禁的一貫道、統一教、甜蜜家庭等教派，在威權晚期已可合法的存在。而此時期，各種新興教派崛起，國家自主性減弱，但是國家仍有其能力進行宗教掃黑，取締詐財的新興宗教。

六、威權轉型建立的民主政治、法律結構，帶來國家對異

議份子高程度的容忍，以及人民普遍的參與。而這兩種政治、法律結構，也導致宗教團體之政治主張的自由度增強和普遍性的參與，人民選舉權利相對的得到政黨的重視，形成「宗教多元主義」。

七、宗教自由與宗教多元主義的互動，也促使各個宗教的自主性提高，不再完全為國家宰制(dominate)，國民黨在民主的選舉活動時，也不再獲取宗教絕對優勢的支持。國家各政黨為了爭取執政權力，極力拉攏宗教，宗教的利益也可以因為選舉而正常的凸顯出來。

八、國家自主性：由於歷史條件的轉換，導致國家性質的不同，威權時期國家自主性強，而威權轉型之後的民主化，國家自主性相對的轉弱。在前一階段，各個宗教的依附性格強，各自尋求代表其立場與利益的政黨。而在最後一階段，因為民主化的結果，國家自主性也相對的減弱，宗教組織已清楚的可以擁有憲法上明文規定的宗教自由與言論自由。

九、國家能力：主管宗教的官僚機關在威權時代為國民黨、警總、行政官僚，及司法體系，而在民主化時代國民黨與警總退出，只剩行政官僚及司法體系，政府的宗教掃黑即是以這兩個官僚結構為主。就主管的官僚機關來看威權及威權轉型的國家能力皆是「強」國家的類型，只是過去主管宗教的範圍寬，現在主管宗教的範圍已經縮小到民、刑事的侵權，而不管宗教的政治立場與宗教的傳教、設教的自由。在威權時期，國家安全重於宗教自由，官僚體系的能力在此表露無

遺；在威權轉型時期，宗教自由明顯的比以前高，官僚體系也是儘量實踐達成國家設定的目標。

在台灣因為歷史結構、背景的轉變，而導致國家性質由「威權」到「民主化」的變遷，致使宗教團體的宗教及言論自由程度由低變高。這應該可以說明宗教自由的動態變化現象，在兩種不同的國家性質下，呈現出高度歧異的風貌。對具生命力的宗教動態自由而言，是靜態的憲法規範，所無法理解與詮釋的。台灣的民主化導致過去被壓迫的宗教得以鬆綁，且從此以後只有在違背國家的法律，宗教團體才易被起訴，同時不同教派的傳教自由也獲得比較高的保障。在政治立場的表達，自然擁有較高的自由度。在經常性的選舉活動方面，宗教團體的自主性也相對增高，其再也不需要完全依附某一政黨。但是，如果宗教有其強而有力的意識型態，政黨要改變立場轉而得到支持，事實上也不太可能了。

參考文獻：

中文資料

Giddens, Anthony 張家銘等譯（1997），社會學下冊。台北：唐山出版社。

Heywood, Andrew，林文斌.劉 隆譯（1997），政治學上冊。台北：韋伯文化事業出版社。

內政部，（1996），宗教法令彙編(一)(二)。台北：內政部出版。

王成勉，（1986），「北 時期基督教知識份子對國事的反應」，中國近代政教關係國際學術研討會論文集。台北：淡江大學歷史學系。

王佳煌，（1997），「東亞發展型國家—模範或特例？」，東亞季刊（台北），28 卷 4 期。

王震 ，（1993），資本、勞工與國家機器，「台灣社會研究叢刊」第 4 集。台北：唐山出版社。

朱瑞祥，（1987），美國聯邦最高法院判例。台北： 明出版社。

吳 ，（1993），韋伯的政治理論及其哲學基礎。台北：聯經出版社。

宋光宇，（1983），天道 沈。台北：作者印行。

李登輝，章益新主編，（1996），細讀李登輝。台北：中央日報出版。

汪學文主編，（1986），中共與宗教。台北：國立政大國關中心。

周玉 ，（1993），李登輝的一千天。台北： 田出版社。

林 鴻，（1993），「國語禮拜堂」，宗教簡介。台北：內政部。

林本炫，（1990），台灣的政教衝突。台北：稻香出版社。

林紀東，（1978-81），中華民國憲法逐條釋義。台北：三民書局。

高永光，（1995），論政治學中國家研究之新趨勢。台北：永然文化出版公司。

曾濟群，（1995），中華民國憲政法制與黨政關係。台北：五南圖書出版公司。

張家麟，（1996），「國家與社會福利─台灣經驗的分析」，中山人文社會科學期刊（台北），第 4 卷 3 期。

正　　，（1988），國民黨政權在台灣的轉化（1945-1988）。台北：台大社會學研究所碩士論文。

承天，（1998），政教衝突。未出版。

陳之俊譯，Lins, Juan J. 原著，（1984），「極權與威權政權」。〈政治學大全〉（第三冊）。台北：幼獅文化事業公司。

陳啟清，（1998），國家與土地政策─戰後初期台海兩岸土地改革的歷史比較分析。政大，中山所博士論文。

陳啟章，（1993），大陸宗教政策與法規的探討。台北：行政院大陸委員會。

黃　美譯，韓廷頓（S.P. Hantington）著，（1997），文明衝突與世界秩序重建。台北：聯經出版社。

楊　順，（1981），「國民黨與在野勢力的互動關係」，楊　順編，政黨政治與台灣民主化。台北：民主基金會。

葉仁昌，（1987），近代中國的宗教批判─非基運動的再思。台北：出版社。

董芳苑，（1980），「『一貫道』─一個最受非議的　密宗教」，台灣神學論刊（台北），2：85-131。

道爾，（1991），多元政治。台北：唐山出版社。

鄒讜，（1993），二十世紀中國政治。香港：　津大學出版社。

劉慶瑞，（1957），中華民國憲法義。台北：劉　如發行。

蔣中正，（1977），解讀共產主義思想與方法的根本問題。台北：　明文化事業公司。

俊義，（1993），「長老教會」，宗教簡介。台北：內政部。

韓廷頓，（1988），氾濫與　　長　。台北：允晨文化事業。

韓廷頓，（1995），第三波。台北：五南出版社。

瞿海源，（1982 a.），「政教關係的思考(上)—台灣基督長老教會」，聯合月刊（台北），第 6 期，45~49 頁。

瞿海源，（1982 b.），「政教關係的思考(下)—台灣基督長老教會」，聯合月刊（台北），第 7 期，38~41 頁。

瞿海源，（1982 c.），「宗教、政治與社會的關係」，中國民族學通訊（台北），第 18 期，27~30 頁。

瞿海源，（1997），「查禁與解禁一貫道的政治過程」，台灣宗教變遷的社會政治分析。台北：桂冠出版社。

許時珍，（1998），李登輝與心靈改革。國立政治大學中山人文社會科學研究所「國家與憲政發展」論文發表會。

世珮，（1995），11 月 27 日　聯合報。

張正莉，（1996），3 月 4 日　聯合報。

梁正方，（1996），3 月 4 日　聯合報。

陳素玲，（1996），3 月 12 日　聯合報。

陸　瑤，（1996），3 月 12 日　聯合報。

陶允正，（1996），3 月 12 日　聯合報。

董智森，（1995），11 月 29 日　聯合報。聯合報民調中心，（1996），3 月 4 日，聯合報。

韓廷頓，（1995 a.），「尊重政教分離原則」，中國時報（台北），8 月 30 日。

韓廷頓，（1995 b.），「避免宗教成為族群衝突外的另一個問題」，自立早報（台北），8 月 20 日。

英文資料

Baradat　Leon P.（1997）Political Ideologies. Prentice Hall, Inc.

Collier , David（1991）The Comparative Method：Two Decades of Change. in Dan Kwart A. Rustow and Kenneth Paul Erickson（ed.）Comparative

Political Dynamics：Global Research Perspectives. Happer Collins Publishers Inc .

Evans, Peter B., Dietrich Rueschemyer and Theda Skocpol（1985）Bring the State Back in. Cambridge University Press .

Kranser Stephen D.（1984）Approaches to the State：Alternative Conceptions and Historical Dynamics . Comparative Politics (January)：223-246 .

Mann , Michael（1984）The Autonomous Power of the State：It's Origins, Mechanism and Results. European Journal of Sociology 25 .

Nordlinger,Eric A.（1981）On the Autonomy of the Democratic State. Cambridge: Harvard University Press.

Presler , Franklin A .（1987）Religion under Bureaucracy. New York：Cambridge University Press .

Rubinstein , Marray A .（1987）"Patterns of Church and State Relations in Modern Taiwan." 中國近代政教關係國際學術研討會論文集。台北：淡江大學歷史學系。

Rueschemeyer , D., Evelyne Huber Stephens and John D . Stephens（1992）Capitalist Development and Democracy. University of Chicago Press .

Stepan, Alfred

（1978）The State and Society: Peru in Comparative Perspective. Princeton N.J.：Princeton University Press .

Skocpol , Theda（1980）"Political Response to Capitalist Crisis: Neo-Marxist Theories of the State and to the state to the Case of the New Deal", Politics and Society 10:155-201（1984）Emerging Agendas and Recurrent Strategies. in Skocpol (ed.) Vision and Methods in Historical Sociology, Cambridge University Press, pp356-91 .

Smith, Dohald Eugene（1971）. Introduction：Religion, Politics and Social Change. pp.1-8 in Religion, Politics and Social Change in the Third

World , N . Y. : The Free Press .

Yinger（1970）The Scientific Study of Religion. New York：M Smith, Donald Eugene .1

第七章 當代中國大陸宗教政策變遷及其影響——菁英途徑論述

壹、緒論

中國大陸以馬克思、恩格斯、列寧及毛澤東思想立國，這四人的意識型態幾乎影響整個中國各項政策的規劃、制訂與執行。中國大陸的宗教政策也不例外，深受馬恩列毛思想的影響。

然而在 1980 年代之後，中國大陸雖然仍堅持馬恩列毛主義，但是其宗教政策的變化頗大，由管制極嚴轉變為管制較鬆，宗教團體獲得文革期間前所未有的發展空間。對於這項轉變，經歷約二十年，中國大陸境內主管宗教事務的政治菁英、宗教學術界菁英及宗教團體菁英如何看待，著實令人好奇。

這些問題在既有的研究中以下列幾個研究取向較具代表性：

　　1.「宗教政策與兩岸交流」取向：著重在兩岸宗教政策對兩岸宗教交流活動可能產生的問題及解決之道；[1]（江燦騰，1992.3： 94-103；釋果燈，1992.5：111-115；鄭志明，1992：61-78）另外，也有從在既有的兩岸宗教政策下，對兩岸單一宗教，如佛教團體的互動，可能產生的問題提出呼籲。[2]（游祥洲，1992：143-162）

　　2.「宗教政策內涵」取向：著重在兩岸宗教政策對宗教交流活動可能產生的影響。[3]（熊自健，1992：45-60；1998：102-136；行政院大陸委員會，1995：81-96）此外，尚有專門討論中共的宗教政策對宗教發展的主題[4]；（邢國強，1986：53-72；王世芳，1995）或是從代表官方立場的人民日報，分析大陸宗教政策對基督教的影響。[5]（朱美淑，1997）

　　3.「意識型態與宗教政策」取向：研究中共政權的「宗教

[1]　江燦騰，1992.3，〈充滿期待與變數的兩岸宗教交流—九一年台灣宗教交流模式的回顧〉，台北：《中國論壇》，32 卷 6 期，頁 94-103；釋果燈，1992.5，〈讀「九一年台灣宗教交流模式的回顧」的感想〉，台北：《中國論壇》，32 卷 8 期，頁 111-115；鄭志明，1992，〈兩岸宗教交流之問題與展望〉，摘引自靈鷲山般若文教基金會國際佛學研究中心主編，《兩岸宗教交流之現況與展望》，台北：學生書局。

[2]　游祥洲，1998，〈論兩岸佛教互動及其定位與定向〉，摘引自靈鷲山般若文教基金會國際佛學研究中心主編，《兩岸宗教交流之現況與展望》，台北：學生書局。

[3]　熊自健，1998，《中共政權下的宗教》，台北：文津出版社。

[4]　邢國強，1986，〈中共宗教政策〉，摘引自汪學文編，《中共與宗教》，台北：政治大學國際關係研究中心；王世芳，1995，《中共宗教政策》，台灣：輔仁大學宗教研究所碩士論文。

[5]　朱美淑，1997，《中共基督教政策之研究：人民日報（1976-1995）的分析》，台北：台灣大學三民主義研究所碩士論文。

政策」，深受「馬、恩、列、史及毛」的宗教觀所影響[6]；（汪學文，1986：31-46）另也有持強烈批判的角度，認爲中共政權的宗教自由相當有限[7]；（李廣毅，1983）James T. Myers 則從意識型態的觀點，分析中共統治下天主教會的變遷。[8]（James T. Myers，1986：315-332）

　　4.「政教關係與宗教政策」取向：從當代中國政教關係的論述，理解中國官方與教會的互動，分析 1949 年至 1998 年間，基督教會在中國政治情勢下的變遷與發展[9]；（邢福增，1999：1-131）另外一篇則是分析 1949 年以來，中共政權與宗教發展之關係。[10]（鮑家麟，1986：299-314）

　　從上述的文獻回顧，可以看出過去對此議題是用兩岸的「區域研究」（area study）、「歷史研究」及「社會學研究」三類型爲主，而在資料收集部分都以「二手資料」作文獻分析。本研究在此基礎上，想換個角度理解 1980 年代以來，中國大陸近二十年的宗教政策執行的結果，用「深度訪談」（deep interview）法收集「一手資料」（raw data），企圖挖掘中國大

---

[6]　汪學文，1986，〈共產主義者的宗教觀〉，《中共與宗教》，台北：政治大學國際關係研究中心。

[7]　李廣毅，1983，《共產主義宗教觀─中共宗教自由的真相》，台北：政治作戰學校政治學研究所碩士論文。

[8]　James T. Myers，1986，〈中共統治下的天主教會〉，摘引自李齊芳主編，《中國近代政教關係國際學術研討會論文集》，台北：淡江大學。

[9]　邢福增，1999，《當代中國政教關係》，香港：建道神學院基督教與中國文化研究中心，

[10]　鮑家麟，1986，〈1949 年以來中共政權與宗教〉，摘引自李齊芳主編，《中國近代政教關係國際學術研討會論文集》，台北：淡江大學。

陸「菁英階層」（elite stratification）對此問題的心理認知與主觀感受。於是筆者乃於 2002 年 7 月前往中國大陸從事田野調查，成功訪談十餘位「宗教行政菁英」、「宗教學術界菁英」及「宗教團體菁英」。嘗試使用「菁英研究途徑」[11]來討論上述這個主題，用田野調查獲取的資料，分析當代中國宗教主管菁英、宗教學術界菁英及宗教團體菁英，這三類人對這問題是否有不同的看法，並從中理解其異同，進一步解讀這些菁英在回答這些問題的深刻意涵。

在「當代中國大陸宗教政策變遷及其影響」主題下，本文主要在理解以下幾個子題：

1. 當中國大陸政治領袖仍堅持馬克思、恩格斯、列寧及毛澤東等人的意識型態時，宗教政策內容卻逐漸轉變？其間主要因素為何？

---

[11] 有關菁英研究途徑可以參閱呂亞力所著「政治學方法論」（呂亞力，1989：288-301）；菁英研究途徑在解讀「政策」的形成及影響，相當具有解釋能力，但是也有其研究的「侷限」，即是如何判定菁英，及菁英受訪時，是否願意「真實」（reality）回答。對於前者，本文在篩選「菁英」時，即限定對近 20 年來中國大陸宗教政策其本身具有相當程度「執行者」、「理解者」、或「觀察者」。儘可能訪問執行宗教政策的官員、宗教研究學者及五大宗教團體的領袖。換言之，這三類人，暫且為本論文所指稱的「菁英」，他們皆在宗教領域較具影響力者。而筆者基於研究倫理及保護受訪者的立場，在本文皆用「訪談編碼」的代號來代表這些受訪者，也對受訪者接受筆者訪問表達真誠謝意。對於後者的問題，由於筆者從事的訪談也發現，個別的「深度訪問」，受訪者較能說出主觀感受，而在「團體訪問」時，由於受訪者彼此的制約，較不能暢所欲言。但礙於中共體制，及安排這種訪問的難度頗高，目前從事中國大陸的宗教研究，這已經是研究者在比對、詮釋文獻之外，運用社會科學資料搜集技術，嘗試進行深度研究的突破。

2. 中國大陸近二十年（1980-2000）的宗教政策變遷，對
   大陸境內宗教團體發展產生什麼影響？中國大陸宗教
   政策管制寬鬆時，為何卻對新興宗教團體做諸多限制？
   其主要立論點為何？

3. 在此政策下，中國大陸政治領袖在此階段如何與宗教團
   體互動？如何與「合法」宗教團體互動？又如何與「違
   法」宗教團體互動？

　　本研究為釐清上述問題，乃設計「半結構開放式」的訪談
問題（附錄一），訪問「關鍵消息來源者」（key persons），嘗
試解讀上述疑問。筆者乃在 2002 年 7 月前往中國大陸北京，
對宗教領域較具影響力的宗教行政管理政治菁英、宗教學術界
菁英及宗教團體菁英這三類人，從事「深度訪問」及「團體訪
問」。成功訪談五場「深度訪問」，三場「團體訪問」；包含訪
談宗教行政管理政治菁英兩場，宗教學術界菁英兩場，宗教團
體菁英四場。（表 1）其中「深度訪問」由筆者一對一訪問菁
英，「團體訪問」由筆者一對多訪問菁英，大部分由一位「關
鍵消息來源者」受訪，其餘成員補充說明，在八場次的訪問中，
計有 17 位菁英接受訪問。

表1　本研究訪談對象、場次、方式統計表

場次 (人)　受訪對象　　　訪談方式	宗教行政管理政治菁英	宗教學術界菁英	宗教團體菁英
深度訪問	1（1人）	2（2人）	2（2人）
團體訪問	1（4人）	0	2（8人）
共　計	2（5人）	2（2人）	4（10人）

資料來源：本研究訪談後整理

貳、意識型態與宗教政策變遷

一、意識型態的詮釋、堅持與轉化

（一）中共宗教政策的意識型態詮釋

1.馬克思意識型態與宗教政策

　　中國大陸從過去到現在都奉行馬克思[12]、恩格斯、列寧

---

[12] 馬克思的宗教觀最主要是把宗教視為人民的鴉片，他在「黑格爾法則學批判導言」中說：「宗教是被壓迫生靈的嘆息，是無情世界的感情，正像它是沒有精神的制度的精神一樣。宗教是人民的鴉片」。參見《馬克思選集》，第一卷第二頁；摘引至汪學文所著〈共產主義者的宗教觀〉，在《中共與宗教》一書中指出，馬克思的反對宗教思想被列入共產國際第六次大會，認為宗教是麻醉人民的鴉片，也是帝國主義國家強大的社會力量和輔助機關，是無產階級走向社會革命路上的障礙之一此論述被共產國際宣揚之後，對共產主義者反對宗教的言行，產生相當的影響力。（汪學文，1986：32-33）馬克思進

及毛澤東的宗教哲學，認為宗教是歷史的產物，有其自身的發生、發展及滅亡的客觀規律，宗教在社會的根源消失之後也隨著滅亡，共產主義者的基本宗教觀乃是無神論者，異於一般有神論者的宗教觀。（吳寧遠，1995：91）

　　雖然馬克思的宗教哲學自今中國大陸沒有拋棄，然而實際上中國大陸的宗教政策卻產生頗大的轉折，文革期間對宗教的壓迫，在文革之後，大陸境內的宗教團體與宗教活動已有頗大的空間。根據中共中央在 1982 年頒佈的「關於我國社會主義時期宗教問題的基本觀點和基本政策」文件中指出新的宗教政策，（行政院大陸工作委員會，1995：壹.16-39）擁有前所未有的宗教自由，但是中國共產黨仍然對宗教擁有相當強烈的政治意涵與自主權力。

　　這個時期的宗教政策以 1.尊重和保護宗教信仰自由，但不排斥將來宗教自然消亡；2.鞏固擴大宗教界愛國政治聯盟，為建設現代化的社會主義強國而努力；3.同意宗教團體與國際友好往來，但是反對外國勢力介入中國各宗教團體；4.任何宗教活動都在國家宗教事務部門領導之下辦理。（熊自健，1994：36-37）

　　和文革時期的宗教政策相比較，這時隱含著新的涵意，即

一步論述宗教只是人們腦袋瓜子中的幻想，他說：「宗教是那些還沒有獲得自己或再度喪失了自己的人的自我意識和自我感覺。」「一切宗教都不過是支配著人們日常生活的外部力量在人們頭腦中的幻想的反映，在這種反映中，人間的力量採取了超人間的力量的形式」。按照馬克斯對宗教的理解，宗教只是「幻想的太陽」（中共問題原始資料編輯委員會，1984：5-6）具有理性思考的人，應該超越此幻想來活動。

中國共產黨根據馬克思哲學所建構的宗教政策，基本上反應出兩個面向，第一，就長遠來說，宗教終歸消滅；只是在改革開放以後從現實的考量承認宗教存在的事實，希望宗教團體及其活動在黨的宏觀調控之下，擁有部分的自主權力及為社會主義的社會服務，也得展現出熱愛國家的態度。第二個面向為共產黨黨員不得與宗教妥協的基本立場，堅持馬、列的無神論，因此堅決反對黨員加入宗教團體，或是黨員擁有宗教信仰。

2. 菁英重新詮釋馬克思意識型態

　　為何中國的宗教政策會有如此轉變？由文革期間的「禁教」，到改革開放以後對宗教的「解禁」，則頗令人好奇。對於這個問題的解答，台灣島內的既有研究展現出對中國大陸政權頗為負面的解讀。

　　白亨述在「論中共基督教政策」一文中指出中共將基督教的「三自教會」當作宣傳宗教自由的一種幌子，最終目標也是要將宗教在充分利用之後，加以鬥爭及消滅。（白亨述，1992：153-156）趙天恩則以「從基督教的發展與現況看兩岸宗教政策」為文分析中央發行的「19 號文件」在大陸境內各省、縣執行的結果，基督宗教團體只能定點聚會，指定的人講道，指定的地區傳道，指定的時間聚會。這四種規定造成基督宗教的家庭教會與中共政權衝突的主要來源。（趙天恩，1992：167-168）

　　上述這些解讀，和受訪的菁英的反應並不一致，後者咸認為中共領袖對 1980 年代以後的宗教政策的調整，最主要的因

素在於第三代政治領袖[13]對於中共的立國精神具有重新解讀「社會主義」的權力。

> 中國共產統治五十年皆把宗教信仰視為政治的問題，宗教信仰並非個人事務，宗教不能妨害國家建設，共黨對宗教的態度以和宗教團體做政治團結與合作，對不同信仰包含有神論與無神論者皆應互相尊重。……中國共產黨領袖以江澤民第三代論述較多，第三代領袖江澤民則在中國站穩腳跟之後，除了論述中國的社會與經濟議題外，也對宗教內涵重新詮釋。（訪談編碼 001）

在堅持馬、列、毛思想之際，第三代領袖江澤民對宗教的重新詮釋，是非常重要的關鍵因素，透過黨國機制，訂定「第十九號文件」，奠定宗教解禁的修正路線。政治領袖擔任政策改革的主要發動者，當鄧小平發動經濟改革之後，中國過去的封閉社會，有了鬆動的缺口，宗教也在此背景下，有了存在發展的基礎。

> 毛澤東說，當存在決定意識，社會存在即有其意識，在封閉社會有封閉的意識，開放的社會其意識也將轉變。故中國在改革開放以後，意識事實上產生重大的變化，因此宗教認知在此背景下有了理論基礎。（訪談編碼

---

[13] 類似的看法，也存在於宗教團體菁英中：「1979 以後國家宗教政策才調整較為寬鬆，最主要的原因在於中國共產黨領袖對宗教在社會存在的價值重新解讀，中國共產黨第十一屆三中全會就做出利用宗教為社會主義國家服務的決議，才採取目前這種寬鬆的宗教政策。」（訪談編碼 005）

007）

不過中國大陸的菁英仍然對此變化以相當謹慎的口吻，引用毛澤東的說法，證實「經濟改革」帶來「社會改變」與「宗教解禁」的效果。

3.「與時俱進」的彈性解讀與承認宗教功能

江澤民既然為政治領袖，他就得在「開放」與「保守」之間取得平衡，因此，如何為過去極左的「禁教」政策，闡釋修正的「新」宗教政策，乃有所必要。

> 中國共產黨政府並不信仰宗教，寧可用先進的科學取代宗教文化，至今仍堅持馬克思主義，只是將其理論作「與時俱進」的解釋。……中共承認馬克思主義中，對宗教客觀存在的事實，尊重群眾的宗教信仰，但是視宗教為長久之後必將自然滅亡的過程，而此，並非任何一個政黨可以改變。（訪談編碼 004）

「與時俱進」原則，給了中共在宗教政策一個新的方向，在改革開放之際，既然無法滅絕宗教，乃回過頭來尊重此客觀事實，因為宗教之存在，從歷史來看，它比「階級」、「國家」皆還久遠，尊重勞苦大眾對宗教的需求，讓人民擁有宗教信仰之自由。所以，1978 年中共三中全會之後，憲法上人民的宗教及信仰自由乃都得到恢復。

不僅如此，乃進一步思考如何拉攏與運用宗教，視宗教為

建設新中國，穩定社會的積極角色[14]。

> 國家領袖確有所調整，像江澤民就不同於毛澤東，他就
> 承認宗教具有積極與消極的社會功能。江澤民認為發揚
> 宗教積極的作用，讓宗教在社會裡頭幫助國家穩定社
> 會，此為過去所沒有的現象，因此國家領袖在宗教政策
> 的改變，扮演重新解讀馬克思主義的重要角色。（訪談
> 編碼 002）

　　在中共內部文件中，就明白指出宗教團體的角色扮演與政府的關係。就是一切愛國宗教團體都應當接受黨和政府的領導，遵守國家法律，發揚自我教育的傳統，經常對教職人員進行愛國主義、社會主義、時事政策、國家法律、法規等教育，不斷提高維護國家和民族利益，堅持獨立自主自辦原則的自覺性。要支援和幫助愛國宗教團體辦好宗教院校，有計劃、有組織地培養一支熱愛祖國、接受黨的領導、堅持走社會主義道路、維護祖國統一和民族團結。（中共中央，1991.2.5）

4. 宗教團體菁英滿足現狀

　　到目前為止，受訪的宗教團體菁英皆頗滿足現在的宗教政

---

[14] 香港學者邢福增研究「當代中國政教關係」也從宏觀歷史條件的制約解讀，發現中國基督教會的生存基礎與活動空間，頗受中國大陸政權的「黨國」主宰。認為中國教會在 80 年代以來的改革，是在黨國允許的框架下進行，擁護黨的領導、人民利益、民族團結及國家統一。教會不只扮演宗教職能的角色，而且要完成黨國交付的政治任務。（邢福增，1999：119-121）

策，尤其是道教與佛教團體滿足程度頗高，天主教與基督教團體領袖則持較多的保留。以道教團體為例，他們肯定中國共產黨第十一屆三中全會以來對宗教信仰自由的尊重，導致信徒的增多。

> 中國共產黨第十一屆三中全會以來宗教團體就有活動空間，那時北京白雲觀剛開放，每週兩天供信徒膜拜，政府也拿錢出來維修，那時工兵團部進駐白雲觀，對白雲觀並沒有破壞很多。現在白雲觀每天開放以滿足香客的需求。……中國共產黨一直貫徹宗教信仰自由，各級宗教自由的政策會議經常召開，以道教為例，南方經濟條件好轉，所以宗教活動增多，目前白雲觀的信徒當中仍以南方人為主，不過沒有建立信徒名冊，每年農曆初一到初六到白雲觀膜拜的信徒約三十萬人。……（訪談編碼 003）

至於類似的想法也出現在佛教團體的領袖，他們相當滿足現在的宗教發展，認為這是前所未有的「黃金時代」。

> 在文革期間，則破壞佛教，院校、寺廟皆停止活動。僧侶也被迫還俗。改革開放之後，中國共產黨貫徹憲法宗教信仰自由，興辦了 34 所佛學院，現在為宗教信仰的黃金時代，法師與居士也一致如此看待。目前各省市皆已成立佛教團體組織，各地寺廟皆已恢復文革前的規模，佛學院在 1982 年成立以來，目前已累積 34 所。出家僧眾約二十萬人，信徒增加為一億人左右。（訪談編

碼008）

　為何道教團體與佛教團體會滿足現有宗教政策？根據筆者理解，主要原因在於文革期間，道教團體與佛教團體所受的苦難，現在已經掙脫，這些領袖比較現在與過去，有如「天壤之別」；今天的政策遠離過去極左的錯誤路線，文革之後鄧小平極力調整使宗教政策逐漸走上正軌，而這也是中國在共黨建國以來，貫徹憲法規定的信仰自由首次表現[15]。

　此外，由於這兩類團體領袖，他們是「集體」接受筆者訪問，發言較為謹慎，應該有所關連，在黨的領導之下發言，較易肯定黨的宗教政策，誠屬可以理解。相對於佛、道教領袖的集體訪問，天主教與基督教團體領袖對黨的宗教政策，則仍有所較高程度的期待，認為宗教自由目前比不上外國。

　　中國共產黨過去一黨專政控制，剛解放時持消滅宗教的態度，直到鄧小平上台宗教政策才有所變化。這個變化是來至於現代社會大眾傳播媒體的普及，造成思想的變化，目前中共對宗教政策採取外鬆內緊的管理，宗教自由目前比不上外國，宗教宣教的自由只能在宗教場所，限制頗多。（訪談編碼005）

　　從歷史上來看，現在宗教團體所獲得的宗教自由跟過去比較起來，目前已是最好的時期，但和境外相比，中國

仍有發展的空間。（訪談編碼 009）

　　雖然現在宗教團體所獲得的宗教自由跟過去比較起來，目前已是最好的時期，但是基督教的宣教限制仍多，任何宣教活動不能由教會自行決定，而必須得到有關部門支援，已經舉行宗教活動的教堂及聚會點，也必須堅持「三自」原則，和遵守定點（固定聚會點）、定範圍（傳道人行使聖事的地區）、定人（定傳道人員）的規定。這在自由國家乃屬限制「宗教自由」之舉動，但在中國大陸，政治菁英在「政治穩定」的前提下，不敢冒然開放，深怕開放過頭，導致不可收拾的社會亂象。

（二）意識型態的堅持、轉化與中共宗教政策

1. 政治情勢變化與宗教政策的堅持

　　由上面分析，得知中共宗教政策並不一定會立即走向類似自由國家的寬鬆宗教自由政策。她勢必在「開放」與「堅持」中，取得平衡點，既承認傳統五大宗教的「有條件」自由，又得有效管理宗教。

　　尤其當中共改革開放時，面臨全球「第三波」民主化的衝擊（韓廷頓，1994），宗教領袖及其團體扮演催生的主力角色，如果「威權」國家無視此變局及其影響，國家極可能崩解。中國大陸在 1989 年「六・四」天安門事件之後，中共宗教政策有朝管理嚴格的方向。中共盱衡此情勢，深知得加強對宗教團體與領袖思想政治工作，強調國家主權，反對西方國家利用人權干涉中國大陸內政，1990 年十二月中共召開「全國宗教工

作會議」，李鵬在會中強調「對境外敵對勢力利用宗教干涉中國內政保持必要的警惕」，並要求「各級黨委和政府、各有關部門都要認真貫徹執行憲法和有關法規，依政策規定，對宗教事務進行管理」。[16]（熊自健，1998：108-109）

　　熊的看法頗為務實，因為中國大陸在改革開放後的宗教自由比文革期間寬廣，但是1989年「六‧四」天安門事件之後，其宗教政策又有變化，由鬆轉緊，強調黨國體制的宗教行政管理。[17]一方面肯定既有合法宗教的自由，另一方面防止和制止不法份子利用宗教和宗教活動製造混亂，違法犯罪，有利於抵制境外敵對勢力利用宗教進行滲透。（人民日報，1991.1.31，第一版）

2. 依法對宗教事務進行管理意識型態

　　對宗教事務進行管理，是為了使宗教活動納入法律、法規

---

[16] 台灣島內的學者持悲觀的立場，從馬列思想的本質，判定未來中共宗教政策必將管理、控制及消滅宗教。像王世方對「中共宗教政策」研究，其結論指出中共雖以馬列思想當作宗教政策的基礎，其目的在管理、控制及消滅宗教。（王世方，1985：IV-1；）

[17] 江澤民則在這次宗教工作會議座談會上要求各級黨委和政府要把宗教工作列入議事行程，定期檢查宗教政策貫徹執行情況，及時解決存在的問題。要向廣大黨員、幹部進行馬克思主義宗教觀和黨的宗教政策的教育。（人民日報，1990.12.9，第一版）隨後1991年一月，江澤民邀請各宗教團體領導人座談，會上江澤民提出依法加強宗教工作中有關法律、法規和政策的貫徹實施，進行政治管理和監督；目的是為了更好地保護正常的宗教活動和宗教界的合法權益，也有利於防止和制止不法份子利用宗教和宗教活動製造混亂，違法犯罪，有利於抵制境外敵對勢力利用宗教進行滲透。（人民日報，1991.1.31，第一版）

和政策的範圍，不是去干預正常的宗教活動和宗教團體的內部
事務。經過登記的宗教活動場所受法律保護，在政府宗教事務
部門的行政領導下，由愛國宗教團體和宗教教職人員按照民主
管理的原則負責管理。宗教團體和寺觀教堂接受境外宗教組織
和宗教徒的大宗捐贈，要經省一級人民政府或國務院宗教事務
局批准。國務院宗教事務局應抓緊起草有關宗教事務的行政法
規。基層人民政權要加強對宗教工作的領導，認真貫徹黨和國
家的宗教政策，幫助宗教教職人員和信教群眾管好宗教活動場
所，依法進行宗教活動。（中共中央，1991.2.5）

　　在中共中央的堅持下，依法對宗教事務進行管理的意識型
態轉趨強硬，這種轉變也反應在受訪的菁英，其認知普遍存在
原共產主義的部分信念的堅持，如堅持共產黨黨員為無神論
者，堅持共產黨把宗教視為鴉片，並應該愛國[18]。

　　在上述這些堅持，共產黨及其黨員得肩負領導與組織宗教

---

[18]　受訪者表現出強烈支援黨國的宗教政策的立場，分三種意見：(1)堅持共產
黨黨員信奉共產主義皆為無神論者「中國共產黨黨員信奉共產主義皆為無神
論者，雖然中國共產黨目前容許資本家加入黨員，並不意味有宗教信仰者可
以進入共產黨，目前中共官方並沒有此政策打算。」（訪談編碼 001）(2)堅
持共產黨把宗教視為鴉片「馬克斯的學理認為宗教是人民的鴉片，過去中共
政權根據此意識型態，訂定幾十年的宗教政策。宗教是具有類似鴉片可以撫
慰一般人內心的良好效果，只是過去毛澤東時代的宗教政策往極左發展，希
望消滅宗教。在共產黨內部文件仍然堅持宗教為鴉片，共產黨黨員不得有宗
教信仰」（訪談編碼 002）(3)堅持共產黨統治下的宗教不得接受外國支配「中
國共產黨政府的宗教政策並沒有改變，仍有四項堅持：1. 堅持宗教自由；2.
依法對宗教事務管理；3. 積極引導宗教與社會主義相適應；4. 獨立自主辦
教。貫徹這四條，乃是正確的實踐中國共產黨政府的宗教自由政策。」（訪
談編碼 004）

團體的責任,因為一切愛國宗教團體都應當接受黨和政府的領導,遵守國家法律,發揚自我教育的傳統,經常對教職人員進行愛國主義、社會主義、時事政策、國家法律、法規等教育,不斷提高維護國家和民族利益,堅持獨立自主自辦原則的自覺性。要支援和幫助愛國宗教團體辦好宗教院校,有計劃、有組織地培養一支熱愛祖國、接受黨的領導、堅持走社會主義道路、維護祖國統一和民族團結。

　　黨在各宗教團體進行「強有力」的主導,宗教團體「自主性」降低,依附黨的程度仍然頗深,宗教團體要轉化成「自主性」強的「市民社會」(civil society),仍存在很寬廣努力的空間。

3. 意識型態的轉化與中共宗教政策

(1)知識菁英對未來樂觀期待

　　至於未來中國大陸是否會有改變,走向「西方式」自由國家的宗教自由?則得理解中國大陸的政教互動的歷史背景與菁英對此的解讀。宗教學術界持比較樂觀的看法:

> 未來宗教政策還會持續寬鬆,主要原因在於全社會對宗教的理解,無論是菁英、群眾及官員對宗教的態度會產生變化,宗教寬容將會出現。以菁英為例,20 世紀初梁啟超、蔡元培等知識菁英持非議宗教的立場。到 21 世紀初,中國知識菁英則更加客觀看待宗教,這種想法會影響到官員及群眾,而官員在制定政策時,就有對宗教持比較整體及客觀的基礎。(訪談編碼 007)

　　知識菁英的思想變化，由反對或歧視宗教，慢慢的到接受或客觀看待宗教，宗教在獲得平反之後，比較可能復興。而且，知識菁英在社會中的影響力，如果在決策過程產生正面效果，中國大陸的宗教乃有機會重新發展。

> 中共在未來對宗教的管制應該會比現在更為開放，將宗教視為文化的一部份，此在中國共產政權是革命性的變化。目前學術界已逐漸把中國宗教與中國文化作討論，而這種討論逐漸引起中國社會及一般普羅大眾的視野變化。（訪談編碼 009）

　　只要中國持續開放改革，在存在決定意識的理論下，未來中國宗教政策持續開放將有堅強的社會基礎。這種對未來充滿希望的論證，是從「宏觀」的歷史發展，看過中國 20 世紀初至 21 世紀的知識菁英，他們對宗教認知，由否定到肯定的轉化，而知識菁英的影響，又在中國歷史上屢見不鮮。

　　(2)宗教行政菁英對未來審慎樂觀

　　主管宗教行政菁英不像知識菁英「樂觀」，而是「審慎樂觀」未來宗教政策的變化。

> 未來中國宗教政策可能會持續鬆綁，在法律面由中國統治當局重新訂定比現在更寬鬆的法律是有可能的，但是對海外勢力與中國境內宗教團體的連結則持謹慎的態度。（訪談編碼 001）

　　例如天主教在 30 年代與海外勢力結合，帶給中國社會不穩定，衝擊中國當局統治政權，故不能重蹈歷史覆轍。中國共

產黨不願意過去的「教案」在中國出現，在「愛國的民族主義」政治意識型態的宣傳及貫徹，堅持中國境內「教會自主」、「教會愛國」、「教會自養」，可以進行國際交流，但是不依賴其他國家援助，也不接受外國宗教團體支配。

(3)宗教團體菁英對未來趨向保守

至於宗教團體菁英則持比政府更為保守的立場，認為未來的宗教政策只要維持現行宗教政策即可，宗教應與社會相互適應，宗教得滿足國家需求，達到穩定社會及淨化人心的效果，目前的宗教政策即有此效果，未來也應以目前的宗教政策為標的。

> 並不贊同中國政府未來採取寬鬆的宗教管理政策，因為寬鬆的管理可能使宗教界更為混亂，使社會不穩定。……未來中國宗教政策應該對管理上有所修正，目前政策已經很寬鬆，未來應該加強規範管理並尊重傳統。……目前中共黨中央的宗教政策，是過去有史以來對宗教團體管理最好的政策，因為政府幫助培養了道教宣教人才，也幫忙組織道教團體，建立道教團體制度。（訪談編碼003）

不只是道教團體領袖不贊同中國政府未來採取寬鬆的宗教管理政策，佛教團體領袖也提出依賴國家的強烈需求。

> 國家應該對佛教事業的發展有具體政策，例如提高佛教徒的素質及培養佛教的宣教人才，對於佛教事業的繼承，應有一套合法機制。（訪談編碼008）

　　佛、道教宗教團體菁英寧可政府對未來宗教政策持「保守」立場，其可能原因如下：首先，宗教團體已習慣共黨領導：中國共產黨建立政權以來，對宗教團體強有力的控制，大陸境內各個宗教團體可能已經逐漸適應。因此佛教道教等宗教團體菁英在經歷過文革的迫害，現在面臨新的局勢，擁有宗教的自主空間時，比較可能珍惜目前的宗教自由，對於未來則容易畏懼過多的變化。即使未來的變化可能比現在條件更佳，也寧願採取保守立場。其次，愛國、愛教並存，無傷宗教團體發展：佛道教團體的相關規範，都強調愛國跟愛教兩者並存，中國共產黨堅持國家統一領土完整的族國主義的根本立場從未改變，因此對於宗教團體與境外連結來從事破壞中國主權完整的各種可能，非常謹慎小心。

　　第三，宗教團體依賴黨國經濟支援：從過去中國共產黨建立政權之後，宗教團體經濟依賴黨國的程度就相當高，如今，雖然大陸境內已引進資本主義機制，但是「經濟自由」風氣仍未普及到宗教團體，民眾、信徒捐獻給宗教團體的現象並不普遍；因此，要宗教團體經濟完全獨立，有實質困難。而黨國對宗教團體的資助，也有其瞭解及某種程度掌控宗教團體的政治效果。形同黨國與宗教團體的「恩侍主義」（patron-client）互動效果。宗教團體對黨國支援，接受黨國政策規範，而黨國給宗教團體生存空間的保障。

　　最末，合法維持宗教團體維持「寡占」優勢：中國共產黨如果維持現在的宗教管理政策，有助於現有的「合法」宗教團體的生存與發展，因為其他的「新興教派」沒有合法的依據，政治力量就保護了既有五大宗教的「寡占」優勢，大陸境內人

民如果要成為信徒，只能在這五大宗教從中選擇。

　　由上面論述，雖然知識菁英樂觀，宗教領袖保守，但是現任的政治菁英對未來中國宗教政策的「審慎樂觀」，我們估計，中國大陸未來的宗教政策，並非一成不變，只要中國政治菁英堅持「與時俱進」的宏觀調控原則，在不妨礙中國共產黨統治及社會穩定的大前提下，中國的宗教政策可能進一步變鬆。相反的，當違反這項前提時，「與時俱進」的宏觀調控原則將被擱置，政治菁英的決策也可能趨於保守。

參、宗教政策對宗教團體的發展與限制

一、宗教政策與宗教團體發展

（一）政治對宗教「解禁」

　　中共當局對宗教團體發展有助益的具體措施中，是政治力量尊重「宗教」存在的事實，認為宗教團體在社會主義社會也「應該」具生存空間。雖堅持「共產黨員不得信教」、「宗教終歸消滅」等偏左的意識型態，但是，現階段並未像文革時期，完全否定宗教。況且，逐漸承認宗教對社會具有正面功能。

　　　在政治上：中國境內各宗教團體應與社會主義相適應，中國政府願意在此階段幫助宗教團體做良性發展，而非限制及消滅宗教，使宗教團體在中國社會發揮正面功能，為中國政府及人民服務；中國政府承認宗教存在的

積極功能。（訪談編碼 001）

（二）經濟援助宗教

中共當局對宗教團體發展有助益的具體措施中，以發還宗教團體財產、協助宗教處所修繕、設立宗教學院人才培養及宗教團體宣教的法制化貢獻最大。

> 在經濟上：中國政府對各宗教團體給予經濟援助，例如翻修西藏布達拉宮[19]及各宗教團體之清真寺、廟宇、教堂及道觀。此外，也幫助宗教團體設立學校，例如：天主教神學院、佛學院、道教學院，培養各宗教團體的本土神職人才。（訪談編碼 001）

其中佛[20]、道教團體領袖[21]對中共當局這些做為異口同

---

[19] 對西藏的佛寺如布達拉宮的修護，始於 1989 年，共投資 6 千萬人民幣（香港大公報，1993.3.26，第 2 版）；甘丹寺的修護投資 2 千萬人民幣。（人民日報，1993.4.26，第 4 版）皆花費大筆金錢

[20] 佛教團體領袖非常肯定歸還寺廟財產的宗教政策，不僅如此，也認為宗教自由及宗教學術自由得到保障。他們說：「就整體宗教法規來看對佛教團體而言，以歸還寺廟財產，宗教學術自由研究及信徒的信仰自由得到保障受益最大，這也符合佛教思想中的人與人間的圓融哲學。」（訪談編碼 008）

[21] 道教團體領袖也相當肯定廟宇財產的發還和修建，他們分下列幾項說：「1. 1979 年之後中國政府國務院對宗教團體從事各項保護措施，包括廟宇修建、名山保護、宗教活動交流、宗教文物保護、宗教園林防護、宗教各級組織及宗教學院的建立等措施，都有助於宗教團體的發展。2. 中國共產黨對道教團體的幫助有下列幾項，第一建立道教團體組織，目前除了全國道教團體協會以外，尚有十幾個省級道教協會。第二維修道觀。第三建立道教學院。」（訪談編碼 003）

聲指出心存感激。天主教與基督教團體則認為中共發還宗教團
體財產並不徹底，像過去教會興辦的學校、醫院及關懷弱勢團
體的孤兒院、安老院並沒有發還。[22]對此類財產的發還，佛、
道教團體並不太關心，因為傳統中國的宗教，鮮少從事興辦的
學校、醫院及關懷弱勢團體的孤兒院、安老院。而西方傳入的
天主教或基督數，則以此為宣教的媒介，因此，進入中國傳教
就相當努力的經營弱勢團體關懷的事業。不過，中共當局至目
前為止，並未有歸還的跡象。

（三）有效管理宗教

　　從中國社會的穩定發展角度，中共當局從未放棄有效管理
宗教的價值觀，因此，在黨中央於 1979 年承認宗教擁有生存
及發展空間以來，也對宗教團體及其活動作限制與規範。換言
之，「宗教自由」是在「宗教管理」的前提下開展，其政治菁
英乃說：

> 在管理上：中國政府對宗教團體除了政治經濟的寬鬆與
> 援助外，並未放棄國家對宗教團體的各種管理，因為在
> 中國境內有宗教信仰者居少數，故因限制宗教團體對多
> 數沒有宗教信仰者的不當宣教，此也是宗教自由的表
> 現。（訪談編碼 001）

---

[22] 基督教團體領袖抱怨說，「國家過去侵佔宗教團體的財產，現在慢慢歸還，
　　但是對基督教團體而言，國家只發還教堂，其他如教會新辦的醫院及學校，
　　並未還給基督教團體。」（訪談編碼 009）

為何要對宗教進行管理，不能給宗教團體、人民擁有西方自由國家的「宗教、信仰自由」？政治菁英解讀其理由是為「保障多數人民不信仰宗教的自由」。不僅如此，在「民族主義」、「社會穩定」的價值觀之下，中國式的「宗教自由」乃得到進一步的詮釋。政治菁英乃說：

> 中國共產黨政府的宗教政策並沒有改變，仍有四項堅持，1.堅持宗教自由，2.依法對宗教事物管理，3.積極引導宗教與社會主義相適應，4.獨立自主辦教。貫徹這四條，乃是正確的實踐中國共產黨政府的宗教自由政策。（訪談編碼004）

這種「中國式」的宗教自由與「理想」的宗教自由當然有差距，但是在中國共產政權而言，只要違背其「統治利益」及「國家發展」的前提，國家乃經常會介入宗教團體及其活動。因此，國家給予各個宗教團體作政策規範、限制或補助乃屬於自然的現象。中國境內人民及宗教團體，獲得的「宗教自由」固然超越文革時期，但仍在政治力量的調控之下，政治力給了人民「宗教自由」，政治力也給了宗教團體「經濟援助」；相對的，政治力對人民及宗教團體作不少的「宗教行政管理」。

這些宗教行政管理[23]是值得深究的另外一個主題，本文

---

[23] 有關宗教行政及管理，根據魏千峰的研究，可以將世界各國的宗教自由程度分為五級，即「最保障宗教自由」、「保障宗教自由，但有若干限制」、「保障宗教自由，但對宗教區分等級」、「有限度保障宗教自由，且作頗多限制」及「控制宗教活動，有迫害宗教自由」等。（魏千峰，2001：1-17）另可參考黃慶生的《我國宗教團體法制研究》，將宗教行政及管理作法制的討論，其中

暫且擱置不論，以下繼續討論現行宗教政策對宗教團體限制中，「如何」、「為何」限制外國宗教團體及新興宗教到中國傳教和發展等兩項子題。

二、宗教政策與宗教團體限制

在有效管理宗教的架構下，中共統治當局並不完全同意境外宗教團體到中國境內「自由」傳教，也不同意任何新的宗教或教派可以在境內「自由」發展。

（一）對外國宗教團體到中國大陸傳教的限制

1. 依法申請

就「理想上」的宗教自由包含宣教的自由，而宣教自由往往只有「事後追懲」的法律規範。即宣教的法師、教師、神父、道士或宣教者其行為違反民、刑事法規，才能提出訴訟。不過，在中國大陸政治領袖，為了大陸境內「社會穩定」作了許多事前的申請規定，來防止境外（含台灣）的宣教者「自由」在中國大陸宣教可能產生的後遺症，他們認為這是必要的措施：

> 並沒有完全禁止外國宗教團體到中國傳教，而是得依法到主管機關申請。中國在歷史發展過程中，信仰宗教的人比不信宗教的人少，故應尊重沒有宗教信仰者的權益，不應該放任宗教團體隨意傳教，只能在自己宗教場

涵蓋的國家包含亞洲、美洲及歐洲等 14 個國家。（黃慶生，2003：104-118）

　　所宣教。（訪談編碼 004）

　　中國大陸政府目前並不完全鼓勵自由宣教的另外一個原因是「保護絕對大多沒有宗教信仰的群眾」。因此，宣教者只能對信徒講經傳道，任何宣教活動只能在「定點」、「定時」、「定人」及「定地區」的規定下，依法活動。這種限制，對佛、道兩個宗教團體菁英而言，他們認為影響不大。他們不認為這種規定會影響宣教或是交流，而且幾乎「異口同聲」肯定政府的作法。[24]以道教團體領袖為例：

> 境外宗教團體要到中國傳教，目前於法不合，像台灣的道教團體可以和中國道教團體交流，但不能在中國境內傳教。至於台灣道教團體要捐款給中國道教團體，目前是可以的。（訪談編碼 003）

　　由上述宗教團體菁英的談話，可以認知對境外宗教團體欲到中國境內宣教的規範皆頗滿意的程度。對未來的境外團體在大陸的宣教活動，在沒有宗教團體的壓力下，政府改變其法律的可能性將更低；除非政府主觀意願或在外來壓力下改變其法律，不然可預見這些規範將仍持續。

---

[24] 「事實上台灣佛教團體的法師到中國來傳教，只要經過合法程序申請，在政府規定的宗教活動場所宣教，大陸政府很少拒絕。就兩岸佛教團體的互動來看，大陸政府對台灣法師皆頗禮遇。只要台灣的佛教團體依法行事，中國都很歡迎。」（訪談編碼 008）

2. 限制的歷史因素

　　中共主管宗教事務官員基於過去中國歷史西方宗教參雜帝國主義勢力來華傳教的不愉快經驗，非常不同意境外基督教團體，包含梵蒂岡天主教勢力對中國宗教團體的干預。就宗教宣教自由與國家主權完整這兩項價值觀的選擇，中共統治當局選擇後者，在國家安全與社會穩定的基礎下，基督教與天主教只得與境外做交流，境外的基督教天主教教士到大陸傳教得受中共政府當局審核通過，不得任意在大陸境內各地傳教。

> 中國政府對外國（境外）宗教團體到中國傳教限制的主
> 要理由是維護國家安全，從歷史發展來看，外國勢力經
> 常結合宗教對中國社會進行滲透，導致中國社會民間與
> 外國宗教的文化與利益衝突，故在此階段，中國對外國
> 宗教團體到中國宣教仍持保留態度。（訪談編碼 001）

　　由過去歷史經驗中，基督教與天主教背後經常有「帝國主義」，的英、美、法等列強撐腰，加上共產政權剛成立之際，共黨基於「民族統一獨立」的立場反對天主教任命大陸境內的主教，也使得中共與梵帝岡的緊張關係始終存在。加上，中共的「無神論」對基督教的「有神論」立場扞格不入，許多在華境內的基督教教派乃隨著國民黨政府播遷到台灣。這些不利於共黨統治與不同於共黨意識型態的歷史，乃是中共「限制外國（境外）宗教團體到中國傳教」的主要因素。

> 宗教以傳教為天職，中國對外國（境外）宗教團體到中
> 國傳教不寬容，與歷史發展有關。因為外國基督教來華

傳教與殖民主義有關，再加上中華人民共和國成立之初，大陸境內基督教團體反對人民共和國，影響到今天境內、外團體交流、對話。傳教不鬆口：宗教應自立，意識型態沒解決與西方大國的衝突，新教對中國的影響，與共產黨對立 1840 年與 1949 年的歷史陰影，海外對宗教團體的友善態度－可以影響中國宗教政策。（訪談編碼 007）

歷史上教案頻傳，天主教與基督教的反共產政權，支援國民黨政府，導致中國共產政權對這些團體持懷疑的立場，以為他們在國民黨及境外強國的支援下，隨時要干涉中國大陸內政或滲透顛覆中國政府；就統治利益的維護，這乃屬理性的政策抉擇。如欲化解中國共產政權的恐懼與疑慮，除了時間因素外，可能還得待境外基督教與天主教團會將中國大陸視為一「特殊地區」處理，給予較多「耐心」的期待，彌平過去殖民主義盛行時在大陸境內的創傷，或許可以影響共黨政權嚴格控制傳教的宗教政策。

中國政府從歷史事實角度理解基督教傳入中國，教案衝突頻繁，而且在國共鬥爭時代，西方基督教團體支援蔣介石政權，梵蒂岡羅馬教皇過去也支援國民黨政府，這些皆屬於不愉快的經驗。目前梵蒂岡雖然與中國聯繫同意中國政府不搞基督教地下教會，但是在中國境內的三自教會與地下教會事實上皆與梵蒂岡有關連。這也是中國政府限制外國基督教團體到中國傳教的主要理由。（訪談編碼 002）

　　除了歷史因素外，中國共產黨為了維護其統治利益，不容許任何團體對他挑戰，或取代他的功能，乃作出「防」、「怕」及「用」的政策[25]。「防」是指擔心宗教團體發揮太多的「服務」功能，如果宗教團體服務民眾的能力強過共產黨，那麼大陸民眾可能會拋棄共產統治。「怕」是指擔心宗教團體信徒過多，影響力過大，至使信徒不聽命於共黨領導。在此兩項前提下，共黨作出「管」的政策。用不同於西方宗教自由的法律，管理天主教與基督教的「自由宣教」，使在大陸境內的宗教團體影響降低。

　　中共政權至目前為止的宗教政策，相當有效的管理境內的五大宗教及對於境外宗教團體欲到大陸宣教的活動。固然佛、道教領袖相當程度滿意中共的法律規範；這種作為也贏得知識菁英的同情，但是天主教團體領袖則持比較保留的態度，而且給中共為何嚴格管理宣教作了相當深刻的「政治利益維護」的

---

[25]　「中國共產黨對宗教團體的管理和外國不同，在國外先進國家的宗教團體是屬於為人群服務的民間團體。而在中國共產黨統治下採用三項措施，1.防：中國共產黨限定宗教團體對國家及社會的影響，2.怕：中國共產黨害怕宗教團體號召教徒的力量，擔心宗教團體力量過大，3.用：希望中國境內宗教團體皆為共產黨所用，而非獨立於共產黨之外的民間團體。因此中國共產黨並沒有一套類似西方鼓勵宗教自由的政策，而是採取限制、管理及運用宗教團體的宗教政策。中國共產黨政府害怕梵蒂岡對中國天主教徒的影響力，如果中國天主教與梵蒂岡結合可能在一夜之間信仰天主教的人口從四百萬擴增到四千萬，共產黨擔心外國力量進入到中國，降低了共產對中國社會的控制能力，因此作許多圍堵措施。共產黨領袖對此議題應該要放寬心胸打開眼界，思想要改變，深切瞭解外國文化遠高於中國文化，應該像明末清初一樣透過外國宗教到中國的傳播，虛心學習外來文化，提升中國文化。（訪談編碼 005）」

詮釋。

（二）對新興宗教發展的限制

不僅對境外團體到大陸宣教嚴格，對於「新興宗教」的限制，在現行法律之下也非常嚴峻。

中共統治當局基於宗教的歷史傳統、社會穩定及國家安全的前提，不同意新興宗教的出現，其中包含一貫道、觀音法門及法輪功等新興宗教。依宗教法規向國家部門申請合法後才得以傳教，目前只有五大宗教團體為合法宗教團體，新興宗教向國家申請根本不得其門而入，因為在現行法律之下，他們根本沒有機會成為合法團體。

> 中國政府對新興宗教加以限制，主要在於其歷史根源與基礎並未深厚，可能帶來社會負面的效果，例如：在中國境內曾出現的新興宗教團體——「上帝兒女」的教派，鼓吹迷信的教義與禮儀，雖在農村擁有許多信徒，那是因為農民水平差，才能接受，在一般都市中新興教派被接受可能性相對較差。盡管如此，中國政府對此新興教派仍持謹慎處理態度。（訪談編碼 001）

基於防止「迷信」、「邪教」[26]擴散的理由，對於許多「新

---

[26] 「目前中國境內禁止法輪功、一貫道及觀音法門等教派，最主要的原因是他們都是『邪教』。新興教派容易蠱惑群眾，他違反傳統道教及佛教的信念，經常迎合世俗，做出不符合宗教教義的行為舉止。道教包容度很廣，堅持自己傳統，教導信徒養生之道，是正信宗教。中國政府只承認傳統五大宗教，從歷史來看，這五大宗教對人民有利，而新興宗教經常騙人、騙錢，當百姓

興教派」加以限制。主受原因是中國共產黨信仰馬克思主義的「科學信仰」信念，強調「科學」的結累，容易視「宗教」活動為迷信。因此，在道教的活動規範中，就禁止「跳乩」、「扶鸞」、「練功」、「卜卦」、「擇日」等儀式。主要就是認為這些活動是迷信的行為。至於法輪功被查禁，乃在於被認定為邪教外，最主要的原因是挑戰黨國的領導權威。

> 剛開始法輪功在中國出現的時候中國大陸政權並沒有立即限制法輪功…直到法輪功團體及其成員包圍北京中南海之後，中共統治當局才加以限制。最主要的原因是法輪功並未與中國社會相融合，海外對中國政權限制法輪功往往因為未深入中國的環境，而不清楚法輪功所作所為。限制法輪功的另外一個原因，是可以維持並保護傳統宗教。（訪談編碼 007）

新興教派在許多宗教自由國家如雨後春筍般出現，中國大陸在政策開放之後，也可能面臨經濟的解禁與發展，帶來社會對宗教的需求。但是中國大陸政權在經濟開放之際，並不同意五大宗教以外的新教派在大陸境內發展，最主要的理由還是「社會穩定」。以法輪功為例，如果沒有包圍中南海及與境外宗教團體連結，它說不定仍有生存空間。

> 中國政府基於社會穩定、懼怕動亂及人口過多不易管理的理由，限制新興宗教的出現。像法輪功或民間宗教經

盲目信仰，社會容易混亂。」（訪談編碼 003）

常出現騙財騙色的案件，也有極端迷信的新教派蠱惑人
民，像河北省曾經出現一個秘密宗教，竟然跟教徒宣稱
出現十幾個皇帝。中國廣土眾民，要實行西方民主制度
頗為不易，像東歐的經驗並不足借鏡，不能為了實行民
主而社會動亂，人民生活條件變差。（訪談編碼002）

新興宗教被查禁最主要是沒有合法登記，宗教團體菁英並
不清楚在目前的法律規範下，新興宗教（教派）要得到有合法
登記，事實上難度頗高。在不明究理的情況下，他們展現出「宗
教不寬容」的價值觀。[27]他們指出：

新興宗教被查禁最主要是沒有合法登記，只有合法登記
的宗教團體才會得到國家保障。像李洪志的法輪功既不
合法登記又以邪教騙人害人，隨便攻擊其他宗教，理當
依法取締。其他像一貫道、觀音法門皆為邪教組織，國

---

[27] 「目前中國共產黨只承認五種宗教團體的說法並不客觀，事實上中國境內尚
有許多不被共黨承認的非法宗教團體，他們具體存在像天主教的地下教會或
是法輪功等，至於部分天主教徒會走入地下化最主要的原因在於堅持教會獨
立的立場，不願完全配合政府的政策。」（訪談編碼005）「中國的歷史與文
化，建構出現在的五大宗教，這些宗教應與現代社會相調整，如丁光訓所言，
基督神學思想建設為『愛』，佛教的具體哲學學『人間佛教』。宗教應有穩定
社會的效果，而政府得為宗教服務。現代許多宗教與教派的冒出，搞異端邪
說，藉宗教殮財騙色，此為『邪教』，如法輪功即是，政府的『反邪教』專
門機構，有責任制止。」（訪談編碼004）「新興教派經常是異端，但是因為
新的教派的出現，也使傳統基督教注入新的活力。西方民主自由國家，在處
理新興教派時具較大的包容性，相對的中國政府面臨此問題，具不較包容
性，中國接受基督教歷史也較短，易受邪說異端影響，而且基督教也被無神
論包圍住。」（訪談編碼009）

家應該積極取締。新興宗教在經濟轉型之際容易出現，
因為此時一般人民精神無助，如果新興宗教有助於社會
穩定，就應讓它存在，但也應該到國家機關先行登記。
（訪談編碼008）

宗教團體菁英對新興宗教的出現則持比中共統治當局更
保守的態度，以佛教、道教團體為例，其團體領袖對法輪功的
批判比中共當局還嚴重。知識菁英對新興宗教則持同情態度，
認為社會改革開放之際，而既有宗教無法滿足人民的信仰需求
時，新興宗教出現乃是自然之事，中共當局未來會受學術界及
市民社會的影響，新興宗教仍有合法發展的空間。

但是，知識菁英的期待是否成真？在可預見的未來，新興
宗教出現在中國境內，可能性並不大，除非中共政治領袖再次
的詮釋「宗教自由」涵蓋五大傳統宗教以外的各種教派。不然，
在既有的法制，其生存發展空間仍非常侷促。

（三）未來對新興宗教的管理

根據政治菁英的理解，他們認為，未來中國社會轉型發展
可能出現新興宗教，但是為了國家穩定與社會秩序維護，一切
得依法管理新興宗教。而且，目前的法制下，即可有效率的管
理。[28]對於境外已發展的教派，對新興宗教的出現持好奇與
樂意理解的態度。據筆者在訪談的理解，目前中共雖然管制新

---

[28]　「因為中國廣土民眾，未來社會轉型發展之後，可能出現新興宗教，為了國
　　家穩定與社會秩序維護，宗教事務管理皆得由法律為依據，故對新興宗教的
　　管理，在現在的法制下，應可妥善處理。」（訪談編碼001）

興宗教，但是在社會轉型之後過去台灣社會出現的新興宗教的
問題也可能在大陸重現，因此政治菁英僅同意與境外新興宗教
團體選擇性的交往。

> 中國政府同意在海外與巴哈伊、創價學會作交流，但是
> 目前僅止於此，並不同意這些宗教進入到中國境內。（訪
> 談編碼 007）

對於新興宗教在中國大陸的發展，既有的五大宗教團體菁
英並不傾向支持，他們樂於接受目前的宗教行政管理法制，在
中國大陸的共黨統治之下，限制了新興宗教，形同對既有宗教
的保護。

> 國家應該先保護傳統宗教的合法發展，擁有合法地位的
> 宗教團體才可以傳教，新興宗教也不例外。如果新興宗
> 教可與社會互相適應，那就具有良好的基礎，中國政府
> 應正視此現象出現的可能，相反地如果新興宗教無法幫
> 助社會，那就不具良好社會基礎。中國佛教團體應該具
> 有危機意識，理解新興宗教出現可能與傳統佛教團體競
> 爭，傳統佛教只有不斷更新其體質、組織及人才培養，
> 才可欣然面業新興宗教的挑戰。（訪談編碼 008）

宗教領袖對於新興宗教是否有助於中國社會穩定與發
展，持保留態度。他們認知到新興宗教出現將可能危及既有宗
教的發展，所以也非常急迫在自己的宗教團體的改革與進步。
佛教與道教的宗教團體菁英對新興宗教持負面解讀，認為應該
發展既有傳統宗教來滿足社會的需求，配合中共統治當局查禁

新興宗教的觀點，限制新興宗教的出現。

> 任何宗教只要對人民及社會有益，就應讓他存在政府應
> 站在尊重宗教自由發展的立場，讓宗教團體可以辦各類
> 活動引人向上，使社會更趨人性化，而歷史會證明宗教
> 對人民及社會有好處。（訪談編碼 005）

　　但是在知識菁英對新興宗教出現就持比較「宗教寬容」的
看法，以為只要宗教有助於人民和社會，執政當局就應該尊
重，讓新興宗教有機會出現，擁有法律的保障。[29]中國統治
當局應該理解到未來新興宗教出現將是不可避免的情勢，只有
及早規劃相關法制，才能化解經濟改革開放之後，宗教可能帶
給社會的各項衝擊。

---

[29] 當然也有持比較保留態度的知識菁英，他們認為應該考量中國大陸的時空背
景，不要急於讓新興宗教出現造成社會問題：「未來中國共產黨對宗教法制
的管理，應該等時機成熟的時候再定宗教法，因為中國社會範圍人口皆頗
大，而且未來可能不止只有五種宗教，可能面臨的問題很多較難管理，所以
應該再等一段時間，才訂定類似西方尊重宗教的宗教管理法規。」（訪談編
碼 002）

肆、國家機關對宗教團體的管理與支配

一、國家機關對合法宗教團體管理

（一）宗教團體納入國家決策機制

　　中國共產黨在中國大陸建立政權之後採取民主集中制，會邀請和中國共產黨意識型態相近的各黨派、團體進入決策機制或象徵性的統治機關。中共統治當局納入宗教團體菁英到國家決策機制，讓不同宗教領袖在中央政府立法機構，像全國政協及人民代表大會擁有席次，代表該宗教團體利益發言。在改革開放之後，中國大陸的國家機關像全國政協及人民代表大會就有宗教團體菁英參與[30]。除此之外，各級政府的立法機構也都將宗教團體菁英納入，讓其團體的既有利益得到維護。政治菁英指出，每年一度各宗教團體菁英都得到中共中央江澤民總

---

[30] 在受訪的道教、佛教、天主教宗教團體菁英分別指出：「道教團體參與國家機關，可對政府提出要求，並選出國家領導人。政府也會找宗教團體來聽取群眾意見。以白雲觀為例，政府接受白雲觀領袖的建議，改善附近的周邊景觀、環境、治安與園林；對白雲觀的發展幫助很大。」（訪談編碼 003）「宗教團體菁英經常是中共『全國人民代表大會』委員或是『全國政協』委員，中央領導非常重視五大宗教團體菁英意見」（訪談編碼 004）「以中國政協來看，宗教領袖仍有機會在政府機關中發表自己意見，維護宗教團體權益，不過這個聲音頗為薄弱。」（訪談編碼 002）　「宗教團體在社會及國家的不同位置會起不同的作用，讓宗教團體菁英代表其團體利益進入國家機器像「全國政協」並無妨，只要他們對社會負責即可，當然宗教團體菁英當中接受國家機器領導的人容易被納入，像丁光訓主教曾經對毛澤東建議，應尊重教會的發展權利。」（訪談編碼 005）

書記的召見，在此場合各宗教團體菁英皆可暢所欲言，江總書記皆欣然接受其建言。

> 中國政府尊重宗教團獨立運作，其中國家機關的全國政協是宗教團體菁英參與政治的主要管道，此外人大及國家宗教局皆有邀請宗教團體菁英及其代表對宗教議題表示意見。（訪談編碼 001）

中共政治領袖除了透過正式管道與宗教領袖溝通之外，他們也透過非正式管道和宗教團體交換意見：

> 每年春節前夕，都會邀請他們到中央表達意見。此外，國家宗教局也經常與這些領袖連繫，行政主管和他們也有私人書信往來，溝通管道頗為暢通。（訪談編碼 004）

對於中國大陸政府提供政治管道讓各宗教團體菁英進入到國家決策機制，宗教團體菁英持正向看法：

> 中國政府提供政治管道讓各個宗教團體菁英進入到國家機器，是非常好的措施，有助於各宗教團體與政府的對話，但也可能宗教團體喪失自主空間。不過，如果宗教團體不與政府合作，將弊大於利，從過去經驗看來，宗教團體與政府合作，利大於弊。（訪談編碼 009）

宗教團體菁英對中共國家機制將其納入立法部門，無論是佛教、道教、天主教及基督教領袖皆持肯定態度。認為在中共統治當局領導之下，各宗教團體皆可以得到正面發展。

從上面的論述可以認知，政治菁英與宗教團體菁英對於目

前的國家機關和宗教團體的互動頗為滿意，宗教團體菁英也認
知到雖然進入到國家機器，可能喪失部分自主空間，但是基於
過去的經驗，應和中國共產黨及其政府密切協調與合作才有可
能擁有合法發展空間。如果從民主國家的宗教團體與國家機器
互動的關係來觀察中國大陸的情形，大陸的宗教團體尚未形成
西方自由國家的「壓力團體」，他們比較接近威權體制下國家
機器庇護的團體，其自主性與對國家施加壓力的能力，遠小於
西方的自由民主國家。

（二）宗教團體的自主（autonomy）空間有限

　　宗教團體在與國家機關互動的過程，其自主空間有多大？
分以下三種立場：政治菁英及宗教團體菁英咸認為已有自主空
間寬廣；知識菁英則認為自主空間有限，並對未來有所期待，
希望擴增宗教團體的自主空間。

1. 自主空間寬廣

　　政治菁英指出，中共統治之下的宗教團體不得違背社會主
義的宗教政策，在不破壞國家安全及社會穩定的前題下，宗教
團體即得到國家合法保障，也得受國家法律的限制與規範。在
既有的法制之下，宗教團體擁有相當寬廣的自主空間。[31]

　　宗教團體也有自己的會議，可以對國家表達不同的意

---

[31] 「宗教團體在宗教政策的範圍內，自主空間頗大，例如宗教團體交流，研討
　　會舉辦，皆由宗教團體自行負責。」（訪談編碼003）

見，討論國家大事，此外，宗教團體也可以召開學術會議，和學術界對宗教議題交鋒，另外宗教領袖也可以在各級政府的省市政協委員會組織擔任委員，因此宗教團體及其領袖在中國統治當局的政治體制下，擁有寬廣自主空間。（訪談編碼001）

政治菁英從社會主義立國的觀點分析，中國共產黨統治之下，宗教團體得服膺黨的領導，目前第三代領導人對宗教團體的認知抱持「與時俱進」的原則，既尊重宗教團體的宣教自由，也得保障廣大多數民眾不信仰宗教的自由；尚且宗教團體不得與境外反華勢力連結，更應在黨的領導之下發揮有助於黨國發展及社會穩定的積極功能。

如果從理想的宗教自由角度來看，宗教團體除了召開會議、討論國家大事、從事宗教團體交流等活動，應該還包含許多與宗教相關連的自由活動；例如：宗教團體應該擁有相當寬廣的宣教自由，大陸境內人民應該擁有追求不同宗教信仰的自由，這些自由都在法制保障範圍。

2. 自主空間有限

大陸境內宗教知識菁英對於宗教團體未來的發展，他們認為隨著大陸的經濟改革開放和接受宗教自由「全球化」（globalization）的影響，中國境內宗教團體是有機會發展不錯的自主空間。他指出：

在中國大陸境內要出現類似西方國家的宗教自由可能性不大，但是目前西方的宗教自由伴隨著全球化的影

響，對中國境內的宗教自由會越來越大。中國的宗教團
體菁英雖然身居政協委員要職，也可能不滿意國家領袖
對宗教團體的干預跟約束，但是他們也不願意公開表達
這種不滿。（訪談編碼002）

目前中國大陸宗教團體在既有機制之下，雖然進入國家機
構，但也可能對國家的各項建議持支援立場，不願公開表達內
心的真正不滿情緒，這是由於在威權體制之下，一黨獨大所形
成的後遺症，宗教團體菁英明哲保身，不可能作激烈的批評，
只要政治體制不變，這種情形仍將持續。

3. 期待

事實上中國大陸統治當局所作的宗教行政法制規範，在目
前的宗教領袖及宗教知識菁英都表現出高度的期待[32]，認為
既有的體制之下應該可以再做調整，讓宗教團體獨立發展，擁
有類似自由國家的「政教分離」理想。知識菁英就指出：

從政教分離原則來看，基督教團體領袖如果加入中國共
產黨政府直接參政違反此原則，他們應該從社會公民角
度間接參與政治，而非納入共產黨體系。因為宗教是對
人從事作改造，而非對國家作改造因此不應該宗教直接

---

[32] 對中國大陸政權目前的宗教行政管理法制，宗教團體菁英以基督教和天主教
期待較高，他們分別指出：「中國大陸共黨政府應該讓宗教團體擁有自主空
間，不應該排斥宗教團體對國家表達不同的聲音，可惜目前在中國這個聲音
與空間並不大。」（訪談編碼005）「中國境內各宗教團體菁英應該可以與政
府不同的意見，參與宗教政策或憲法的討論。」（訪談編碼009）

進入政治機器，但是像德國基督教民主黨的活動是可以
存在的。」（訪談編碼 007）

由上述討論可以得知，宗教團體菁英中以佛教及道教領袖
最支援中共目前宗教行政管理法制；基督教領袖則持保留態
度，認為統治當局應該給基督教團體更寬廣的空間，讓境內外
牧師得以自由傳教；天主教領袖則不敢苟同宗教主管政治領袖
的觀點，認為中共統治現階段固然比過去在宗教政策上更為寬
鬆，但離西方民主的宗教自由尚有一大段距離。

宗教學術界持開明態度，認為未來中國大陸境內宗教團體
的自主空間應該會比現在更為寬廣。只要中共持續改革開放，
西方宗教自由的思潮應當會影響中共既有體制，變化目前中共
的宗教政策。

二、國家機關對違法宗教團體支配

中國大陸國家機關除了與合法宗教團體互動，將五大宗教
團體納入國家機器當中，並讓宗教團體菁英有非正式管道和國
家正式菁英溝通，使得大陸境內的合法宗教團體擁有大陸建立
政權以來，相當高程度的自主空間，雖然此空間和民主國家給
予宗教團體的宗教自由尚有一段距離。然而，中共統治當局對
於「違法」的宗教團體，並沒有給予像大宗教團體的自主空間，
對於「基督教地下教會」和「法輪功」等團體，採取頗為強硬
的立場，因此這兩個宗教團體和其他新興宗教在中國大陸的生
存空間非常窄，以下將對國家機關和地下教會、法輪功兩個宗

教團體的互動情形提出討論。

（一）國家機關對地下教會的支配

政治領袖對於基督教的地下教會持頗為懷疑的角度，首先他們認為地下教會深受境外反對共產黨勢力的影響，其次他們也對地下教會迷信的儀式持保留，第三，地下教會是否像外傳一般擁有龐大的組織和活動能力也高度懷疑。政治菁英就指出：

> 對於中國境內基督教的地下教會，是否形成一股勢力或只是零散的狀態，我個人認為外界對地下教會過份樂觀評估，地下教會信徒及組織並沒有想像中的壯大。其中地下教會與合法三自教派的矛盾衝突，可能才是地下教會被誇張化的主要原因。知識菁英與少數地下教會聯合的政治意圖，受海外反華勢力的影響，才是中共當局關注的重點。海外基督教在移植中國社會的過程，極易產生偏差，例如：有些教派以殺子獻祭為儀式，這已經超過合法正常宗教團體的儀式。（訪談編碼 001）

相較於政治菁英的強硬立場，宗教知識菁英與宗教團體菁英就持比較溫和的態度，他們認為中共統治當局應承認地下教會存在的事實，而有必要將他們納入管理[33]：

---

[33] 「中國境內基督教團體對於地下教會應加以尊重，除此之外對於教會內部也要多溝通，基督教教會的發展已經面臨十字路口的階段，目前中國社會已逐漸接受基督教團體，也對基督教協會有所評價，三自教會與基督教協會應該

中國共產黨應該將地下教會納入管理，地下教會和天主教是較難處理的兩個宗教團體，三自教會比較支援共產黨政府，因此共產黨政府更應該費心處理地下教會問題。（訪談編碼002）

不過也有宗教團體菁英從教會可能取代中國共產黨服務人民的角色分析中國共產黨不太可能讓違法教會合法發展：

教會存在是為社會服務，幫助弱勢群體成長，在中國地下教會存在是一個事實，如果他們發展的比政府強，可能取代政府服務人民的角色，將傷害共產黨統治中國的能力，因此中國共產黨不太同意違法地下教會的合法存在。……中國共產黨對宗教解讀的轉變，將可能使未來地下教會有某種程度的生存空間，但是不太可能放任地下教會自由發展，就如同讓目前合法的教會自由發展一般。（訪談編碼005）

未來地下教會是否可以得到合法生存空間，將是現有基督教與天主教團體對地下教會的支援程度，和地下教會是否觸犯中共統治當局的禁忌—如地下教會與境外反華勢力連結；排除這兩項前提，說不定大陸境內的地下教會擁有一份生機。

（二）國家機關對法輪功的支配

中共官方對於法輪功的立場由「尊重」轉向「極端厭惡」，

支援地下教會存在的事實。」（訪談編碼007）

主要原因在於法輪功團體與境外勢力連結太密切,而且法輪功破壞了社會秩序,企圖干擾政府合法統治。政治菁英指出:

> 起初對法輪功的態度,中共統治當局相當尊重,因為當時人民(含共產黨員、下崗職工及一般民眾)以健身理由加入法輪功,沒有任何政治目的,法輪功得以正常發展。然而當法輪功團體與外國反革命勢力結合時,隱含反政府破壞社會秩序的政治目的,國家當局就視之為邪教團體。光憑法輪功領袖李洪志沒此本事反對中國統治當局,那是因為境外勢力的支援,才有能力對抗中共。(訪談編碼001)

不僅如此政治菁英和宗教團體菁英[34]都認為法輪功是個「邪教」,其教義及信徒所展現出來隱含了傷害社會穩定及蠱惑人心的行為。政治菁英指出:

> 以法輪功的教義來看,他沒宗教經典,李洪志的論調是危言聳聽,在中國境內最早反對者是中國佛教界。中國境內合法宗教皆擁有至少一千年以上的歷史正統,中國政府尊重此正統,當傳統宗教無法滿足中國社會時,出現新興宗教,如飛碟王的教派,雖是正常現象,但中國

---

[34] 像道教團體領袖就認為法輪功不應得到國家保護,「各種宗教及教派,皆得遵守國家法令,有利於社會穩定發展,而佛、道教皆有深遠的歷史,相反的,法輪功並沒此背景。中共領袖提及『與時俱進』的宗教政策,是指傳統宗教的維護及社會發展,而非新興宗教的保護。另外,新興宗教像法輪功對國家發展及社會穩定並沒助益,因此,國家並沒必要保護,尤其法輪功的李洪志,他是個大雜燴,中國道教協會不承認其為『合法教派』。」(訪談編碼003)

　　政府將謹慎面對。（訪談編碼 001）

　　對於國家機關打壓法輪功，宗教團體菁英相當認同，他們認為法輪功破壞了社會秩序，因此支持政府強力取締[35]。

　　國家機關打壓違法團體是正常現象，因為它們會造成社會不穩定，正常宗教不容許破壞社會秩序。中國道教協會認同政府，取締非法邪教團體，反對法輪功及一貫道。（訪談編碼 003）

　　知識菁英對於此問題也持支援的立場，認為法輪功既然被宣告為邪教團體，就應該尊重政府的政策，知識菁英指出：

　　法輪功的教義相當粗糙，教主李洪志的作法也頗令人討厭，就個人對宗教的認知來看，無法接受法輪功的各項作為。因此對於中國共產黨政府宣稱法輪功為不合法的組織，這是他的政策，也該尊重。目前中共把法輪功視為邪教，但是要擴大對法輪功信徒的查禁，難度頗高，因為有幾百萬的信徒很難轉化，反而只要對李洪志極少數領導階層管理查禁即可。（訪談編碼 002）

　　由上面的論述可以得知，佛教和道教團體領袖都認為，法輪功是「四不像」，其盜用佛教經典，蠱惑人心並非是正派宗教的行為，如果李洪志有能耐，就應該自創經典，而非盜用。知識菁英也對法輪功持負面觀點，當政治菁英、宗教團體菁英

---

[35] 中共政治領袖積極掌握「全球化」在大陸的解讀權力，對法輪功挑戰黨國的領導與權威，乃遭其統治者嚴厲懲罰。（杭廷頓、柏格，2002：82-83）

和宗教學術界菁英都無法苟同法輪功團體及其成員表現出的行為時，未來法輪功在中國大陸境內生存的空間相當困難，因為連最支援宗教自由的宗教學術界都無法接受，法輪功將無法得到同情與支援。

儘管法輪功在自由國家擁有合法的生存空間，但是在中共目前對法輪功的理解與懷疑，法輪功不可能像在其他國家自由發展，而可以到中國大陸展開宣教的工作。

中國大陸國家機關與宗教團體的互動，從前文分析可以歸納出國家機關給予傳統五大宗教團體，在法制規範下的自主空間；而不同意「地下教會」和「法輪功」等違法宗教團體在大陸境內發展。其中地下教會尚且贏得知識菁英的同情，未來可能有合法的生存空間。相對的法輪功的生存空間就頗為狹小，如果法輪功無法得到中共政權的諒解，未來在中國大陸境內將可能面臨過去的遭遇[36]。

伍、結論

在本文緒論中提出要解答的三個問題：1. 中國大陸宗教政策變遷的主要因素？中國大陸宗教變遷對大陸境內宗教團體的影響？2. 中國大陸宗教法制下國家機關如何與宗教團體互動？對於這三個問題，在訪談中國大陸知識菁英、宗教行政管

---

[36] 根據台灣海基會的中國人權調查報告書指出：「中共對法輪功的鎮壓可說是當今世界上最大規模的宗教迫害事件。自其將法輪功定位為邪教，在 1999 年展開殘酷的鎮壓以來，已知至少有 1,600 人受迫害致死。」（海峽交流基金會，2002）

理政治菁英及宗教團體菁英這三類人的資料中，得到以下幾點結論：

一、中國政治領袖雖然堅持馬克思否定宗教的意識型態，但是第三代政治領袖江澤民對馬克思意識型態的重新詮釋，給了傳統五大宗教合法生存空間。雖然在六四天安門事件之後，中國大陸宗教政策趨於保守強調宗教行政管理與防止境外勢力和境內宗教團體的連結，但是五大宗教團體宗教領袖頗能滿足目前的宗教行政法制；至於知識菁英則對未來中國宗教政策持樂觀期待的想法，希望未來中共的宗教政策進一步寬鬆。只要未來中共統治模式不變，黨的最高領袖將是中共的宗教政策進一步寬鬆主要來源。

二、中國大陸的宗教政策在政治力量對宗教管制放鬆、經濟援助宗教的措施，讓宗教團體擁有不錯的發展空間；但是相對的也用法制手段對宗教團體進行管理，有效得到傳統五大宗教領袖的支援，但也限制了外國宗教團體到中國境內傳教，也使新興宗教幾乎沒有生存空間。大陸統治當局對宗教行政的管制措施，基本上是從「國家發展」、「主權完整」及「社會穩定」等前提，防止境外力量和中國境內的基督教團體、天主教團體、新興宗教、地下教會及法輪功的連結，進而傷害中國共產黨的統治優勢。

三、在國家優先及共黨統治維護的利益下，中國共產黨控制的國家機關對合法宗教團體給予前所未有的自主空間；相反的，對違法的地下教會和法輪功限制其活動，未來，這兩個宗教團體，只要挑戰黨國領導與權威，仍可能受到懲罰。

從上面討論可以得知，中國大陸境內的三種菁英，對於中

國未來宗教政策變遷知識菁英持最為樂觀的看法，宗教團體菁
英則最能滿足現狀，尤其以佛教和道教團體領袖較為明顯，表
現出比政治菁英更為保守的立場。對於新興教派和地下教會的
存在空間，知識菁英也持同情立場，佛教及道教團體領袖則基
於自己的宣教利益，較不傾向開放；基督教與天主教領袖則希
望中共政權給予地下教會生存空間。至於新興宗教中的法輪功
團體，在可預見的未來無法擁有在大陸發展的機會，因為既不
能得到宗教團體菁英和宗教知識菁英的同情，也未能得到中共
統治當局的信任。

參考書目

James T. Myers, 1986,〈中共統治下的天主教會〉,摘引自李齊芳主編,《中國近代政教關係國際學術研討會論文集》,台北:淡江大學。

L. P. Baradat, 1997,《政治意識型態與近代思潮》,台北:韋伯文化出版社。

Murray A. Rubinstein, 1986,〈現代台灣政教關係之模式〉,摘引自李齊芳主編,《中國近代政教關係國際學術研討會論文集》,台北:淡江大學。

人民日報,1991.1.31,第 1 版;人民日報,1990.12.9,第 1 版。

中共中央,1991.2.5,中發〔一九九一〕六號文件。

王世芳,1995,《中共宗教政策》,台灣:輔仁大學宗教研究所碩士論文。

王達昌,2000.2,〈對大陸「法輪功事件」之探討〉,台北:《中共研究》,34 卷 2 期,頁 84~93。

白亨述,1992,《論中共基督教政策》,台北:政治作戰學校政治研究所碩士論文。

朱美淑,1997,《中共基督教政策之研究:人民日報(1976-1995)的分析》,台北:台灣大學三民主義研究所碩士論文。

江燦騰,1992.3,〈充滿期待與變數的兩岸宗教交流—九一年台灣宗教交流模式的回顧〉,台北:《中國論壇》,32 卷 6 期,頁 94~103。

行政院大陸委員會,1995,《中共對台文教交流策略文件　編》,台北:行政院大陸委員會。

吳寧遠,1995,〈兩岸宗教政策之比較〉,《國立台灣大學中山學術論叢》,第 13 期,頁 87~115。

呂亞力,1989,《政治學方法論》,台北:三民書局。

李廣毅,1983,《共產主義宗教觀—中共宗教自由的真相》,台北:政治作戰學校政治學研究所碩士論文。

汪學文，1986，〈共產主義者的宗教觀〉，《中共與宗教》，台北：政治大學國際關係研究中心。

邢國強，1986，〈中共宗教政策〉，摘引自汪學文編，《中共與宗教》，台北：政治大學國際關係研究中心。

邢福增，1999，《當代中國政教關係》，香港：建道神學院基督教與中國文化研究中心，。

海峽交流基金會，2002，《中國人權報告書》，台北：海峽交流基金會。

陳啓章，1993，《大陸宗教政策與法規之探討》，台北：行政院大陸工作委員會。

黃慶生，2003，《我國宗教團體法制研究》，台北：銘傳大學公共事務學研究所碩士論文。

游祥洲，1998，〈論兩岸佛教互動及其定位與定向〉，摘引自靈鷲山般若文教基金會國際佛學研究中心主編，《兩岸宗教交流之現況與展望》，台北：學生書局。

熊自健，1998，《中共政權下的宗教》，台北：文津出版社。

趙天恩，1992，〈從基督教的發展與現況看兩岸宗教政策〉，摘引自靈鷲山般若文教基金會國際研究中心主編《兩岸宗教現況與展望》，台北：學生書局，1992。。

鄭志明，1992，〈兩岸宗教交流之問題與展望〉，摘引自靈鷲山般若文教基金會國際佛學研究中心主編，《兩岸宗教交流之現況與展望》，台北：學生書局。

蕭子茗，1995，《台灣的宗教與政治關係之研究─七號公園觀音像遷移事件個案分析》，台北：台灣大學政治學研究所碩士論文。

蕭美真，1996，〈兩岸宗教界交流之回顧與展望〉，台北：《東亞季刊》，27卷5期，90~102頁。

鮑家麟，1986，〈1949年以來中共政權與宗教〉，摘引自李齊芳主編，《中國近代政教關係國際學術研討會論文集》，台北：淡江大學。

杭廷頓，1994，《第三波：二十世紀末的民主化浪潮》，台北：五南出版社。

杭廷頓&柏格，2002：《杭廷頓&柏格看全球化大趨勢》，台北：時報出版社。

魏千峰，2001，〈國際宗教立法趨勢—各國宗教立法趨勢及其評析〉，發表於2001.12.3-7日國際佛光會中華總會、中華佛寺協會所舉辦《台灣佛教寺廟行政管理講習會》。

羅竹鳳，1987，《單獨對中國社會主義時期產生的宗教問題》，上海：新華書店。

釋果燈，1992.5，〈讀 「九一年台灣宗教交流模式的回顧」的感想〉，台北：《中國論壇》，32卷8期，頁111~115。

訪談編碼

001、002、003、004、005、006、007、008。

附錄

附錄一：「當代中共宗教政策變遷及影響之研究」深度訪談問題

一、意識型態與宗教政策

（一）如何看待社會主義對宗教政策的鬆綁？

（二）未來中共宗教政策走向會持續寬鬆嗎？原因為何？

二、宗教政策與宗教團體的發展

（一）現行宗教政策有那些具體措施有助於宗教團體發展？

（二）對外國（境外）宗教團體到中國傳教限制的主要理由是什麼？

（三）限制新興宗教出現的原因是什麼？

（四）未來對新興宗教應如何管理？

三、宗教團體與國家機關的互動

（一）大陸境內宗教團體如何納如國家決策機制？其如何表達自己團體
　　　利益？

（二）宗教團體在中共統治之下自主空間有多大？

（三）對違法地下教會（或法輪功）的看法？其自主空間有多大？

附錄二：「湖南省基督教關於維護正常宗教活動的規定」

（一）我省基督教已於一九八五年實現聯合。

（二）凡得到有關部門支援，已經舉行宗教活動的教堂及聚會點，必須
　　　堅持三自原則，定點（固定聚會點）、定範圍（傳道人行使聖事的
　　　地區）、定人（定傳道人員）。

（三）每個堂（點），應由信徒推出擁護三自愛國運動。

（四）教會聖職人員，由各堂（點）管理小組報經省基督教三自愛國會、
　　　省基督教協會同意，得到當地有關部門支援，方可進行聖事活動。

（五）凡聖職人員，因違反國法受到制裁，或被剝奪政治權利者，立即

　　喪失其聖職人員的資格。

（六）凡為經省基督教愛國會、省基督教協會及當地堂（點）管理小組
　　　同意的人員，不能行使聖事權。

（七）聚會、講道，不得違背四基本原則，不得進行反對馬列主義、毛
　　　澤東思想的宣傳，不得幹預政治、幹預教育和婚姻。

（八）堅決制止以傳福音為名，進行醫病趕鬼，危害人身健康、詐騙錢
　　　財、妖言惑眾、招搖撞騙等非法活動。

（九）中國教會傳道工作，是中國教會的主權和職責。

（十）需高度警惕，嚴防滲透，對偷運（聖經），宗教錄音帶或宗教宣
　　　傳品入境者，應及時揭發，同時將物品送交當地有關部門處理。

湖南省基督教三自愛國運動委員會

湖南省基督教協會 1990 年十月三十一日

第八章　當前大陸宗教政策
　　　　　在雲南的實踐

一、前言：改革開放帶來宗教自由

　　改革開放以來中國宗教政策產生極大的變化，文革期間對宗教的全面管制，在鄧小平上台之後，大幅度的鬆綁。中國地區百姓擁有前所未有的宗教自由，對傳統遺留下來的佛教、道教、伊斯蘭教、天主教及基督教，給予合法傳教的空間；至於五大宗教以外的新興宗教及其他宗教皆在禁止之列。

　　看似宗教自由鬆綁，實則只保護五大宗教，在中共中央相關宗教管理法規，都禁止五大宗教以外的宗教；然而筆者在2003 年夏天在雲南邊疆的考察，卻發現少數民族的原始信仰，和五大宗教同時並存；展現出中國共產黨宗教政策在雲南地區擁有相當大的彈性解讀，這和過去的文獻及田野資料有很

大的出路。(張家麟,2003)換言之,雲南境內二十五個少數民族都同時擁有五大宗教及保留它們自己的原始信仰。並不像過去中國北京中央政府的宗教政策,嚴格禁止五大宗教以外的各種宗教在中國境內的生存空間,少數民族皆得保留自己的原始信仰,外界如果不深入邊境,根本不理解中共對少數民族的「宗教寬容」。

二、摩梭族多元宗教並存

以摩梭族為例,「達巴教」尚存在於瀘沽湖畔,筆者訪談到摩梭族朋友,其父親就是一位「達巴」[1],為了使「達巴教」得以傳承,尚考慮設立「達巴學院」,培養年輕的小達巴。

不僅如此,摩梭族尚保留對山、海的崇敬,敬畏自然,是原住民部落的宗教起源,摩梭族每年 8 月保留「轉山節」的祭典,很可惜的是「轉山節」的祭典當天,筆者趕車前往已近黃昏,無法看到摩梭族人禮敬她們「格姆女神聖山」的盛況,只能在瀘沽湖畔歡迎晚宴上,從摩梭導遊口中來理解,摩梭族人穿著華麗的傳統摩梭服裝,跳著非常有力的舞步,合著摩梭人雄壯威武的合聲,表達他們對女神的尊敬。(照片 1)

傳統的信仰仍有部分教義深深影響摩梭族人的生活,例如他們一如傳統禮敬「火神」,每戶人家的客廳火爐上面雕刻泥塑的火神,客人圍繞在火爐邊,要請客人吃的食物,得先祭拜

---

[1] 達巴意指達巴教的神職人員,像是佛教的法師,基督教的牧師,天主教的神父,回教的教長,道教的道長,鸞堂的鸞手一樣;他們都是神與人的溝通者,也是神的代言人。

火神。此外產房外面門楣上，貼著彩色的符咒，保護產婦生產平安。

　　自從藏佛傳入摩梭族後，摩梭族人的宗教呈現多元的風貌，除了傳統宗教外，住家中幾乎都擺設佛教的神龕，專屬的佛堂禮敬菩薩，（照片）每天得向菩薩敬茶。摩梭族人信仰佛的比例很高，也非常虔誠，因此，瀘沽湖畔有許多佛寺，（照片）其中最大的佛寺為「札美寺」。（照片）摩梭族人的生活習慣與佛教教義結合，對人生生、老、病、死的想法，隱約都看到佛教的影子；筆者拜訪時，恰巧看到喇嘛在超渡客死他鄉的亡魂，家屬五體投地虔誠膜拜的情景，令人動容，宗教在少數民族的生活準則，具高度的影響力。

　　除了摩梭族外，納西族也保留他們的「東巴教」（照片）及原始的信仰（照片）；其他雲南境內少數民族也都擁有類似的宗教信仰自由，這種現象打破了共產黨統治管理宗教的「刻板印象」，中央政府嚴格的宗教管制政策，在雲南少數民族似乎出現了例外，這種例外是否遍及中國其他少數民族，則值得進一步調查理解。

三、邊疆地區共產黨員信仰宗教的空間

　　一般人的見解是，中國共產黨員信仰馬克思主義之後，再也不得有宗教信仰的理想。這種現象，在雲南地區似乎也不適用，至少私下場合，少數民族的領袖，他們內心並不排斥馬克思主義的無神論與有神論並存。筆者在少數邊區 A 城的考察發現，中國共產黨的官員白天是信仰共產主義，下班後或假日

時，他們也是虔誠的小乘佛教徒。

根據私下理解，傣族居住的 A 城是南傳佛教信仰盛行的地區，傣族官員從小就接受傣族文化的洗禮，在六歲到十五歲的期間，家人就把他們送到傣族寺廟，學習傣族語言、佛教經典與風俗習慣，也有出家當小沙彌的習俗。傣族傳統同意每戶人家至少有一名孩子學佛，送孩子學佛是家族的盛事，馬虎不得。出家後，孩子尚得還俗，而兒時當小沙彌的經歷，卻深烙心靈。

當傣族佛教文化尚未斷絕時，民間仍然禮敬法師，遵守佛教教規；而且當官員童稚經驗記憶猶新，他們為了施政便利性，往往加入佛教團體，和傣族人民一樣信奉佛教、禮敬法師，來取得人民的認同。

雖然中國大陸國家宗教政策轉向自由，乃恢復過去民眾的信仰。不過，大多數官員為了避免觸犯黨的禁忌，幾乎都彼此心知肚明，不願意說破自己是虔誠的佛教徒。

根據 A 城最大的佛寺住持指出，A 城許多傣族官員都是他的信徒，只是礙於共產黨的規範不好明說。但是他們在重要的佛教慶典當中，都會參與佛教盛會，和一般信徒無異。筆者訪問時，他也為筆者祈福，送筆者「五色線」，彷彿台灣地區的法師。（照片）

四、傣族宗教信仰活潑

傣族宗教信仰除了南傳佛教為主外，尚保留原始信仰、基督教及回教。其中，基督教長老會的發展頗為快速，在合法的

範疇下，長老努力傳教，引進西方的「熱門音樂」來唱聖歌，這在台灣基督教長老會都還在「爭辯」[2]之際，沒有想到在雲南邊境的教會竟然出現如此前衛的讚美禮拜方式。（照片）

　　雲南地區民族交錯，宗教也交錯在一起，也有傣族人民信仰伊斯蘭宗教。（照片）教長指出教區以老年人居多，宣教也頗為困難，但是比起文革期間，已經有很大的宣教自由。

　　傣族人民宗教信仰深受不同文化的影響，傳統原始信仰保留傣人的宗教醫療功能，其他宗教都是外來民族傳到傣族，南傳佛教從中南半島傳到雲南傣族區域，基督教長老會也是隨著西方國家到東方發展，宣教士也跟隨到傣族地區；回教則隨著回商四處經商，而傳到中國雲南傣族區域。傣族宗教信仰擁有「多元宗教」及「宗教寬容」的象徵，這是外界很難想像的「宗教自由」畫面。

五、傳統宗教的地位表像與實際

　　表面上，中國共產黨將五大宗教——佛教、道教、天主教、基督教和伊斯蘭教列於相等的地位，並給予保護；然而實際上，中國共產黨具有傳統「民族主義」（nationalism）及「父權主義」（patriarchism）的價值觀，基於「民族主義」的國家主權完整立場，及歷史上西方宗教傳入中國不愉快的經驗，乃對外來的天主教、基督教和伊斯蘭教較少「經濟補貼」，任其

---

[2]　禮拜進行方式一般分為「古典美聲」及「熱門搖滾」兩類，前者為清教徒的傳統，後者是新興教派及傳統教派為吸引年輕信徒而發展出來的禮拜方式；也有少數天主教教會採用「熱門搖滾」音樂來讚美上帝。

自主發展。因此，在雲南地區筆者訪談的基督教長老和伊斯蘭教教長都面臨自籌經費的壓力。

　　相反的，中國共產黨「父權主義」的影響下，對傳統本土化的宗教像佛教與道教的尊重，優於前述三個宗教；相對的佛教與道教領袖，也比較支持政府的宗教政策[3]。

　　這種「揚」佛、道教，「抑」外來宗教現象，在全中國各地似乎普遍存在，雲南地區自不例外。中國共產黨比較放心佛教與道教的發展，像佛教與道教團體設立佛學院、道教學院，及修繕佛寺、道觀，政府比較願意撥款挹助。而在雲南地區的天主教、基督教與伊斯蘭教因為牽涉到外國勢力的介入，大陸政府對他們的管制相對的較嚴，所以，基督教會與伊斯蘭教清真寺就沒有這種待遇；他們得自籌經費，辦理神學院，自行修繕教會與清真寺。

　　就未來發展來看，只要中國大陸持續改革開放，宗教發展的空間也勢必因為經濟、文化及社會的發展而加大、加邃。在「宗教自由市場」中，將如「市場經濟」一樣，「國家資助宗教」像國營事業，生存競爭能力可能比不上「自力更生宗教」，適應社會的能力可能也較低。當然，影響「宗教發展」的變數很多，除了「國家政策」外，尚有「教主魅力」、「教義詮釋」、「宗教志工組織」、「宗教社會功能」等因素，都可能影響中國大陸境內的各種宗教。所以，筆者對「國家資助宗教」及「自力更生宗教」對「宗教團體的發展」此命題的比較觀察，仍有

---

[3]　以新興宗教在中國大陸的生存空間而言，除了來自官方的壓力，也受佛、道教強烈的批判。

待未來長時間的檢證。

六、少數民族信仰原始崇拜空間頗大

中國共產黨表面限制五大宗教以外的宗教，事實上卻容許少數民族可以信仰他們自己的原始信仰；實際來看，中國大陸官方宣稱只有五大宗教合法，而在改革開放之後，既恢復了原來五大宗教，也容許漢民族的「民間信仰」及少數民族的「原始崇拜」。

少數民族的原始信仰，只要不妨礙人民的基本生存權利，例如：殺害雙胞胎其中的一個嬰兒、殺害畸形兒或用人獻祭神明等原始信仰的活動，在雲南地區仍有很大的發展空間。簡單的說，中共官方宣稱的五大宗教自由以外，原始信仰形同受到類似於五大宗教的保護。

雲南地區的少數民族原始信仰，在大陸政府「默許」下得以存在。讓少數民族恢復過去文革前的宗教信仰，象徵大陸政府的宗教政策自由度，遠比表面上法律規範來得多。這「默許」政策，帶來的族群合諧及中央政府其他政策推動便利的利益；相對的，人民也獲得前所未有的宗教自由，也對大陸政府有正面的形象整飾效果。

七、少數民族「宗教世俗化」

話雖如此，彷彿中國大陸政府宗教政策帶給少數民族極大的利益；然而，中央政府其他政策的推動，似乎也讓少數民族

原始信仰面臨「宗教世俗化」的危機；因為大陸政府在少數民族地區推動「全民基本國民教育」與「觀光產業」，而這兩項政策執行的結果，無意間傷害了少數民族宗教的發展。

（一）教育政策阻礙原始信仰發展

　　九年國民義務教育已經在中國各地展開，大陸政府要求全體國民接受義務教育，家長必須把孩童送進學校接受「馬列主義」與「科學」的學習，學生在接收教育之後，往往視原始信仰是反「馬列主義」與反「科學」，斥原始信仰活動為「迷信」。

　　未來中國社會在新教育推動之下，新一代兒童的成長，勢必對原始信仰不具正面評價，傳統宗教對少數民族的規範，可能逐漸流失。這種情形在鄉村又遠比城市嚴重，老一代的少數民族長老看在眼裡，他們非常擔心「文化斷層」，導致民族認同危機出現。

　　不過政府官員對此卻抱持樂觀態度，他們認為少數民族文化的保存，在政府有計劃的推動下，雲南大學民族研究中心及各大學附設的民族學院，都是研究少數民族的重鎮。不僅如此，大量收集少數民族風土人情與修纂古老典籍，維繫少數民族文化傳承。Ａ州政府的主管進一步指出，國民義務教育的推動可以促進少數民族人力素質，進而提升少數民族經濟生產力；教育的推動與少數民族文物的保護不但不會傷害少數民族宗教發展，而且可以和它取得平衡。

　　相較於官員的樂觀態度，筆者認為少數民族宗教發展，或多或少會受到大陸政府義務教育政策推動的影響。像傣族兒童

本來應該到寺廟學習傣族文化，但是現在他們得到小學去接受強迫式的義務教育；在這種情形下，傣族文化無法在下一代生根，只能變成是學院研究的主題。

（二）觀光發展造成「宗教商品化」

除了教育政策傷害少數民族宗教發展以外，經濟發展政策無形中也戕害了少數民族的宗教。

中國改革開放引進資本主義到中國大陸，經濟發展變成中國大陸維繫政權合法性的主要手段。舉國上下，為了國家富有的前提，政府及人民都努力賺錢；雲南地區經濟發展的主要手段之一即是發展觀光業。

少數民族的宗教活動變成觀光客觀賞的對象，像西雙版納的小乘佛寺的傳統本來反對銷售佛像，但現在為了寺廟的生存，與觀光客的需求，也賣起佛像來了，就宗教神聖性來看，這褻瀆了神明。昆明的道教勝地，祈福鐘塔，撞鐘也得收費，「宗教商品化」無所不在。

在雲南瀘沽湖畔的摩梭族與麗江的那西族，他們的宗教活動也都變成「商品化」。摩梭族的藏傳佛教寺廟是為觀光客而興建，摩梭族原始信仰的節慶像「轉山節」、「轉海節」的活動，觀光的味道遠比宗教味道濃厚，摩梭族原始信仰的「達巴」（意指法師），也非常難尋；至於那西族原始的「東巴宗教」，已經被中國大陸的資本家所掌控，資本家擁有東巴教祭天的「神路」經營權，東巴教的「東巴」（意指法師）領的是資本家的薪水。這種宗教商品化的現象，深深的傷害少數民族宗教的信仰與發

展，原始信仰不再是少數民族的行為規範的準繩，再也沒有宗教的虔誠，只有濃厚的宗教商品味道。

事實上，宗教團體「宗教商品化」現象在大陸以外國家地區，也不斷發展。只是，「宗教商品化」現象應該要有限度，不應像雲南地區的少數民族宗教活動，資本家經營宗教營利行為那種「畸型」現象。

八、結語

從上面討論得知，中國大陸的宗教政策在雲南地區的推動，遠比中央的法令規範寬鬆許多；少數民族擁有法令禁止的原始宗教信仰的高度自由空間，少數民族宗教信仰也展現出「宗教寬容」及「多元宗教」並存的活潑面向，「雲南個案」洗刷中國大陸「壓制宗教」的刻板印象。不但如此，邊疆地區的共產黨官員也擁有中央政府的官員所沒有的宗教信仰自由。

然而，中國大陸其他邊疆地區及少數民族是否如同雲南，擁有如此高度的宗教信仰自由，仍待進一步查證。

儘管雲南地區少數民族擁有高度的宗教自由與發展，但是他也面臨來自教育與經濟政策推動而帶來傷害，這種非宗教因素的影響，將可能使少數民族因為追求經濟成長，而無形中造成少數民族宗教與文化的斷層。

摩梭族聖山——「格姆女神山，又稱「獅子山」。

摩梭人每戶人家都有專屬的佛教的神龕。

瀘沽湖島上的喇嘛廟。

瀘沽湖畔最大的佛寺──「札美寺」，摩梭族信仰中心。

納西族原有的東巴教，兩名被聘請的「東巴」（神職人員）。

達巴教的主要神祇。

納西族原始信仰之一，蛇身人像的神祇。

法師為信徒祈福，送信徒保佑平安的五色線。

總佛寺為傣族佛教信仰中心。

雲南邊境基督長老教會出現前衛的讚美禮拜儀式。

雲南邊境基督長老教會教堂。

雲南地區宗教信仰多元呈現，景洪市也有清真寺。

伊斯蘭教堂的淨堂。

清真寺中男、女信徒得隔開聽教長講道。

國家資助雲南邊境佛學院的法師學習電腦。

清真寺修建由信徒自行募款。

少數民族圖騰崇拜，葫蘆象徵懷孕的母性。

少數民族性器崇拜。

摩梭族崇拜的火神，食物先供奉火神之後，人才享用。

摩梭族每戶人家幾乎都有產房，門口張貼符咒。

佛寺中小比丘人數越來越少。

納西族的神路已經完全「宗教商品化」。

佛寺經由觀光收入維持開銷。

第九章　當代中國大陸「社會現代化」之研究

壹、前言

　　中國大陸在鄧小平的經濟改革開放以來，鐵幕打開引進西方資本主義的經濟，開放觀光投資，全世界的各種不同「有形」或「無形」文化，以不同方式滲入中國，中國正在改變，此變局是繼滿清洋務運動、變法維新、民國五四新文化運動之後，對中國的重大衝擊。

　　中國由傳統共黨政權的社會主義生活制度與方式，正走上「社會現代化」過程，舉世稱奇之際，似乎中國經改的成功建構「中國模式」，意味著中國已經開創出一條從傳統走上現代社會的大道。步入 21 世紀之後，中國更是以「申奧成功」、「加

入 WTO」被誇為「社會現代化」[1]。但在此時，中國卻也面臨嚴重的外來文化衝擊，中國境內貧富差距拉大及「法輪功事件」所苦惱等社會文化問題。

因此，本文從文化、社會及宗教三個面向，各選一個問題當作觀察中國大陸社會現代化進展的指標，以便對中國進行較深刻的瞭解。這三個問題即是：

1. 中國如何面對外來文化的思潮衝擊？
2. 中國如何處理貧富差距拉大的問題？
3. 中國為何強力打壓『四二五法輪功事件』，剝削人民宗教信仰及其集會自由？

貳、外來文化對中國的衝擊

外來文化[2]對中國改革開放造成有一定的影響，而中國文化在此衝擊之下，如何面對？是完全抄襲並移植西方主流思想，還是保留中國文化的主體性，始終在中國大陸知識界及政

---

[1] 社會現代化的研究是國家發展研究的主要議題之一，它是以美國種族主義（ethno-centrism）的觀點，看待美國以外的國家是否能比照「美國模式」，只要擁有美國的客觀指標，即可視為社會現代化。譬如社會現代化的指標，有都市化、工業化、識字、媒介參與和政治參與。而在傳統與現代的分野當中，有兩個重要的因素，一是「體會」（empathy），二是對公共事務的關心。（王佳煌，1998：32-33）在本研究中，對此理論的認知暫且擱置；以筆者主觀的取材三個問題，觀察中國社會現代化。

[2] 文化意指人類創造出來的一切事務，包含器皿、規範、知識及藝術四項內容，在本文的「外來文化」意味進入中國的各種「制度」、「生活方式」、「價值觀」、「器皿發明」；（張家麟、許時珍，1999：1）而中國知識界對此反應的焦點卻是擺在「主流價值」的重新建構。

界間論辯。對此論辯，本文分三個面向討論：1. 90 年代中國大陸「新保守主義」；2. 90 年代中國大陸「新保守主義」對知識界的影響；3. 90 年代中國大陸「新保守主義」對未來中共政權影響的分析。

一、90 年代中國大陸新保守主義

（一）鄧小平主導中國改革開放，引進西方資本主義思想

鄧小平在中國推動改革開放以來，在經濟上接受西方資本主義的思想潮流及制度，因此，中國過去的共產主義或社會主義為主流價值，乃發生變化。如果沒有鄧小平堅決主張在社會主義之下宏觀調控，引進實驗性的沿海經濟特區，中國至今仍然很難與世界接軌。

然而在經濟上接受西方資本主義的價值，中國政界及知識界卻發生路線之爭，在 70 年代流行一切向西方學習的「激進主義」路線[3]；80 年代出現「新權威主義」[4]路線，希望建立

[3] 「激進主義」意指由於經濟上已經移植西方的資本主義，所以在政治上引進西方的民主主義，社會上接受西方的自由主義乃屬自然的平行聯想。此時最主要的代表著作由蘇曉康和王魯湘的《河殤》（1988）、《河殤集外集》（1990）、《龍的悲愴》（1991）。

[4] 「新權威主義」意指中國應採用類似「開明專制」的統治手段應付改革開放以來面對的變局，主張加強政府權力反對貿然推動民主制度，防止社會秩序混亂文化信仰和價值失序，故在新權威未建立之際，不應完全接受西方民主自由思想。主要代表人物為吳稼祥、張炳九、戴晴、蕭功秦、王滬寧等人。（齊墨編，1991）

及鞏固既有政府的權威，避免改革開放以來「放權讓利」所造成的諸多缺失，此時「穩定」、「精英民主」及「開明專制」乃是主要強調的價值，主張移植東亞模式，保障個人經濟自由，扶持中產階級。

（二）90 年代中國出現新保守主義

進入 90 年代以後，中共統治當局及知識份子，在思考蘇聯及東歐的解體所造成的新變局，乃對新權威主義反思，中國是否在採用新權威主義之後，步向蘇聯及東歐的後塵。因此再也不能採用造成社會重大變遷的「蘇東模式」，也拒絕經濟衰退之後東亞國家的「東亞模式」，新保守主義的出現就是在此背景下，重新走出自己適合的新統治模式的價值觀。企圖在兩大思想模式之下尋找中國統治的出路，並給予文化上的詮釋。茲再進一步說明新保守主義的主要論點如下：

1. 漸進主義的改革

在 90 年代初期，新保守主義思潮中最大的共識是在改革的「速度」，它反對蘇東模式激進改革的「休克療法」[5]，也反對激進主義路線。主張在整個社會體制的層面上，保持現有政治體制的連續性和合法性，以漸進方式積極進行經濟體制改革。

---

[5] 林毅夫將蘇東「休克療法」描述為：「在目標上，選擇市場化、私有化和民主化作為經濟改革的必須方面，在方法上，主張像上帝在 7 天之內創造天地萬物那樣，實施創世紀式的改革策略。」（林毅夫等，1993）

2. 經濟改革內容

漸進主義的改革在政治上持「保守」不改變的態度，承認既有體制的合法性；而在經濟上則持「漸進」的態度，主張逐步的改變既有的經濟體制，如國有企業的改革、私有財產權的擴大應往後拖延，反對大規模的私有化。

3. 強調中央集權，提升國家能力

新保守主義繼承新權威主義中的中央行政集權思想，（孫立平，1989）以胡鞍鋼、王紹光等人看來，十幾年的「放權讓利」改革，大大削弱了中央政府的財政和行政能力，同時助長了地方勢力的擴張。可能導致走向蘇聯各邦經濟獨立，相互分割的地方經濟諸侯的局面；或是走向南斯拉夫解體的不穩定道路；因此主張應該強化中央政府的財政和行政能力。

4. 不接受社會主義與資本主義二元對立，作第三條道路選擇

90 年代的政治論辯傾向於「實用主義」的層面，而不是在僵硬的社會主義及資本主義的「意識型態」（ideology）層面進行選擇，它經常超越傳統的社會主義與資本主義，尋求第三條道路的開展。這種想法源於官方論點，像官方主張「中國特色的社會主義」，並沒有賦予這個口號具體內容，因此留下第三條道路較大的討論空間。旅美學者崔之元就主張揉和「中國傳統文化」、「國家社會主義」及「有限市場」等概念形成第三條道路。

5. 與西方修好的民族主義

　　中共建國始終主張愛國主義，曾敵視美國；改革開放之際，也提出「富國強兵」、「落後就要挨打」的「政治民族主義」（political nationalism）訴求，此時更迭傳統民族主義訴求，因為改革開放就得與西方修好，與西方修好目的也在於富國強兵，兩者並行不悖。

6. 中國文化主體性

　　無論是全盤接受西方「現代化模式」，或是學習創造東亞經濟奇蹟的「東亞模式」，還是移植「蘇東模式」，都是走他國「現代化」的道路，不符合中國本土文化的特殊性，也喪失中國文化的主體性。因此新保守主義思考從中國文化當中，尋找有利於「現代化」的因數，接受西方思潮之際，它不排除傳統的國學文化，也從此獲取中國的自主性，評估世界主要國家經濟發展模式之後，有條件的接受其政治社會穩定的經驗。

　　由上面分析可以得知以下幾點含意：

　　(1)新保守主義是在改革開放之後，中國知識界對西方文化的反思，它是混合東西方文化的價值觀及知識份子搭配中共統治當局所提出，對政治穩定大前提下的再詮釋。

　　(2)新保守主義在經濟上走溫和緩慢的改革步調，經濟主張從社會主義財產公有制逐漸轉移資本主義的財產私有制。這種變化也使得中國整體經濟逐漸發展，中國也與世界主要經濟國家加深經貿往來。

　　(3)新保守主義在政治上比激進主義更為保守，以「穩定」

統治當局為最高目標，反對走西方資本主義民主的激進路線。

（4）為了穩定中央政府，避免像蘇聯及南斯拉夫因為地方經濟發展而導致中央政府的解體，故強烈主張中央政府應在「放權讓利」的經改過程，加強國家財政的汲取能力。

（5）在民族主義方面它是屬於溫和的路線，對外而言，既不盲目排外，也不盲目崇洋；對內而言，接受傳統文化，並思考從中攝取與改革開放所需要的材料，調整之後與現代結合，是屬於政治民族主義與「文化民族主義」（cultural nationalism）的混合體。

二、90 年代中國大陸新保守主義對知識界的影響

（一）知識界的轉變

1. 知識界由新權威主義轉向為新保守主義

1986 年新權威主義的學者如張炳九、吳稼祥、蕭功秦等人，在 1990 年部分學者如蕭功秦轉向為新保守主義作理論辯護；新加入的學者有張寬、劉康、陳元、林毅夫、李慎之、陳來、盛洪、王山、樊剛和胡鞍鋼。海外的學者支援新保守主義如王紹光、甘陽、崔之元、王小強及劉小楓等人。歸納這些人的論點，主要為支持漸進的經濟改革、政治維持舊有體制、引進民族主義由防禦轉向擴張等主張。不論是新權威主義或是新保守主義他們都認為可以促進中國現代化，但仔細審查其內容

除了中央集權一項重疊以外，其餘差異甚大。（參閱表 1）

表 1　新保守主義和新權威主義的學者及其主張

	支持學者	主張	備註
新權威主義	張炳九、吳稼祥、蕭功秦	採用中央集權、開明專制及菁英民主等主張。	南派主張：包含反對移植西方多元民主、贊同社會秩序整合、扶持中產階級。北派主張：包含贊同東亞模式、主張社會穩定、個人經濟自由。
新保守主義	張寬、劉康、陳元、林毅夫、李慎之、陳來、盛洪、王山、樊剛和胡鞍鋼、蕭功秦（以上在中國大陸）、王紹光、甘陽、崔之元、王小強及劉小楓（以上在海外）	支持漸進的經濟改革、政治維持舊有體制、引進民族主義由防禦轉向擴張等主張。	
批評新保守主義	徐友漁、胡平、阮銘	批判文革大躍進經驗、反政治封建、專制，主張私有財產擴張，反對經濟走回極左路線。	

資料來源：1. 祖治國，1998：35-100；2. 作者制表

　　新保守主義也引起部分海外及香港學者的批評：如徐友漁對崔之元、甘陽和汪暉的批評，及胡平、阮銘對蕭功秦的批評，

但因為這些批評只存在於海外學術界的討論，對中國境內學術界在新保守主義的主張並沒有引起太多的改變。

2. 新保守主義的刊物大量湧現

在 1990 年代中國北京、廣州及香港出現許多新的文化論壇，提供新保守主義發表論文的園地，比較具代表性的期刊如：1992 在北京《中國社會科學季刊》創刊；1993《東方》、《戰略與管理》、《原學》、《中國文化研究文學史》在北京創刊；1993《現代與傳統》在廣州創刊；1993 香港《香港社會科學學報》創刊；1991 香港《學人》、《廿一世紀》、《讀書》等刊物創刊。（參閱表 2）

表 2 90 年代中國境內新創刊物表

創刊年代	刊物名稱	發行地點
1991	《學人》、《廿一世紀》、《讀書》	香港
1992	《中國社會科學季刊》	北京
1993	《東方》、《戰略與管理》、《原學》、《中國文化研究文學史》	北京
1993	《現代與傳統》	廣州
1993	《香港社會科學學報》	香港

資料來源：1. 祖治國，1998：59-62；2. 作者制表

北京成為新保守主義主要發聲的地方，幾乎占一半的主流刊物；其次為香港，有四個刊物；而廣州只有一個刊物，這可看出新保守主義思想的是以北京及香港為發源地。如果能獲得這些刊物的幕後支持者的真正身分，則更可理解北京的意涵。

當 1990 年代的新保守主義，已經變成當代及目前主流價

值，它不像 1970 年代以來的「激進主義」、「新權威主義」，尚且有不同的論辯聲音，此時新保守主義不僅為知識界主流，且為官方所默許。

（二）知識界爲中國改革開放的新詮釋

　　然而為何知識界會從新權威主義轉向新保守主義？從知識社會學的角度來思考，是知識界發揮主導性對 80 年代新權威主義的反省之後，所作的調整；並影響政治統治方式及經濟政策內容的改變。還是如學者所提，90 年代不同於 80 年代，是「只有學術，沒有思想」的時代，知識份子只是對既有的政權做出的統治方式及政策內容再詮釋，給予中國統治當局文化上的聲援，肯定其統治的合法性，與經濟改革的正當性。

　　以中國政治統治的經驗，統治者利用知識份子並支配他們的可能性，遠超過知識份子對統治者的支配。不過並不能排除知識份子對世界局勢發展之後，所作出的思考與建議，而這剛好符合統治者的最大利益，政治統治階級與知識份子結合的「菁英團體」，主導 90 年代以來文化主流的詮釋權。

三、90 年代中國大陸新保守主義對未來中共政權的影響

　　新保守主義是中國知識界在開放改革，中西文化交流之後，新的文化「變遷」的產物，如何解讀這個「變」的主流價值及對此價值觀未來中共政權的影響，分析如下：

（一）中共當局在政治面持續以「保守」爲主流價值

　　「保守」意指維持既有的「秩序」，因此未來中共統治當局在以穩定秩序的大前提，不大可能放出政治、社會的權利給一般人民。相反的如果有個人或團體要求這些權利時，勢必對中共權威挑戰，而付出極大代價，如 1989 年「六四天安門」民運事件，1999 年法輪功「四二五事件」皆可理解中共為何開放改革，卻仍強力鎮壓。

（二）經濟改革與政治不改變的矛盾

　　經濟自由化往往是政治自由化的前兆，依「威權國家」轉成「民主國家」的過程，這是常態。然而中共卻主張經濟「自由化」與政治「高壓化」的矛盾主張，頗違背常理。一般人民在感受經濟自由之後的「平行思考」，是要求政治自由。而中共堅持政治不改變的作法能維持多久？端視其經濟自由化之後是否帶給人民利益，假設人民未蒙其利反受其害，則將對中共統治的合法性提出強烈質疑。另一方面，如果經濟自由化之後，帶給人民利益，形成新興「資產階級」及「中產階級」，也可能對中共壟斷政治權力的行為產生壓力與不諒解。簡單說，經濟自由化的成功與否，都構成人民對政治自由要求的想法與對中共政權施加壓力的可能事實，形成中共政權統治合法性的挑戰。

（三）中央與地方爭權的矛盾

　　中共改革開放以來，全國生產力固然增加，但這是中央「讓

權放利」的結果，證據顯示，此時中央財政汲取能力不升反降。當地方財政能力強過中央，而中央卻沒有辦法化解時，中共中央政府可能面臨地方諸候不聽命中央的「葉爾欽效應」，這也是胡鞍鋼等人大力疾呼要提昇中國中央政府財政能力的主因。然而，只要不斷改革，就可能面臨中央得靠「放權」給地方政府增加營收，改善人民生活以維持合法統治，而地方「爭權」之後，又易形成尾大不掉挑戰中央政府的兩難吊詭局面。

（四）傳統文化與外來文化共存發展的矛盾

中共政治精英與知識份子主觀的想法是：調和傳統文化與外來文化，希望兩者共存發展；殊不知這是相當困難的工程。因為文化交流「濡化」（殷海光，1966：49-62）的過程，本就有「強文化」與「弱文化」之分，中外文化交流，中國文化當屬弱文化，在接觸外來強文化之際，弱文化要保留主體性，基本上頗為困難。因此，政治精英在改革開放接受外來文化時，它就如水銀洩地般進入中國大陸，領袖及知識份子很難替大眾篩選其認為適當的文化價值觀。相反的，官方上層認可的文化，與普羅下層接受的外來文化，非常可能產生重大落差，此時，又如何維持官方主流價值呢？就長期觀點，只要中共持續開放，普羅下層因為接受的外來文化產生的思想變化，絕非中共官方上層所能理解。

（五）複雜的民族主義性質，形成中國強硬路線的 「霸權」心態

　　新保守主義中的民族主義主張「愛國主義」；在傳統文化尋求民族主義的認同基礎，這又使它具有文化民族主義的心態；此外，它又主張中國對外與西方友好，也應具有「國家自主性」（state autonomy），可以向西方說「不」，不一定什麼都隨西方走，這屬於強硬路線的民族主義。以台海關係為例，當中國主觀意願如此，又有客觀條件配合：如美國無暇兼顧台海，而中國又相對強大時，則大陸政權對我發動強硬的「文攻武嚇」可能性就很高。

　　以上這五項分析是從新保守主義的內容，觀察中共在政治可能的態度及反應。用此觀點，頗像「韋伯主義」文化決定論的思考，藉此理解中共政權及大陸人民的主流價值。然而就文化價值觀的變化，其本質經常是緩慢而無法立即奏效，當中共持續改革開放，普羅與精英文化的差異，應將會對中共統治當局造成沈重負荷，並對中共的「強硬」統治提出深刻懷疑。

參、中國境內貧富差距

　　中國改革開放以來，形成一新興經濟體，每年國家生產毛額巨幅成長，二十年來中國是世界上人均 GDP 增長率最快的國家之一，1973 年為美國的 7.1%，到 2000 年則迅速上升為 23.0%，由低收入國家，進入中等收入國家行列。

　　雖然中國逐漸富有，但是從地區、城鄉、職業的階層，卻可發現存在重大差異。這種貧富差距的現象是否在未來會衝擊

中共政權的統治壓力，形成難解的社會問題，值得從以下幾個面向分析：1.中國大陸貧富差距形成；2.中國大陸貧富差距階層分析；3.中國大陸貧富差距及其階層對未來影響。

一、中國大陸貧富差距形成

（一）地區貧富差距

由於中國經濟改革採取沿海特區的實驗在逐漸往內陸發展；再加上東部沿海特區占地利之便，得以首先接觸外國資本家，吸引其前來投資；還有土地天然資源的差異，在廣大的中國東部較富庶，西南部較貧瘠；因此形成中國東部與西部地區重大的貧富差距。（康曉光、王紹光和胡鞍鋼，1996）

將中國各省市的人均 GDP 作比較可以發現，從 1978 年以來到 1993 年中國雖然增加了全國總產能，但也擴大了地區間的貧富差距。在 1978 年只有上海天津兩市遠超過全國平均水準，遼寧、黑龍江、浙江和江蘇些微超過全國平均，而其他各省則接近全國平均。到了 1993 年各地區的貧富差距拉大，上海、北京、天津、廣東和遼寧屬於高收入地區，遠超過全國平均值，而其他各省像低收入地區陝西、湖南、江西、四川、雲南、河南、甘肅、廣西、安徽和貴州屬於低收入地區遠低於全國平均值。（康曉光、王紹光和胡鞍鋼，1996：149-150）

可以用「一個中國，四個世界」來形容中國貧富差距的景象。第一世界是上海、北京、深圳等高收入地區，第二世界是沿海上中等地區，第三世界是下中等收入地區，第四世界是中

西貧困地區。

以 1999 年為例，第一世界是上海、北京人均 GDP 分別為 15516 美元和 9996 美元，明顯高於世界「上中等」收入國家的 8320 美元的水準，分別在世界的排名為第 45 位和第 64 位。而上海浦東的水準更高，為 25472 美元，在世界排名第 11 名。天津、廣東、浙江、江蘇、福建和遼寧，人均 GDP 明顯高於世界「下中等」收入國家的 3960 美元的水準，它們大都是沿海地區省分，是中國第二世界。第三世界則是在河北、山東、華北中部，人均 GDP 明顯低於世界「下中等」收入國家的 3960 美元的水準，在世界排名 100-139 名間。而有一半的人口，散居在中國西部，是下中等收入地區，在世界排名 140 名之後，以貴州為例，GDP1274 美元，在世界排名 177 位。（中國經濟時報，2001.4.17，胡鞍鋼）

改革開放以後中國產業結構發生變化，而不同產業每人每年生產的平均收入也發生差距，以 1993 年為例，第二產業全國每人年生產平均收入為 12154 元，第三產業 8797 元，第一產業則只有 2026 元。換句話說，從事農業的工作人口其年創造較低產能，只有服務業的四分之一弱，也只佔工人的六分之一左右。（參閱表 3）

表 3　1993 年中國各產業每人年生產平均值

產業類型	每人年生產平均值（元）
第一產業（農業）	2026
第二產業（工業）	12154
第三產業（服務業）	8797

資料來源：1. 邱澤奇，2000：101；2. 作者改編制成表

產業的所構成的不同產能也與地區差異有關，沿海都市、省以工業、服務業爲主，西部以農業為主，這也是東西部貧富差距的內在原因，簡言之，產業結構不同，構成中國各地區的貧富差距。

（二）城鄉貧富差距

中國除了地區的貧富差距外，城鄉居民也顯現出重大的貧富差距，從 1978 到 1996 年 18 年的統計數字中觀察農村居民年人均純收入從 133.6 元擴增為 1926.0 元，城鎮居民則由 316.0 元擴增為 4839.0 元，兩者的差異並沒有隨著經濟改革縮小，反而拉大成 2.27 倍。（參閱圖 1）

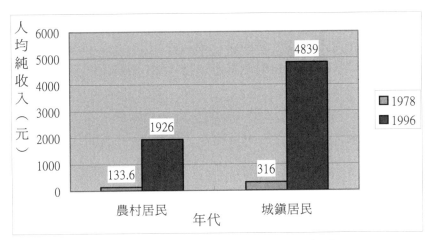

圖 1　1978 年與 1996 年中國城鄉居民年人均純收入比較圖
資料來源：1. 邱澤奇，2000：122；2. 作者改編制成圖

再從另一個統計資料觀察 1978 年到 1993 年城鄉居民收入差距，可以發現城鎮居民在 1978 年是鄉村居民的 3.42 倍，1985 年為 2.26 倍 1990 年增加為 2.84 倍，到 1993 年再擴增為 3.27 倍再到 1996 的 2.27 倍（參閱圖 2），整體看來城鄉居民收入的差異似乎維持在 2-3 倍左右，恢復到改革開放以前的水準。換句話說，改革開放前農村居民本就比城鎮居民生活較清苦，改革開放以後 30 年的發展，農村居民的收入還是和城鎮居民差 2-3 倍，改革開放似乎沒有帶給廣大農村居民好處。

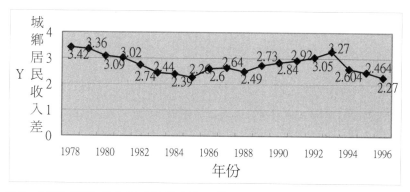

圖 2　1978-1996 年中國城鄉居民收入差距

資料來源：1. 邱澤奇，2000：122-123；2. 作者改編制成圖

再比較最有錢的排名最前面 20%的城鎮居民平均收入，與最窮的排名最後面 20%的鄉村居民，則兩者的差距又拉的更大，在 1992 年的資料中，相差 11 倍。

上述分析，似乎城鎮居民較富有，但事實居民間也存在差異，以 1993 年的資料說明，（參閱圖 3）大部分的城鎮居民年收入在 1-3 萬元，佔城鎮總戶數 66.6%，3-10 萬元佔 7.15%，

最高收入戶 10 萬元以上佔 2.20%；城鎮居民中也有低收入戶，
22.04%的收入是 0.5-1 萬，1.92%的低收入戶在 0.5 萬以下。這
些低收入戶有可能是來自農村的流動人口。以城鎮最高收入戶
每年 10 萬元和低收入戶在 0.5 萬比較，相差 20 倍，貧富差距
頗大。

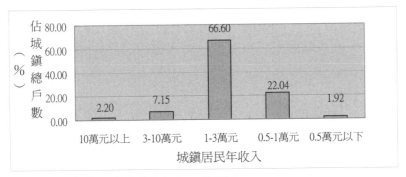

圖 3　1993 年中國城鎮居民年收入差距圖
資料來源：1. 邱澤奇，2000：124；2. 作者改編制成圖

（三）職業貧富差距

　　在中國大陸中存在不同行業的收入差異，存在一特殊現
象，即是腦力勞動者的收入，低於體力勞動者，學歷高未必收
入相對的高，如屬於知識份子行業的文化教育、黨政機關和社
會團體工資排名在十二個行業別中，排第九名，形成「腦體倒
掛」的現象。（李永翹，1996.9：65-66）

　　在工人的當中，因為所在的工廠性質不同，也發生了工人
間的年收入不同。其他類（三資企業、個人企業的工廠）的工
人收入最佳，其次是國有工廠，第三是集體工廠，以 1997 年

為例，依序為其他類工廠：8789 元，國有工廠：6747 元，集
體工廠：4512 元。（參閱圖 4）

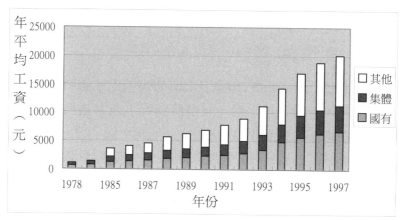

圖 4　不同所有制職工的年平均工資圖
資料來源：1. 邱澤奇，2000：103；2. 作者改編制成圖。

（四）「財富」貧富差距

　　以存款代表財富來看，約 3000 萬城鄉個體戶的存款占全
國銀行總存款的 40%，他們是屬於最有錢的一個階層；3 億城
市居民及 9 億鄉村居民，各擁有 33% 及 26% 的存款；而約 8200
萬城鄉住民是貧困階層，相形之下，中國大陸的貧富差距，非
常凸顯。

表4 中國大陸各階層存款比率表

分類	收入較高的個體戶	城鎮普通收入	鄉村普通收入	貧困
人數	3000 萬	3 億	9 億	1200 萬（城） 7000 萬（鄉）
存款比率	40%	33%	26%	0

資料來源：1. 李永翹，1996.10：74；2. 作者改編。

　　無論從地位、城鄉、職業及財富皆可看出中國的貧富差距出現前所未有的現象，對一向標榜社會主義財富均享的價值觀，已經被事實所衝垮，中國仍會一切向「錢」看，但是在增加財富的過程，又出現了什麼問題呢？本文嘗試再從「階層」的角度切入，理解中國「富人」、「貧窮」、「中間」階層的出現及其影響。

二、中國大陸貧富差距階層（stratification）分析

　　以職業與收入來觀察中國大陸的社會階層，可以分呈上、中、下及底層四個階層，在上層中指最有錢的資本家；中層包含中層上層的經理級，和中層下層的技術員及白領員工；下層則以工、農為代表；底層則是失業者、下崗職工和苦力。

（一）「權力資本」階層的金權關係

1.「權力資本」出現

　　權力資本菁英與經濟菁英擠入上層，中國「富人」的出現，

人數約七百萬，佔總就業人口 1%。（參閱圖 5）其中有一部分是私人個體戶；另外有一部分是來自政治菁英及其血緣裙帶關係，他們拜改革之便，贏得經濟利基，此稱為權力資本。前者，是資本主義之下的經濟競爭的產物，後者則是「政商關係」的建構。

2. 權力資本腐化

中國採用漸進主義的經濟改革模式，起初沒有財產，擁有權力的人得權力之便，得到各種經濟的市場優勢，從改革至今30 年，估計約有 30 萬億的公產中飽私囊。

權力資本的形成有四個腐化階段，導致大量國有財產落入私人口袋，形成權力資本的不當利益。第一階段是農村土地承包時期，約有 20 億人民幣集體財產落入集體幹部手中；第二階段是商業基本時期，來自國內的商業、旅遊和外貿大約有五億的資本移轉；第三階段是生產資料雙軌階段，約有 350 億的財富移轉；第四階段是 1992 年以後的金融資本階段，約有 10 萬億的財富移轉。（揚帆，1998）

權力資本腐化的另一面，即是利用權力優勢，占盡市場便宜，接受賄賂，鬻官賣爵，使得介入市場者，用金錢買通，這些人藉此擠身「富人」階段，這也是不當的政治手段獲得經濟利益，導致社會的貧富加劇。

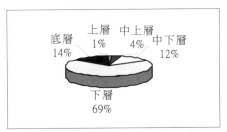

圖 5　中國各階層占就業人口比率圖
資料來源：1. 何清漣，2000；2. 作者改編制圖

（二）中產階層虛弱化

　　中間階層的上層是高級知識分子、中小企業經理、中小型私有企業主、外資企業白領僱員、國家壟斷行業職工所構成，共約 2930 萬，佔總就業人口 4%；（參閱圖 5）中間階層的低層是由專業技術人員、科研人員、律師、大中學教師、一般文藝工作者、一般新聞幹部、一般機關幹部、企業中下層管理人員、個體工商業者中的上層等構成，共約 8200 萬人，佔總就業人口的 11.8%。

（三）工、農階層邊緣化

　　工人階層、農人階層，共約 4 億 8000 萬人，占總就業人口的 69%，（參閱圖 5）構成社會的下層；工、農階層在過去社會主義時期地位優越，現在為了引進外資照顧資本家利益卻使工人地位邊緣化。而農人則因負擔太重、收入低（人多地少）農村幹部與農民利益衝突，導致農民處境困難。

（四）底層階層生活困難化

社會的底層則由失業者、下崗職工與農村困難戶（貧戶）約 1 億人，占總就業人口的 14%。（參閱圖 5）他們幾乎是社會中生活最困苦的一群。

三、中國大陸貧富差距及其階層對未來的影響

（一）「權力資本」的影響

1. 富人集團參政

富人集團形成「全國工商聯的組織」，並有〈中華工商時報〉代言，根據 1996 年資料顯示，有五千四百多人被推薦為縣以上人民代表，八千五百多人政協委員，一千四百名共青團委員；其中，八名當選全國人大代表。（何清漣，2000）

2. 貧富形成的不公平因素

富人集團的出現，並非全憑藉自己本事，而許多富人是靠血緣、裙帶之便利，在一般人民看來，這是機會競爭的不公平，此是人為的因素。

富人集團的參政，是中國改革開放前前所未聞，而權力資本的出現卻是擴大貧富差距的原因之一。這兩項皆可觀察中國社會的政商變化，而前者應著重在富人參政的影響力，依過去「民主政治出現的因素在於資產階級興起」的經驗法則，中國

的富人集團影響力，應是下階段的研究重點。至於後者，牽涉
到中共改革過程中，政治的防腐工程與經濟競爭的公平性，如
果處理不當，會對中共政權合法性產生懷疑。

（二）中產階層力量薄弱尚不足成爲社會穩定力量

　　中產階層比例不高，只占 15.8%與美國的 33%，日本的
28.7%相比仍數比例太低。一般言，民主社會的穩定因素經常
是廣大的中產階級的出現，他們受較高的教育，為白領專業人
員，參與公共事物較積極。目前，中國並未達此水準，故期待
中國產階級對中國政權提出政治、社會改革，就其在社會結構
所佔比例來看，並無能力，這也是中國境內社會運動不發達的
一項原因。

（三）底層階層生活困難形成社會不安

　　底層由下崗職工、失業者所構成，改革開放以後，中國農
村部分人口大量往都市流動，形成都市的臨時住民，稱為「盲
流」。盲流與失業是底層生活的寫照，造成中國社會治安敗壞、
性犯罪提高、失業率攀升，而此影響中國社會秩序的穩定。

1. 盲流問題

　　(1)治安：當盲流無法在都市謀生時，就易犯罪，既有的
　　　　資料已顯示，中國的治安已經出現流動人口的犯罪問
　　　　題。解決盲流就可以消除犯罪率，然而中國政府似乎
　　　　未對此提出對策，如增加就業機會，施予職業訓練，

提供各種消極的福利救助。中國政府放任盲流的主因，除了沒有社會福利的措施外，最主要的原因是中央財政阮囊羞澀，沒有經濟的助力，據估計農村過剩的 3.5 億人口在未來仍然會不斷的湧進都市。（溫鐵軍，2001、4、27）下崗職工失業者易形成社會犯罪主體；以廣州、北京、深圳等城市為例，犯罪主體大多是外來流動人口，占所有犯罪比例 75~90%。

(2) 性產業：約有 500 萬「三陪小姐」，1500 萬人相關行業，每年創造 10000 億的產能，占中國 13%的生產能力。（楊枫，2001）依法而論這都是犯罪的行為。

2. 失業問題

失業者往往就是窮人是社會的鐵則；中國經改之後，失業人口遽增，過去吃大鍋飯的時代，大家一樣的窮，現在有些人冒出變成富人，而部分人卻在經改的過程中，被迫離工作[6]，被打成貧窮階層。

GDP 的增長，並沒有帶來相對稱的工作機會，以 1998 年為例，每增長 1%GDP，只帶來 46 萬個工作機會，而同一年，國有、集體工廠，卻減少 1500 萬職工；如果再加上鄉鎮企業的解雇員之 1700 萬人，則中國約有 3200 萬人失業[7]。（胡鞍

---

[6] 中國為了提高企業的競爭力，不斷的精簡企業員額，推動員工「下崗」，1996年下崗職工為全國總職工的 6%，到 1997 年上生為 9.8%。

[7] 失業原因於勞動人口的增多、產業結構的變遷造成職工下崗、市場經濟轉型、國有經濟就業人口下降、外國企業無法吸納下崗職工、企業資本深化及排除勞力密集產業等因素，其中下崗職工的生活水準，如沒有任何收入，國

鋼，2000.11.24）

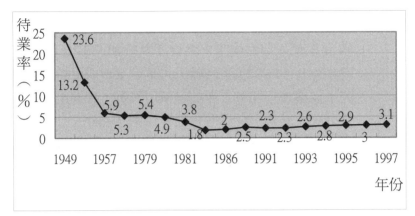

圖6　中國失業率圖（1949-1997）
資料來源：1.邱澤奇，96：103；2.作者改編制成圖

　　貧窮階層是否成為未來社會不安的判斷指標，應注意觀察
中國大陸以下幾項事實與政策的發展：

(1)降低犯罪率。

(2)對盲流、失業、下崗職工給予適當的救助。

(3)積極的福利措施，如給予社會底層職業訓練，才有能
　　力再度就業。

(4)發展勞力密集產業，提升經濟發展，創造就業機會。

　　如果中國未來無法採行上述西方國家的救貧政策，則貧窮
階級將不斷的擴大，造成社會混亂，並對政治合法性形成挑
戰，及影響外資引進的後遺症。

家僅給予正常職工的 15% 左右的生活費。

（四）中共中央法制能力弱，無法制止權力資本腐化

目前為止，中共中央法制能力弱，無法制止權力資本腐化。任何國家採用資本主義經濟競爭自由原則，就會構成社會階層貧富差距的現象，中國有此現象不足為奇。比較值得關心的是西方進步資本主義國家社會貧富差距的形成是在完備的法制之下出現，其政治、經濟、金融、財政、社會福利等制度皆有完整的公平、自由、社會救助的規則與配套措施；然而中國對此尚未建構。

甚至中國的富人階級「權力資本」所形成，是經濟競爭不公平的結果，中國如果沒有類似資本主義強國的法制，則中國權力資本持續發展所造成的貧富差距，才是其社會發展最大的隱憂。

（五）中央財政能力下降，無能力制止地區貧富差距拉大現象

中共的改革開放，造成國家整體財富增加，但也形成地區貧富差距拉大的現象。然而，國家整體財政能力並未增加，稅收反而減少，以 1978 年到 1994 年國家財政占 GDP 的比率為例，從 31.2% 下降為 11.8%。其中，中央政府的財政能力，也大幅下降，從 1990 年的 7.9% 下降到 1994 年 5.1%（2221.08 億元）。

中央政府的財政能力下降，將有下列幾項影響：

1. 陷入債務危機。
2. 中央政府宏觀調控的能力下降。

3. 中央政府援助欠發達地區能力降低,造成地區的貧富差距擴大。

由此可見中國地區間的貧富差距,在中央政府尚沒有辦法增加財政收入的前提下,依目前的稅基,只要它持續改革開放,就可能形成中央政府的財政能力也大幅下降的奇怪現象,而此又會影響地區的貧富差距擴大。

肆、中國政府對法輪功的壓制

中國經濟的改革,容許外國思想及事務進入中國社會,並不能表示中國已經是「多元主義」(pluralism)的社會。國家對政黨、媒體、宗教的控制,依然頗為嚴峻。法輪功作為一「新興宗教」,照理在鄧小平改革開放以後,應有一較寬廣的發展空間,但是在 1999 年 4 月 25 日一萬多名法輪功信徒「包圍」北京中南海之後,(中國時報,1999.4.26)再度受到壓縮。

至今看不出法輪功在中國的發展,也無法由法輪功的事件,推論中國「市民社會」的自發性運動已經形成。反而由此事件,更清楚中共當局對非由其發展或認可團體的憂心,當這些團體「可能」威脅其統治時,中共當局仍舊可遂心如意的強烈打擊。茲因「四二五」法輪功事件曾震驚全球,故頗值得分析中共的作為及其影響,以理解中共政治控制社會的強度,以下分三個面向討論:1. 法輪功包圍中南海,觸犯中國統治當局;2. 法輪功事件之後各界的反應;3. 從法輪功事件評估中共政權及其未來舉措。

一、法輪功包圍中南海，觸犯中國統治當局

（一）法輪功在中國發展與查禁

　　法輪功在 1992 年進入中國大陸之後，並沒有立即被查禁，拜改革開放之賜，宗教也某種程度的鬆綁；但是，中共對於「新興宗教」接受程度並不高，在 1995 年由公安部門宣告其為「邪教」，並在 1996 年查禁教主李洪志的著作，撤消其中國氣功協會會員資格。

　　雖然國家機關查禁法輪功，民間社會對它的接受度卻很高，根據信徒指出，最主要是它的練功心法有助於去除身體疾病及疑難雜症，信徒剛開始「半信半疑」，而當身體痊癒後全心投入練功。經由口耳相傳，在醫療資源不足及醫療費用所費不貲的中下階層，它無疑是頗佳的信仰活動。據說其信徒包括退休幹部、中老知識份子、農民、中老年女性，估計全大陸約六千萬到一億人。

　　而在 1999 年 4 月中共中科院研究員何祚庥發表「不贊成青少年練氣功」，三次否定法輪功的價值，數十名信徒乃於 4 月 19 日至天津師範大學抗議，4 月 24 日抗議者增至五千餘名，其中被天津公安逮捕幾名帶頭抗議的信徒領袖。這些信徒乃思考到北京中南海要求「討個說法」，於是有「四二五」事件。

（二）中國強力打壓法輪功

　　中國統治當局並不願隨意的給予人民信仰或結社的自

由，它至目前為止，仍是「強國家」（strong state）對「弱社會」（weak society）的互動模式。因為中國共產黨仍有效掌握國家機器中的「制定」、「解釋」、「執行」及「宣傳」法律的能力，市民社會面對國家，如果沒有相對應的抗衡力量，猶如「以卵擊石」。法輪功在中國被打壓，即可為一註解。

故當約有 1 萬至 1.2 萬名法輪功信徒自發性的群聚中南海，井然有序的靜坐、靜站抗議一天，離開時尚且將街道清理乾淨，「片紙不留」。如此規模龐大，且有紀律的組織，當然引起中共當局側目。

依經驗法則，中共當局對法輪功信徒提出的要求並未完全滿足[8]，「虛與委蛇」之後，群眾當夜立即解散；由此可見：1. 法輪功信徒雖眾，抗議強度並非很強，只有 1 天，而且以靜坐站立的「溫和」方式表達情緒；2. 信徒領袖策略失當，當其要求的條件並未得到滿足，即宣告解散，也沒有在中共當局給予答覆，再次抗議。因此中共處理法輪功事件的難度並不高，在黨有計劃的運用「強國家」機器下，用下列幾個方法「輕而易舉」的化解「四二五」事件的危機：

　　1. 法輪功行動與「穩定」的意識型態衝突，宣告其違法

　　(1)宣告法輪功違反「穩定」的意識型態。

　　(2)宣告法輪功組織違反法律。

　　2. 分化法輪功成員

　　(1)逮捕法輪功首腦，以便「殺雞儆猴」。

---

[8] 信徒要求：1. 放人；2. 書籍解禁；3. 平反『邪教』指控。結果，中共當局同意第一項，其餘在三日後答復。（歐陽宜新，1999：69）

(2)嚴禁黨員練功。

(3)要求黨員、共軍與法輪功劃清界線。

(4)訂定公務員參加法輪功的罰責。

3.宣傳法輪功傷害國家及個人利益

(1)黨、政、軍平面與電子媒體，從 1999 年 7 月 22 日起發動媒體優勢，圍剿法輪功，使一般人民相信國家，處理法輪功的合法性。

(2)羅織罪名：宣稱法輪功是邪教，既迷信又致人病死。

(3)宣傳李洪志斂財偷稅、有計劃偷取機密。

4.迅速立法定罪

(1)1999 年 10 月 30 日人大常委會通過「取締邪教組織、防範懲治邪教活動的決定」，使中共司法、行政系統，有了更有力的法源，打擊法輪功。

(2)逮捕：國務院宣稱，自宣稱法輪功為邪教後，三個半月已有 111 名法輪功信徒被逮捕，查截一千多名各省至京抗議的信徒。

(3)勞教：一千多名信徒被送往勞教所。

(4)審判：信徒被判 3-12 年的徒刑。（王達昌，2000：87-91）

由上面分析得知兩點意涵：

1.法輪功組織對中國政權並未構成強大壓力

法輪功組織雖然人數眾多，但是對中共當局的壓力並不強，如靜坐只有一天，而當中共食言，與法輪功要求相悖時，法輪功信徒也沒有第二次大規模的抗議，因此導致中共估計，應在其羽翼未豐之際，快速的在短期內強力打壓法輪功組織。

2.中共國家機器仍然強而有力

中共「正確」並「有效」的動員國家機器，從定調、修法、逮捕、宣傳、定罪，前後不到七個月時間。對法輪功組織及其信徒的處置，不但瓦解其組織，也防範其他團體如法泡製；繼「八九民運」之後，再度打擊大陸境內反中共的「市民社會」團體。從此，大陸境內法輪功組織幾乎消聲匿跡，走入地下化，只剩下海外「微弱」的聲援聲音。

二、法輪功事件之後各界的反應

「四二五」法輪功事件發生之後，引起海內外的關注，尤其是大陸內部、香港、台灣、美國媒體、政界、學界和法輪功團體的聲援及討論。此聲援及討論並未造成中共當局在對市民社會強力控制的重大改變。

（一）大陸學界表面呼應中共，實則頗同情法輪功

以北京康曉光著「關於『法輪功問題』的思考」（康曉光，1999）及何清漣著「當代中國的社會認同危機──法輪功事件的啟示」（何清漣，1999）兩篇文章最具代表性。其主要論點為：

1. 呼應中共

康曉光及何清漣都認為法輪功是改革開放的產物，康曉光從「功能學派」的角度解讀法輪功滿足了社會的信仰、交往、安全、正義的需求，應通過以溫和組織「替代」法輪功的激烈組織。何清漣則從歷史角度分析法輪功的「類宗教」性質，在

中國歷史即有此團體。而在改革之後，價值趨向多元化，加以過去奉為標準的正統意識型態，面臨前所未有的危機，法輪功乃逐漸進入民間社會的精神層面，從信仰獲得心中的滿足。

2. 同情法輪功

康曉光認為中共當局應從「結社權」的開放以「釜底抽薪」解決法輪功問題；而何清漣都認為今天取締法輪功，遲早明天還是會有其他「神功」冒出來。硬與傳統文化抵觸，結果並不美妙。

（二）香港政界看似尊重法輪功，實際是孤立法輪功

香港政府對法輪功調子不像北京強硬，它容許法輪功組織在香港的活動，包括法輪功組織成員修法練功、出版刊物及到香港新華社示威抗議。但是，香港政府不同意法輪功組織成員至大陸聲援，（中國時報，1999.7.24）也禁止台灣法輪功組織成員來港活動，（中國時報，2001.5.9）實際孤立香港法輪功與外界的聯繫自由。

（三）台灣法輪功學會及學界聲援法輪功，但是力量無法及於大陸

1. 台灣法輪功學會聲援方式

（1）到香港行動聲援

台灣法輪功會長張清溪指出，中共香港政府違反法治自由，逕行遣返台灣法輪功組織成員 50 人，喪失良好形象。（中

國時報，2001.5.9）

(2) 在台北悼念聲援

台灣法輪功理事長吳惠林、學員台大新聞所副教授張錦華及中國人權協會理事亮軒和約二千名群眾在台北大安森林公園悼念枉死的 255 名大陸法輪功組織會員。（中國時報，2001.7.21）

(3) 徒步抗議聲援

近百位台灣法輪功組織成員從新莊徒步抗議，一路走到高雄，聲援大陸法輪功組織遭中共強力打壓。（中國時報，2001.9.13）

2.台灣學界聲援

(1) 中共將陷入兩難

中共取締法輪功將陷入兩難，如採高壓手段，將引起更大反彈，中共必將付出很大的社會成本；如不取締，面對法輪功勢力坐大，中共擔心無法控制其團體。（張五岳，中國時報，2001.7.26）

(2) 中共將承擔海內外法輪功信徒的疏離

中共取締法輪功這樣的「功法」，有可能在內部形成民眾與國家的對立，在海外則形成海外中國人法輪功信徒對中共政權的不諒解。（王達昌，2000：91；東方白逸，1999：6）

(3) 中共對社會控制弱化

從法輪功事件看出：中共掌握大陸社會的能力式微，大陸意識型態出現危機，現代科技使中共更難控制人民的思想行為。（施哲雄，1999：3）

(4)中共對人權迫害

從理想人權指標來看，中共處理法輪功事件就是對對人權迫害。（陳隆志，2000：87-88；蔡志昇，2001：28-43）

（四）美國政界、媒體聲援法輪功，但是只有口惠，沒有給中共太大壓力

1. 美國政界

在中共宣稱法輪功為非法組織之後，美國的回應是國務院發言人魯賓指出，「作為一個政府……我們敦促中國信守他對國際人權條約的義務，允許法輪功成員和平表達他們的看法，並且進行和平的集會。」美國進一步「口頭」關注法輪功成員被捕，（中國時報，2001.7.24）但是並沒有對中共產生壓力，因此也造成中共有恃無恐的在大陸境內進行鎮壓。

2. 美國媒體

美國華盛頓郵報報導中共使用「暴力」、「強迫學習」及「宣傳」三種方法，有效的剷除法輪功。（中國時報，2001.7.21）除了分析報導外，美國媒體並未作太多批評中共作為的活動。

三、從法輪功事件評估中共政權及其未來舉措

（一）中共國家自主性仍強

中共國家自主性對內而言，它貫徹一黨獨大的政治體制，

排斥任何可能出現的「民間社會」團體，尤其法輪功組織並不是它允許的團體，如果任其發展，說不定進而挑戰中國共產黨。此外，中共至今也看不出任何跡象容許人民有充分的「結社」、「集會」及「宗教信仰」的自由。傳統宗教像佛教、道教及基督教有比開放前自由，是因其被中共某種程度的掌控；與法輪功的自主性發展有所不同，所以在追求「穩定」的大前提，法輪功乃被鎮壓，未來類似的團體與行動，也必然遭到取締。

就法輪功事件而言，中共國家自主性對外也頗強烈，因為來自境外如台灣及美國政界、媒體對法輪功的聲援，經常口惠實不至，中共仍可我行我素遂行其主張。

（二）中共對社會控制仍舊嚴峻

學者分析，從法輪功事件看出中共對社會控制已經削弱，這是太過樂觀的解讀；也有人分析中共鎮壓法輪功，將陷入兩難，事後檢證這也錯估了中共。正確的解釋是，中共仍有效掌握國家機器，在七個月內，迅速瓦解法輪功組織，打擊異己，絕不手軟。至於，境內法輪功組織在強力鎮壓之後，依理性而言，應該從事「地下化」的宣教活動，未來法輪功是否得以發展，得看主、客觀情勢的演變。目前，當中共仍可掌控制定、解釋及執行法律的權力時，配合宣傳機器，其對社會控制仍屬嚴峻。

（三）中共境內法輪功組織仍未強大，足以對抗中共

民主、自由的出現經常是「鬥爭」得來，中共境內法輪功

組織得有宣教、信仰自由，也不例外。例如，沒有強有力的外力因素及內部壓力，促使壓迫中共容許宗教的宣教、信仰自由，中共是不可能輕易授與人民此自由。相反的情況是，當中共不費吹嘘之力即可消滅境內法輪功組織，它也不會給人民宗教自由。從「四二五事件」觀察，境內法輪功組織雖大，但卻虛弱，雖有傳聞「殉教」，（中國時報，1999.4.27），惜並未引起太多關注，當未能前仆後繼給中共施壓時，偶發的事件，只能當個個案，無法撼動中共政權。

伍、結論

　　由上面分析歸納出中國在社會現代化過程三點結論：1.面對外來文化衝擊，堅持「新保守主義」；2.中國改革開放政策之後，境內的貧富差距擴大，又缺乏法制管理，導致「權力資本」的腐敗 3.中國在經濟改革的無力感，卻對法輪功可以有效鎮壓，證明其國家在經濟、財政能力的「虛弱化」，而在社會、宗教控制的「強硬化」。其中，又可分「信仰危機」、「腐化危機」及「市民社會虛弱化」三個中國未來可能發生的問題說明。

一、信仰危機

　　未來中國持續經濟改革開放，他的改革基調以「穩定」政治、社會為中心，經濟上則持「漸進」方式，由點、線至全面中國的經改，由沿海、沿江至開發大西部。但是這種堅持西方

資本主義與中國文化傳統的價值，固然有「實用主義」（pragmatism）取向，但也對其立國「共產主義」、「社會主義」的理想價值形成重大矛盾信仰危機。

二、腐化危機

經改革之後中國面臨在「地區」、「職業」、「城鄉」及「財富」的貧富差距。這本是自然發展的結果，但是，當中國的中央財政能力下降之後，無法運用財政政策調整地區差距，只能以經改政策，開發大西部，但卻又可能面臨「權力資本」在沿海發展之後，擴張到大西部變本加厲的腐化現象。

三、市民社會虛弱化

中國對「四二五法輪功事件」的處置，及中國境內法輪功信徒的聲援可以看出，中共政權打擊異議份子毫不手軟，而法輪功事件無法持續發酵的主因是「中產階級」仍然居於少數，它並沒有提供「社會運動」的能力，中產階級是市民社會抗議國家的主流，此主流在中國仍處於「虛弱化」狀態。

本研究從「外來文化衝擊」、「貧富差距」、「法輪功事件」三個問題及事件觀察中國社會現代化的進展，發現所謂經改革開放的「中國模式」，並沒有傳言中美好，中國「社會現代化」的條件尚未完全具備，甚至出現過去共黨政權所沒有的「腐化」現象，本來經改是在維繫中共的「合法」統治，但是它也帶給中國「信仰危機」、「腐化危機」，對它統治的合法性形成內在衝擊。

參考書目

一、專書

王佳煌，1998，《國家發展》，台北：台灣書店。

邱澤奇，2000.9，《中國大陸社會分層狀況的變化》，台北：大屯出版社。

殷海光，1966，《中國文化的展望》，台北：文星出版社。

祖治國，1998.11，《90 年代中國大陸的新保守主義》，台北：致良出版社。

康曉光、王紹光和胡鞍鋼，1996，《中國地區差距報告》，台北：致良出版社。

齊墨編，1991，《新權威主義》，台北：唐山出版社。

蕭功秦，1998.11，《歷史拒絕浪漫—新保守主義與中國現代化》，台北：致良出版社。

蘇曉康、王魯湘，1988《河殤》，台北：風雲時代出版公司。

蘇曉康、王魯湘，1991，《龍的悲愴》，台北：風雲時代出版公司。

蘇曉康等，1990，《河殤集外集》，台北：風雲時代出版公司。

二、期刊

王達昌，2000.2，〈對大陸「法輪功」之探討〉《中共研究》，34 卷 2 期。

何清漣，2000，〈當前中國社會結構演變的總體性分析〉，《書屋》3 期。

李永魁，1996.9-11，〈論當前中國大陸的貧富差距及其原因探析（上、中、下）〉《中共研究》，30 卷 9-11 期。

東方白逸，1999.8，〈評中共鎮壓法輪功〉《共黨問題研究》，25 卷 8 期。

林毅夫等，1993，〈論中國改革的漸進式道路〉《經濟研究》，9 期。

施哲雄，1999.6，〈從法輪功事件看中共對大陸社會的控制〉《共黨問題研究》，25 卷 6 期。

許時珍、張家麟，1999.5，〈中山先生與中西文化〉台北國立政治大學
　　《「憲政民主與國家發展」學術研究成果發表會》。

陳隆志，2000.12，〈人權不可分：停止中國對法輪功的迫害〉《新世紀
　　智庫論壇》，12 期。

揚帆，1998，〈中國發生經濟危機的可能與對策〉《戰略與管理》，5 期。

溫鐵軍，2001.4.27，〈中國的問題根本上是農民問題—訪中國農業部農
　　村經濟研究中心研究員溫鐵軍〉，國家資訊中心。

歐陽宜新，1999.5，〈大陸社會動員的理論探索與建構：以「法輪功事
　　件」為例〉《中國大陸研究》，42 卷 5 期。

蔡志昇，2001.5，〈中共對法輪功人權迫害之研究〉《空軍學術月刊》，
　　534 期。

三、報紙

中國時報
1999.4.26、1999.4.27、1999.7.24、2001.5.9、2001.7.21、2001.7.24、
　　2001.7.26、2001.9.13。

四、網站：

Republic China Online http://www.republichina.com/
中國統計信息網 http://www.stats.gov.cn/
香港中文大學 http://www.cuhk.edu.hk/
新華網 http://big5.xinhuanet.com/gate/big5/www.xinhuanet.com/

五、網站論文

楊枫，2001，〈權力資本化—中國改革孕育重大危機的根源〉，
　　http://www.china-review.com。

孫立平，1989，〈向市場經濟過渡過程中的國家自主性可能〉，

http://www.cuhk.edu.hk/。

康曉光，1999，〈關於「法輪功問題」的思考〉，
http://www.csdn618.com.cn/century/wencui/010827200/0108272018.htm。

胡鞍鋼，2000.11.24，〈一個中國，四個世界〉，
http://big5.xinhuanet.com/gate/big5/www.xinhuanet.com/。

何清漣，1999，〈當代中國的社會認同危機──法輪功事件的啓示〉，
《書屋》http://b21.net/reading/zk1/11.htm。

國家圖書館出版品預行編目資料

國家與宗教政策—論述兩岸政治體制、宗教政策
與宗教交流／張家麟著. -- 初版. -- 臺北市：
蘭臺出版：2008.11
　　面；　公分. --（宗教與社會叢書：B012）

　ISBN 978-986-7626-73-8

　1. 政教關係　2. 兩岸交流　3. 宗教政策
　4. 宗教自由　5. 文集

571.8107　　　　　　　　　　　97022156

台灣鄉土與宗教叢書 B16

國家與宗教政策
——論述兩岸政治體制、宗教政策與宗教交流

作　　　者：張家麟
出　　　版：蘭臺出版社
編　　　輯：張加君
美　　　編：Js
地　　　址：台北市中正區開封街一段 20 號 4 樓
電　　　話：(02)2331-1675　傳真：(02)2382-6225
劃 撥 帳 號：蘭臺出版社 18995335
網 路 書 店：http://www.5w.com.tw　E-Mail：lt5w.lu@msa.hinet.net
　　　　　　　　　　　　　　　　　books5w@gmail.com
網 路 書 店：博客來網路書店　http://www.books.com.tw
網 路 書 店：華文網、三民網路書店
香 港 總 代 理：香港聯合零售有限公司
地　　　址：香港新界大蒲汀麗路 36 號中華商務印刷大樓
　　　　　　　C&C　Building, 36, Ting　Lai　Road, Tai Po,New Territories
電　　　話：(852)2150-2100　　傳真：(852)2356-0735
出 版 日 期：2008 年 11 月初版
定　　　價：新臺幣 420 元